U0474340

广州大学教育学科攀登丛书

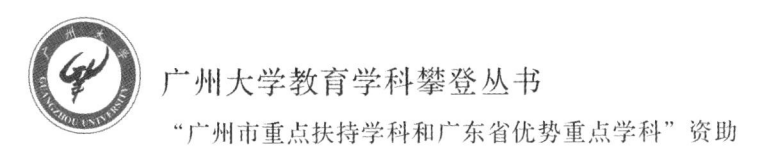

"广州市重点扶持学科和广东省优势重点学科"资助

多元文化教育视域下穗港台小学社会科教科书内容比较研究

Duoyuan Wenhuajiaoyu Shiyuxia Suigangtai Xiaoxue
Shehuike Jiaokeshu Neirong Bijiao Yanjiu

姚冬琳 著

中国社会科学出版社

图书在版编目(CIP)数据

多元文化教育视域下穗港台小学社会科教科书内容比较研究／姚冬琳著.—北京：中国社会科学出版社，2013.12
 ISBN 978-7-5161-3402-3

Ⅰ.①多… Ⅱ.①姚… Ⅲ.①社会科学课—教材—对比研究—小学—广州、香港、台湾 Ⅳ.①G623.102

中国版本图书馆 CIP 数据核字(2013)第 243853 号

出 版 人	赵剑英
责任编辑	冯春凤
责任校对	赵雨艳
责任印制	王炳图

出　　版	中国社会科学出版社
社　　址	北京鼓楼西大街甲 158 号 (邮编 100720)
网　　址	http://www.csspw.cn
	中文域名：中国社科网 010-64070619
发 行 部	010-84083685
门 市 部	010-84029450
经　　销	新华书店及其他书店
印　　刷	北京君升印刷有限公司
装　　订	廊坊市广阳区广增装订厂
版　　次	2013 年 12 月第 1 版
印　　次	2013 年 12 月第 1 次印刷
开　　本	710×1000　1/16
印　　张	16.75
插　　页	2
字　　数	286 千字
定　　价	49.00 元

凡购买中国社会科学出版社图书，如有质量问题请与本社联系调换
电话：010-64009791
版权所有　侵权必究

目　录

序 …………………………………………………………………（1）
前言 ………………………………………………………………（1）
第一章　绪论 ……………………………………………………（1）
　　第一节　研究背景 …………………………………………（1）
　　第二节　主要概念界定 ……………………………………（6）
　　第三节　小学社会科多元文化教育的研究现状 …………（15）
　　第四节　研究内容与研究方法 ……………………………（37）
第二章　研究基础 ………………………………………………（46）
　　第一节　多元文化教育的理论基础 ………………………（46）
　　第二节　三地多元文化社会背景的分析 …………………（53）
第三章　多元文化教育内容分析表及评价标准设计 …………（70）
　　第一节　小学社会科教科书多元文化教育类目分析表设计 …（70）
　　第二节　课程标准多元文化教育主题类目分析表设计 …（83）
　　第三节　小学社会科教科书多元文化教育内容评价标准 …（84）
第四章　小学社会科课程标准多元文化教育内容比较 ………（94）
　　第一节　三地小学社会科课程标准内容概述 ……………（94）
　　第二节　三地课程标准课程目标部分多元文化教育内容分析 …（97）
　　第三节　三地课程标准多元文化教育内容定量与定性比较 …（99）
第五章　小学社会科教科书多元文化教育内容的比较 ………（107）
　　第一节　小学社会科教科书多元文化教育内容的定量比较 …（107）
　　第二节　小学社会科教科书多元文化教育内容的定性比较 …（128）
　　第三节　三地小学社会科教科书多元文化教育内容共同点
　　　　　　分析 ………………………………………………（146）
　　第四节　三地小学社会科教科书多元文化教育内容不同点
　　　　　　分析 ………………………………………………（148）

第六章　小学社会科多元文化教育实施主体的调查 …………（154）
　　第一节　三地小学生多元文化素养问卷调查 ……………（154）
　　第二节　三地教师多元文化教育内容调查 ………………（180）
第七章　小学社会科教科书多元文化教育内容优化策略 …（192）
　　第一节　小学社会科课程标准优化策略 …………………（192）
　　第二节　小学社会科教科书多元文化教育内容优化策略 …（195）
结论 ………………………………………………………………（211）
附录 ………………………………………………………………（216）
　　附录1　香港2001年和2006年按种族划分的人口 ………（216）
　　附录2　香港1996年、2001年及2006年按惯用语言
　　　　　　划分的五岁及以上人口 ………………………（217）
　　附录3　詹姆斯·林奇全球多元文化教育目标 ……………（218）
　　附录4　穗港台三地主题类目统计数据 …………………（219）
　　附录5　穗港台三地主角类目统计数据 …………………（227）
　　附录6　三地小学社会科教科书单元目录 ………………（241）
参考文献 …………………………………………………………（250）
后记 ………………………………………………………………（260）

序

多元文化论是一种文化观念，多元文化教育则是一种教育思想和课程理念，在中小学的各学科教育中都能得到贯彻，而社会科则是进行多元文化教育的理想阵地和渠道。消除种族歧视历来是西欧和北美一些移民国家棘手的社会问题，也是学校教育中需要解决的课题，美、英等国的社会科早已涉足该方面的工作。

同样我国社会科也面临着多元文化教育的主题。由于我国的历史与国情使得多元文化教育具有自身的特点。新的考古发现远在1万年前，黄河流域、长江流域以及珠江、黑龙江流域，就已有先民在生息、繁衍，中华民族的多元发生与众多民族组成，系同一现象的两个侧面。中华民族多元文化的形成，一方面是内部各民族文化的碰撞与融合，另一方面是与外来文化的撞击与交汇。增进民族了解与相互尊重，促进文化交流与合作，迎接21世纪人类共同面临的问题与挑战，这就是进行多元文化教育的根本目的。在经济全球化、政治多极化、文化多元化的当今世界，多元文化教育已成为中小学社会科教育的一大发展趋势。

姚冬琳博士在攻读学位期间，认识到多元文化教育这个课题的重要价值，并选择了小学社会科教科书作为切入点，进行了认真的思考与研究。教科书样本选定广州、香港与台湾三地，这使得研究的难度增加。一方面是三地教科书的收集，另一方面涉及三地的实际调研。但是她努力克服以上困难，收集到三地的全套教科书，并进行了三地的实地调查，顺利完成博士论文。书中综合运用全球多元文化教育理论、中华民族多元一体格局理论及文化自觉理论进行整体架构，运用内容分析法建立了教科书的多元文化教育的分析框架，精心设计了三地小学生多元文化素养的问卷，提出了教科书多元文化教育的评价标准，研究出三地多元文化教育在课程标准与教科书方面的异同点，并在比较与借鉴的基础上提出了我国沿海地区小学社会科教科书多元文化教育内容发展的策略。以上研究对我国多元文化教育的发展与课程标准及教科书内容的日臻完善，具有重要的参考价值。

诚然，对于多元文化教育问题的研究是一个系统而复杂的过程，涉及国家教育方针政策、各种学校活动、学校各种科目，而且多元文化教育的主题繁多，远不止于全球、国家（地区）及民族。因此正如姚冬琳在结语中所说的，只是做了小学多元文化教育的一部分研究工作，还有一些后续工作有待在以后的研究中继续完善。衷心希望有兴趣的同行，从各个角度出发，开展深入而又广泛的研究，取得更多的研究成果。

李稚勇

2013 年 6 月于上海

前　言

在 21 世纪全球社会中，多元文化已深刻影响了学校教育教学的活动，如何在学校开展多元文化教育成为各国人民迫切关心的问题。本书从教科书入手，选择穗（广州）、港（香港）、台（台湾）三地全套小学社会科教科书作为研究对象，根据全球多元文化教育理论、中华民族多元一体格局理论、文化自觉理论等基础理论，运用内容分析法静态分析小学社会科课程标准和教科书中的多元文化教育内容，揭示出三地教科书多元文化教育内容的异同及其特色，并在穗港台三地进行实地调查与访谈，动态考察教科书中多元文化教育内容的实施效果，最后在此基础上提出沿海开放城市小学社会科教科书多元文化教育内容的优化策略。

本书的主要工作和研究结论如下：

第一，依据詹姆斯·林奇的全球多元文化教育思想，建立了由民族、国家（地区）、全球三个层次，文化、社会、经济、环境四个维度构成的多元文化教育类目表，包括主题类目表和主角类目表，为小学社会科课程标准与教科书的内容分析提供量化依据。

第二，运用多元文化教育类目表，对三地小学社会科课程标准内容进行定量与定性分析，分析结果表明：台课程标准较明确呈现了多元文化教育目标，而穗港未明确呈现。另外，层次价值取向方面，穗台以民族为主，香港则以国家（地区）为主；维度价值取向方面，三地均以文化为主。

第三，运用多元文化教育类目表，对三地小学社会科教科书内容进行定量分析，分析结果表明，三地共同点在于：均强调文化价值取向，忽视全球价值取向和经济价值取向，还忽视跨文化交流内容。三地特色在于：穗强调爱国主义与中华民族认同；港强调地区认同，兼顾全球教育；台强调中华民族认同，兼顾全球教育。另外，对三地教科书内容进行了定性分析，分析结果表明三地都不同程度地存在消失不见与刻板印象等多元文化教育缺失现象。同时发现教科书与课程标准在内容分析中表现出了一致的层次和维度价值取向。

第四，运用全球多元文化教育思想的三层次与四维度，结合全球多元文化教育知识、态度与技能，设计了小学生的多元文化素养调查问卷。对三地共10所小学进行实地调研，研究结果表明，三地小学生的多元文化综合素养均达到合格水平，穗台略高于港。而且三地小学生具体表现出来的多元文化素养特点与教科书中多元文化教育内容的特点有一半一致，说明教科书对小学生素养的重要影响。

第五，根据多元文化教育的理解、主题、分量设置及缺失现象表现等问题，设计了教师调查问卷及校长、教科书编辑者、多元文化教育专家等的访谈提纲，实地调研结果表明：受访人员均认为教科书的多元文化教育内容存在民族、国家（地区）、全球主题反映不足，内容分量偏少，汉主流民族文化倾向等问题。

第六，针对广州小学生多元文化素养存在的问题与教科书多元文化教育内容的不足，借鉴港台的有益经验，提出我国沿海开放城市小学社会科教科书多元文化教育内容的优化策略。

（1）在小学社会科课程标准中提出多元文化教育的目标，并均衡配置多元文化教育各层次与各维度的内容。

（2）在小学社会科教科书中增加全球层次的多元文化教育内容、环境与经济维度的多元文化教育内容及交互主题；均衡少数民族文化、外国（地区）及全球性事件在小学各年级教科书中的分布；减少消失不见、选择失衡、刻板印象、缺少真实问题等多元文化教育的缺失现象。

第一章 绪 论

本章主要交代研究背景,界定本书的主要概念;综述小学社会科多元文化教育的国内外研究,并在此基础上说明研究内容、研究方法。

第一节 研究背景

自人类产生文明以来,古今中外尚无任何一个社会或国家的文化完全是单一的。费孝通先生认为20世纪是一个世界性的战国世纪。意思是这样一个格局中有一个前景,就是一个个分裂的文化集团会联合起来,形成一个文化共同体,一个多元一体的国际社会。[1] 而且会朝着更加相互依存、多元化、全球社会的方向发展。因此在21世纪,全球一体化与民族文化多元化的冲突与和谐、国家一体化与民族文化多元化的冲突与和谐就成为全人类和多民族国家所面临的不可回避的两大挑战。正确认识并处理好人类面临的这两大挑战是21世纪人类社会发展的前提。[2] 英国哲学家罗素在《中西文明比较》一书中就说道:"不同文明之间的交流过去多次证明是人类文明发展的里程碑。希腊学习埃及,罗马借鉴希腊,阿拉伯参照罗马帝国,中世纪的欧洲又模仿阿拉伯,而文艺复兴时期的欧洲则效仿拜占庭帝国。"[3] 可见,多元文化间的融合与借鉴能够更好地发展和创新人类文明。

我国是多民族国家,并且已经全面深入地融入国际体系,民族关系、国际交往、全球问题处理等涉及多元文化教育的问题日益突出。而我国多

---

[1] 费孝通:《从反思到文化自觉和交流》,《读书》1998年第11期。
[2] 滕星主编:《多元文化教育:全球多元文化社会的政策与实践》,民族出版社2010年版,序言第9页。
[3] [美]罗素:《中西文明比较》,引自《一个自由人的崇拜》,胡品清译,时代文艺出版社1988年版,第37页。

元文化教育研究基础薄弱,尚未形成系统的多元文化教育理论体系;在义务教育阶段并没有明确提出开展多元文化教育的目标,在小学阶段的课程标准与教科书中也没有设置明确的多元文化教育内容。教科书作为民族文化、社会进步和科学发展的集中反映,是实现培养目标的最直接的手段,特别简单而又重要的是,教科书是对读者影响最为深远持久的文本。① 因此,教科书作为小学生最重要的课程资源,对小学生会产生深刻且长远的影响,教科书中多元文化教育内容的缺失,可能导致小学生缺乏与他民族和外国人交往沟通的能力,更易形成民族和国家偏见,难以适应全球化发展的需要。小学社会科在多元文化教育中占有非常重要的地位,是开展小学多元文化教育的主要途径,在我国沿海开放城市小学社会科教科书中优化配置多元文化教育内容将显得十分必要。

一 我国民族融合需要以民族为主题的多元文化教育

我国是56个民族的大家庭,除了少数民族聚居区外,长期以来都是以汉族和各少数民族的混居状态(大杂居)为主。自从实行针对汉族的计划生育政策后,少数民族人口占全国总人口的比例呈上升趋势②。改革开放后我国经济的大发展也带动了城市化的进程,全国各地人口迁移流动的频率在不断加大,也促进了各少数民族的流动与迁移,加速了民族融合进程③。在非少数民族聚居区,少数民族人口的数量与比例都呈上升趋势,随着汉族与各少数民族的接触日益频繁,增加了民族矛盾与冲突发生的可能性。在我国,民族之间的冲突是极端事件,虽然发生的频率极低,但是一旦发生,将会给国家和社会带来重大伤害。

例如,2008年3月14日,一群不法分子在西藏自治区首府拉萨市区的主要路段实施打砸抢烧,焚烧过往车辆,追打过路群众,冲击商场、电

---

① 吴小鸥:《中国近代教科书的启蒙价值》,福建教育出版社2011年版,序第1页。
② 2005年底全国人口普查中,汉族占总人口的90.56%;各少数民族占总人口的9.44%。与第五次全国人口普查(2000年)相比,汉族人口增加了2355万人,增长了2.03%;各少数民族人口增加了1790万人,增长了16.88%。《我国近五年新增人口中少数民族占42%》(http://bbs. tiexue. net/post_ 1151796_ 1. html)。
③ 2009年底的人口普查数据,广东省56个民族齐全,全省少数民族人口从1982年的18.2万人增长到目前的250多万人,增长近13倍;少数民族户籍人口60万,外来人口近200万,是全国输入少数民族人口最多、外来少数民族人口增长最快的省份。《广东少数民族人口已增长到250多万》(http://www. gznet. com/news/2009 - 12 - 19)。

信营业网点和政府机关，给当地人民群众生命财产造成重大损失，使当地的社会秩序受到了严重破坏，13名无辜群众被烧死或砍死，造成直接财产损失超过3亿元。又如，2009年7月5日20时左右，新疆乌鲁木齐当地的少数民族民众对汉族民众发生的打砸抢烧等严重暴力犯罪事件，死伤严重。

民族是文化多样性最基础也是最稳定的一种依托，人类世界是民族大千的世界。[①] 在过去的十年里，新疆和西藏的民族问题渐趋明显。这种变化的背后原因何在？应该说既有内因，也有外因。内因是指民族政策及其实施过程，外因是指来自境外的支持。目前我们主要通过外交手段来排除外因的干扰，对内因则反思较少，而内因恰恰是变化的根本。把"疆独"仅仅作为恐怖行为来处理仍然是治标不治本。[②] 关于民族问题内因的解决，其中教育是一条重要的途径。因此面对国家一体化和民族文化多元化的冲突与和谐问题，在我国现阶段进行以民族为主题的多元文化教育显得十分必要。

二 我国全球化社会需要以国家（地区）、全球为主题的多元文化教育

我国处在全球化大背景中，国际交流日益频繁，近几年北京奥运会、广州亚运会、上海世博会、西安世园会都很好地印证了我国加快的全球化步伐。为了应对世界的全球化趋势，我国需要加快培养高素质的国际性（跨国）人才，这种人才需要具备良好的跨文化沟通能力、熟悉多元文化[③]。而且随着改革开放后我国经济的飞速发展，去海外的国人及在我国定居的外国人口数量均在快速上升。在北京、上海工作与生活的外国人占据了相当的比重；另外像广州、深圳等沿海城市及我国的一些旅游城市，来往或是定居的外国人数量也日益增多。多国文化差异带来了人们交往中的各种问题与冲突，如对外来文化的偏见与误解、宗教矛盾与冲突、传统文化的继承与外来文化的同化矛盾等。

---

① 马成俊：《文化多样，美美与共——"文化多样性与当代世界"国际学术研讨会综述》，《广西民族大学学报（哲学社会科学版）》2007年第3期。
② 陈刚：《多元文化与民族认同》，《华中科技大学学报（社会科学版）》2007年第3期。
③ 梁远春：《全球化视野下我国干部多元文化素质的培养》，《四川经济管理学院学报》2009年第3期。

因此，面对21世纪的全球一体化和民族文化多元化的冲突与和谐的问题，进行以"国家（地区）"、"全球"为主题的多元文化教育显得十分迫切。

三 我国多元文化教育需要从隐晦走向明确

我国多元文化教育源远流长，秦汉以前多元文化教育就开始萌芽，经历了中古时期①中华民族多元文化教育与国家一体教育的交替发展、近古时期②中华民族多元文化教育与国家一体教育的融凝以及近现代中华民族多元文化与一体教育的自觉发展阶段。③ 但因为历史上我们过于强调大一统的国家教育而使多元文化教育不为世人所知。中华民族多元文化教育的历史与中华民族形成与发展的历史融合在一起，在我国文化史与我国教育史的内容中均有一定的材料论证过这一问题，但是却没有把多元文化与一体教育的历史作为专门史来加以论证，以至于西方学者或认为我国不是多元文化教育的国家，或认为多元文化教育是西方世界特有的产物。④

多元文化教育在我国虽然历史悠久，但是发展缓慢，1930年后，民族教育事业及管理才有所发展。⑤ 我国在80年代开始逐渐介绍和引进西方多元文化教育并与我国民族教育进行比较研究。现有的相关研究主要是少数民族教育，以及对外国理论的介绍与引进，对我国本土的多元文化教育实际问题关注较少。另外多元文化教育的途径比较单一，主要通过在少数民族地区开设民族特色课程的方式来进行。具体来说，在我国各科的课程标准及教科书中，没有明确提出多元文化教育的目标及内容。且我国在漫长的历史发展中，形成了世界上独一无二的"同化型文化"，即以"汉文化"为主体同化和整合各少数民族的文化以及外来文化，使得少数民族文化及外来文化的独特价值往往被忽视。这种状况反映在教科书里，就表现为课程文化的单一性，甚至带有偏见的课程设计和教科书内容，这些将塑造学生的族群偏见、刻板印象和歧视，破坏族群和谐的发展，影响学生国际视野的培养与全球世界观的形成。同时教科书中不当的题材，也将

---

① 中古时期是指魏、晋、南北朝、隋、唐、五代800年间。
② 近古时期是指宋、辽、西夏、金、元、明清时代。
③ 王鉴、万明钢：《多元文化教育比较研究》，民族出版社2006年版，第38—52页。
④ 同上书，第52页。
⑤ 同上书，第48页。

影响学生自我观念和认同态度的发展。因此，为了加速我国多元文化教育的发展，需要有明确的多元文化教育目标和理论体系。

四 小学社会科是多元文化教育的主要途径

多元文化教育的课程化是进行多元文化教育的主要途径。其中社会科是所有科目中与多元文化教育联系最为密切的学科，也是多元文化教育课程化的主要载体。多元文化教育作为社会科的补充，与社会科是自然相容的，二者在教育目标与教育内容上都十分接近。社会科的主要目标是教导孩子成为民主社会公民以及富有诚意的、关爱的社区成员的知识、态度、价值与技能等，而多元文化教育的主要目标则是试图消除各种教育项目在传达核心概念"民主"（如自由、平等、公正、包容）过程中的隔阂，使民主理想与民主现实趋于一致。[①] 在学校教育中，能包含这些文化内容者概以社会科最具重要性，它能汇聚各种文化材料，传递先民的经验。[②] 很多国家与地区的多元文化教育是通过社会科进行的，如美国的多元文化教育、德国的多元文化教育（吕尔克尔在课程模式的讲述中直接提到历史和社会科中多元文化的课程开发模式）、我国台湾地区的多元文化教育都是与社会科紧密结合在一起的。

在我国社会科课程标准总目标中未明确提出多元文化教育目标，也没有明确出现"多元文化教育"的字眼，而且我国教科书的编订原则中也未纳入多元文化教育的原则，这说明社会科中的多元文化教育并没有成为显性课程。当然，这并不是说社会科中不存在多元文化教育的内容。在小学社会科课程标准的内容标准部分及教科书的具体内容中，都能找到相关的多元文化教育的内容，但它只是作为一种隐性课程而存在，不是教育行政部门正式规定的内容，也未明确纳入小学生学习的内容范畴。因此我国社会科中多元文化教育内容的出现就具有偶然性与随机性，没有明确的课程目标与明确的内容份额来加以保障。

小学正是公民意识形成的起步阶段，在小学社会科中进行多元文化教育具有启蒙与奠基的作用。相关的研究也提到文化主题必须在儿童教育的

---

① Geneva G., "Similar Concerns, Different Perspectives of Social Studies and Multicultural Education", *Social Studies Review*, No. (Fall – Winter), 2009.
② 陈枝烈：《排湾族文化之田野研究及其对国小社会科课程设计之启示》，博士学位论文，台湾高雄师范大学，1994年，第2页。

早期就得到强化。由葛尔·埃文斯（Gayle Evans）所做的研究表明，孩子在刚开始进入学校生活，在与人们互动的时候就通过人们的"长相、穿着、说话与做事的方式"意识到多样性的存在。[1] 社会科作为世界各国多元文化教育的主要途径之一，要从小学生抓起，因此很有必要加强我国小学社会科教科书中多元文化教育的相关研究，以发挥社会科作为多元文化教育主要途径的作用。

第二节　主要概念界定

一　多元文化教育

多元文化教育不论是在我国，还是在西方，其发展都源远流长，但到近代社会才作为一种教育思想被明确提出并得到广泛认同。关于多元文化教育概念的界定和不同观点的论争更是教育理论界的热点与难点问题。到目前为止，多元文化教育并没有一致公认的界定。

不同文化背景下的学者对多元文化教育的界定有着不同的方法与理念。下面列举一些得到较多认同的概念来加以说明，以明确本书的多元文化教育概念。

美国著名的文化问题专家索尼亚·尼托（Sonia Nieto）认为多元文化教育就是：在制定教育政策、规划教育内容、培训各种教师、构建教育体系时，应首先考虑文化的差异，进而通过保证每个学生，不论他们在肤色、眼眶形状、种族出身、身体和谐力度点、性别和性取向、年龄、宗教信仰、政治、阶级、语言、言语及其他方面有什么差别，都拥有获得智力、社会、心理发展的一切必需的机会。[2] 此界定十分关注对不同文化的理解与发展，把文化定义为生活方式，把民族传统、生活习惯、宗教、种族、阶级和性取向等都考虑进教育的各个环节，让所有学生不会因为文化的不同而失去平等的发展机会。可以说，尼托把文化定义得非常广泛，然后又要求在广泛定义下的所有文化差异都能在教育的各个方面得到平等对待，只能说这是一个非常美好的理想。学校教育绝不是以多元文化教育为

---

[1] Rina Bousalis - Aliak, "Element Multicultural and Global Education: A Celebration of Countries and Culture, or Just Celebration", *Ohio Social Studies Review*, Vol. 46, No. 1, 2010.

[2] 王鉴、万明钢：《多元文化教育比较研究》，民族出版社2006年版，第16—17页。

唯一目标，因此如此完善的多元文化教育理想在目前学校教育中很难具体操作，实现难度比较大。

美国最著名的多元文化教育专家詹姆斯·班克斯（James A. Banks）作为一位民族学问题、黑人运动问题的专家，对多元文化教育的界定独具特色。班克斯认为多元文化教育包括三个方面：一种思想或概念，说明所有学生，不论他们属于什么群体，如性别、种族、文化、宗教等群体，应该在学校里体验到教育平等的思想；一种教育改革运动，它规划并引起学校的改革，以保证少数民族学生取得成功的平等机会；也是一种持续的教育过程，说明它努力去实现的理想目标在人类社会中短期内不能完全取得，需要一个过程。[①] 此界定把多元文化教育定位于思想、改革运动或是教育过程，深刻影响了人们后来对多元文化教育的理解。而且班克斯继续对这个概念进行了补充和发展。这一概念在国际性研究中被广泛运用，代表了目前西方社会对多元文化教育的权威界定。此界定以少数民族及其文化为视角，适合西方国情的需要，且与西方多元文化教育领域研究专家的相关界定比较接近，因此可称为目前国际较公认的多元文化教育的概念界定。

胡森（Husen T.）等著的《教育大百科全书》出版于2006年，对多元文化教育的理解更具有现代的意义。认为多元文化教育是一个包括至少一种文化在内的教育过程或策略，它可以根据国家、语言、种族标准来界定。多元文化教育可以在正规或非正规教育的情境内，直接或间接地进行。多元文化教育应该培养容忍和理解，并且创造新知识，这些都与不同的文化、文化的差异性和相似性，以及与之相联系的世界观、观念、价值观、信念和态度有关。它旨在提供用以对待不同文化或文化群体的认知、言语的或非言语方面的技能，以及与这些群体的成员进行交流的技巧。它也以提高多元文化环境中的学业和社会成就为目的。多元文化教育的终极目标是增强不同文化、国家、群体和个人之间的交流与理解。[②] 胡森把多元文化教育界定为教育过程，明显吸取了班克斯的思想，但其界定的视角有所扩大，班克斯主要立足于少数民族的视角，而胡森提到了国家、语言

---

① 谭光鼎、刘美慧、游美惠：《多元文化教育》，台湾空中大学2000年版，第6页。
② [瑞典] 胡森等：《教育大百科全书——教育人类学、教育哲学、教育社会学、女性与教育、教育史（2）》，张斌贤等译，西南师范大学出版社、海南出版社2006年版，第423页。

等，因此这个概念使得多元文化教育的研究主题超出了一个国家内部的民族，主题扩充到了国家与国家之间。

英国著名的多元文化教育专家詹姆斯·林奇（James Lynch），自 20 世纪 80 年代末开始提倡全球主义的多元文化课程，以 1989 年出版的《全球社会的多元文化教育》（*Multicultural Education in a Global Society*）一书为标志。认为多元文化教育应该处在广阔的世界或国际背景中，承认对于人们尊重的承诺不能停留在一个地方。[①] 提倡全球主义的多元文化课程，以纠正当前造成文化和地理无知以及不关心世界其他人命运的课程中的地方主义。此界定批判了以往多元文化教育只关注一国之内的相关主题，忽视地球已成为一个全球社会的村落，从而造成对他人命运的漠视、冲突的发生。林奇立足于世界全球的高度，主张消除画地为牢所导致的分化与差异，强调同为地球人，要站在全球的维度来开展多元文化教育。

以王鉴为代表的我国多元文化教育研究专家，提出了中国特色的多元文化教育就是中华民族多元一体教育。它包括三个方面的内容：一是中华民族中各民族的传统教育；二是中华民族自觉形成的国家一体教育；三是全球多元文化发展背景下形成的中华民族多元一体教育。[②] 概念界定中虽然提到了全球多元文化发展背景，却没有明确提出全球教育，主要关注的是全球背景下的民族教育、国家的认同教育。

以上列举了五种主要的多元文化教育概念界定，可以看到这些界定中包含多个不同的主题，有年龄、性别、阶级、宗教、语言、民族、国家、全球等主题；界定的视角也不同，有的是从一国范畴出发，有的是从全球视域出发；概念界定的目的也不尽相同，有的是为了尊重不同文化差异，有的是为了获得平等的学习机会，有的强调民族认同与国家认同的统一性。以上概念的界定立足于不同的教育目的，不同的国家背景，不同时代发展的需要，概念意蕴十分多元。

今天早已迈进全球社会，多元文化教育主题仅局限于一国之内的民族或是一国范畴之内就会显得十分狭隘。国际理解教育（Education for International Understanding）、国际教育（international education）及全球教育

---

① 谢宁：《〈全球社会的多元文化教育〉评介》，《国外社会科学》1995 年第 7 期。
② 何喜刚、王鉴：《如何理解中华民族多元一体教育》，《民族教育研究》1999 年第 3 期。

(global education)早就不是新概念,尤其是在当今世界很多国家重视开展这些教育活动,各国对这些教育活动的重视正反映了全球社会现实发展需要对教育提出的新要求。这三个概念与多元文化教育概念有着十分紧密的联系,也极易与多元文化教育混淆,下面通过列举三者的概念界定以澄清其与多元文化教育概念的关系,也更进一步拓展对多元文化教育概念的深层认识。

(1)国际理解教育。是指世界各国在国际社会组织的倡导下,以"国际理解"为教育理念而开展的教育活动。其目的是增进不同文化背景的、不同种族的、不同宗教信仰的和不同区域、国家、地区的人们之间相互了解和相互宽容;加强他们之间相互合作,以便共同认识和处理全球社会存在的重大共同问题;促使每个人都能够通过对世界的进一步认识来了解自己和了解他人。将事实上的相互依赖变成有意识的团结互助。[①] 1994年10月,在日内瓦由国际教育局组织召开的第44届国际教育大会,会议主题就是国际理解教育,提出通过教育来促进和平与民主,重申了"和平文化"(culture of peace)的思想。[②] 国际理解教育作为一个富有根基的教育理念,以促进不同文化背景、不同种族、不同宗教信仰,以及不同区域、国家、地区人们的相互理解为目标,加强人们的相互理解与合作,共同认识和处理全球社会存在的重大问题。[③] 可见国际理解教育概念立足于国际视野,主要强调对本国之外的异国文化乃至全球文化的理解与尊重,是对全球社会共同问题的一种积极回应。

(2)国际教育。可以说是在"国际理解教育"和"世界公民教育"(education for world citizenship)两大旗帜之下以培养"国际思维"(international mind)为宗旨的一种"理想的"国际主义的观念中发展起来的。被誉为"国际教育史学界领军人物"的美国伊利诺斯大学教育学教授威廉·布里克曼(William Brickman)曾经从史学角度充实了国际教育的定义,即"国际教育包含了个人、群体和国家间的各种关系——知识的、文化的、教育的关系,并通过个人、书籍或思想跨越边界生机勃勃地运

---

① [法]雅克·德洛尔:《教育——财富蕴藏其中》,联合国教育文组织总部中文科译,教育科学出版社1996年版,第34页。
② 赵中建:《全球教育发展的研究热点——90年代自联合国教科文组织的报告》,教育科学出版社2004年版,第293页。
③ 熊梅、李水霞:《国际理解教育校本课程开发与设计》,《教育研究》2010年第1期。

动。国际教育就是各种国际合作、理解和交流,表现为师生交流、援助不发达国家、教授国外的教育体系等等"[1]。此概念界定与国际理解教育的内涵十分接近,强调国际视野,主要重视国家与国家之间的文化往来与理解,没有十分突出全球性视角。

(3) 全球教育。全球教育学者哈维(Hanvey)1976 年在《可达成的全球视野》文章中提出的全球教育概念引用率很高,他认为全球教育的目的在于培养学习者的"全球视野"(global perspectives)。全球视野包括五个向度:全球化意识、全球状态认知、跨文化认知、全球动态知识及人类抉择的认知。[2] 肯尼斯—泰博士(Dr. Kenneth Tye, 1990)认为全球教育涉及学习有关超越国界的事物,同时关注政治、经济、文化、技术、生态等方面的全球性共同问题。全球教育也涉及透过他人的视觉和观点,意识到个体和群体在认识世界中存在的差异性和共同性。[3] 可见全球教育概念重视培养学生的全球意识,强调对全球共同问题的关注,突出全球性视野。

由上面三个定义可以看出其与多元文化教育有着很多的共同之处,但这三者更突出的是外国与全球性的理解与交流,这些也正是多元文化教育的应有之义。长期以来,多元文化教育主要重视一国之内的人权与自由,忽略了国界以外的人权与自由;而且多元文化教育中体现了大量西方的保守主义意识形态,迫切需要从其他国家(地区)的政策与实践中去学习,向非西方的教育汲取营养;另外全球环境保护的需要要求教育结合社会、经济与环境各个维度来加强全球各个地区人们的相互依赖;和平解决人类争端的需要也要求在民族、国家(地区)及全球层次上培养具有对人类有责任感的世界公民;而且文化多样化也在全球范围内持续不断地传播。因此今天的多元文化教育内涵应增加全球视角,以顺应全球社会发展的需要。

基于以上分析,主要结合班克斯对多元文化教育的定位、胡森提出的多元文化教育中的主题、林奇对多元文化教育中全球视野的强调,加入顺应今天全球化社会的国际理解教育、全球教育的核心内涵,归纳出本书的

---

[1] 王涛:《二战后的国际教育——教育国际化的发展与未来》,《外国教育研究》2009 年第 1 期。

[2] 潘瑛如、蔡锡涛:《迎接全球化时代:全球教育的面向及内涵》,《研习资讯》2008 年第 3 期。

[3] 余新:《访谈美国全球教育专家肯尼斯—泰博士》,《比较教育研究》2004 年第 7 期。

多元文化教育概念。

多元文化教育是指包括至少一种文化在内的教育过程或策略，它的具体内容可以根据语言、性别、宗教、阶层、年龄、民族、国家（地区）、全球标准等来界定，致力于在地球村的背景中培养儿童的民族认同感、国家认同感与全球视野，使学生具有丰富的多元文化知识、与异文化人们良好的交往沟通能力，以及形成对多元文化无偏见的理解与包容态度。本书的多元文化教育概念主题十分丰富广泛，不再局限于多元文化教育的经典主题——民族（种族），并增加了国家（地区）乃至全球主题。多元文化教育的研究主题如此丰富，很难在书中一一分析。因此本书主要立足于全球视域，选择了多元文化教育的经典主题民族与国家（地区）、全球主题来作为具体分析研究的三个主题，突出全球一体化背景下的民族主题、国家（地区）主题及全球性事件。

二 小学社会科

美国社会科协会在1994年颁布了《社会科课程标准：卓越的期望》，提出了社会科的定义：社会科是为了提升公民能力的、关于人文社会科学的综合性学习，其根本目的是培养学生在一个多元文化的、民主的、相互依存的世界中的公民素质，提高他们为了公众利益做出有见地且明智的决定的能力。[①] 这一定义不仅深刻影响美国境内，而且对世界上许多国家和地区社会科的理解产生深远的影响，如澳大利亚、法国、日本、新加坡、加拿大等国对于社会科的解读，都或多或少地受到了美国的影响。我国学界对社会科含义的理解也深受美国的影响。

我国在20世纪20年代推行新学制时创设了小学社会科，这是我国小学社会科的开端；50年代至80年代，新中国成立，各项建设学习苏联，取消社会科，小学又再次开设分科型的历史、地理课；在90年代时，颁布义务教育法，新的课程方案把历史地理课整合为社会科。2001年《基础教育课程改革纲要（试行）》进一步指出，小学阶段以综合课程为主，小学低年级开设品德与生活，小学中高年级开设品德与社会。[②] 可见我国

[①] NCSS, *Curriculum Standards for Social Studies: Expectations of Excellence*, DC: National Council for the Social Studies (1994. http://www.ncss.org/standard/1.1.html).

[②] 李稚勇：《品德与生活、品德与社会课程与教学》，高等教育出版社2007年版，第17—28页。

综合形态的小学社会科的开设历史并不长,时间上近50年,但中间是分分合合,关于小学社会科的研究成果积累并不多,还有很多问题有待研究。世界各国对于社会科的专业术语尚未统一,除了"社会科"之外,还有社会课、社会课程、社会学科、社会科学、社会研究、社会学习等不同名称。这主要是对"Social Studies"的译法不同,在本书中,统一用术语"社会科"。因此我国现阶段的小学社会科是对品德与生活、品德与社会课程的统称,是我国在新世纪里,贯彻《公民道德实施纲要》和《基础教育课程改革指导纲要(试行)》的精神,为了提高人的思想品德和促进社会性发展提出的新要求,是促进学生良好品德形成和社会性发展的综合课程。①

社会科学是人类社会和社会行为的系统研究,其共同因素乃是人及其组织。社会科学指涉及所有分享"人类"这一共同特性的特定学科的聚集。无疑,小学社会科属于社会科学范畴。关于社会科学的范围,存在不同看法。魏镛综合多位学者的看法,将社会科学分为两大类。一是基本的或理论的社会科学,包括人类学、社会学、心理学、经济学、政治学、历史学、地理学及社会统计等;二是实际的或应用的社会科学,包括法律、教育、管理、外资、公共行政、大众传播等。社会科学的范围界定在五个核心学科:社会学、政治学、经济学、心理学及人类学。② 综上所述,小学社会科的范畴是相当宽广的,基本涉及了人类学、社会学、心理学、经济学、政治学、历史学、地理学等主要领域。③

三 多元文化社会科

关于社会科的多元文化教育,在国外相关著作与论文中出现的术语是"multicultural social studies"或是"multicultural social studies curriculum",直译为多元文化社会科、多元文化社会科课程。这样的术语表达,强调了其多元文化的立场,给社会科定下了明确的基调。但为了符合我国目前多元文化教育的研究情况,且与文中术语表达一致,在本书的叙述中,基本

---

① 中华人民共和国教育部:《全日制义务教育品德与社会课程标准(实验稿)》,北京师范大学出版社2002年版,第1—2页。
② 黄光雄:《课程与教学》,台北师大书苑有限公司1996年版,第117—119页。
③ 姚冬琳:《小学社会科整合类型的研究》,硕士学位论文,华南师范大学,2002年,第12—13页。

使用"社会科的多元文化"这一术语。

关于多元文化社会科的含义西方并未形成一致认识。

（1）多元文化社会科的理想定义：指把多元文化教育的观念、问题与知识整合到专业的教育课程中去。整合通常被认为是教师教育的一个目标，并通过多元的方式来获得，只要与多元文化教育中的文化多元主题有关的任何事物都可以。整合到学科课程中如社会科，其实是很难真正达成的。很多迹象表明多元文化教育的知识与多元文化主义的经验都要受到当前教师层次的限制。非常明显的就是多元文化教育大多数经常以附加课程的方式加以组织，而不是改变课程结构。根据这些研究发现，多元文化教育整合到社会科中还存在很多问题。[①]

（2）多元文化社会科的最基本定义：他们把主题与实例整合入社会科以呈现各种群体，尤其是那些在传统课程材料中没有出现或没有准确加以描述的群体。基于早期的跨文化教育运动，多元文化社会科也集中帮助学生减少偏见并采纳民主的价值观，并认为关注多元文化历史教学中的英雄是对过去的一种歪曲。[②]

（3）多元文化社会科的批判定义：主要关注更广泛的观点，社会权力、经济系统以及政治的不同。尽管不是一个庞大的群体，批判的多元文化主义者倾向于建议教师告知学生有关权力、特权与制度的压制。作为历史的叙述者，而不是文化的观光者的角度去看待文化。[③]

我国现阶段对多元文化社会科的具体做法主要是，把多元文化作为具体内容纳入社会科目中，作为实现社会科多元文化课程目标的内容组成部分，主要是以附加的方式来进行课程内容的组织与选择，强调其多元文化的主题类别及其比例分配。但随着国外文化的渗入、文化的全球化，等到真正多元文化教室在中国出现的那一天，附加模式将不能满足未来的需要。

总之，社会科与多元文化的整合，并不是用多元文化主义取代社会科，其中一方的存在并不会削弱另一方的存在。多元文化社会科并不意味

[①] Boyle - Baise M., "Multicultural social studies: Ideology and practice", *Social Studies*, Vol. 87, No. 2, 1996.

[②] Jane B., "More Than Rose Parks: Critical Multicultural Social Studies in a Fourth - Grade Class", *Transformations*, Vol. 18, No. 1, 2007.

[③] Ibid..

着进行更多的文化教育、更少的社会科教育,而是社会科更丰富、多元与变化。①

四 单一主题与交互主题

单一主题是指在民族、国家(地区)、全球每一层次中,只涉及某一层次的一个主题的内容,如民族水平里只是单一汉族的内容,没有涉及汉族与其他少数民族往来的内容。

交互主题是指在民族、国家(地区)、全球每一层次中,涉及某一层次的多个主题的内容,且这些主题之间有着相互的联系或关系,强调跨文化交流。它将使文化间有充分的交往和共通的背景,从而保障社会的凝聚。如民族层次里汉族与藏族经济往来的内容、或汉族与维吾尔族文化交流的相关内容。具体来说,在民族、国家(地区)、全球三个层次中,都涉及文化、社会、经济与环境四个维度,每个维度都涉及交互主题。如文化维度涉及的交互主题有跨民族文化交流、跨国(地区)文化交流、全球性文化的多向交流等。

五 多元文化素养

多元文化素养是指学生主要通过学校正规或潜藏的多元文化教育所获得的多元文化的知识、态度与技能。概括来说主要是指关于民族、国家(地区)及全球的知识,对于不同民族、外国人或是全球性问题的态度,及在多元文化活动中沟通交往或是处理多元文化问题的技能或技巧。具体来说,多元文化素养的知识、态度与价值观、技能体现如下:

(1) 多元文化知识素养:提供学生对于各种文化群体存在的观念,帮助学生理解刻板印象、偏见与歧视的产生原因及危害,培养学生的经济意识、环境意识、国际意识等。

(2) 多元文化态度与价值观素养:培养学生对多元民主、公民与人权的价值观,欣赏人类文化的多元文化价值,培养学生分享共同的人类价值与理想等。

(3) 多元文化技能素养:培养学生参与支持公平、正义与人类尊严

---

① Boyle - Baise M., "Multicultural social studies: Ideology and practice", *Social Studies*, Vol. 87, No. 2, 1996.

的行动，培养对各种不同文化的审美、视觉及语言表达能力，培养批判性思维能力等。①

第三节 小学社会科多元文化教育的研究现状

主要对小学社会科多元文化教育的国外发展现状，中国内地和港台发展现状进行概述，了解其发展的进展及存在的问题，在此基础上提出下一步研究的方向。

一 国外社会科多元文化教育研究现状

（一）社会科多元文化教育的发展历程

多元文化教育起源于1960年的民权运动，非裔美国人开始要求史无前例的权利。民权运动的主要目标之一是：消除对居住环境、雇用与教育的歧视。运动的结果在教育机构的影响明显，即各民族要求学校或其他教育机构进行课程改革，使课程能反映他们的经验、历史、文化与观点。各民族也要求学校雇用较多的黑人老师与行政人员，使学生有较多成功楷模。各民族也在推动学校由社区管理，并修订教科书使其能反映美国人口的多样性。②

其实二战以来，许多的移民及族群移入英国及欧洲大陆国家等。在西方国家，如美国、英国、澳大利亚、加拿大、德国、新西兰等，基本上都倡导多元文化教育，有的国家还颁布多元文化教育法，多元文化教育已成为一个国际性改革运动。在多元文化教育的政策方面，也有一个共享的术语，即"文化马赛克"。如美国，世界上的白种人、黑种人、黄种人、棕色人等四大人种均在美国居住和生活，在美国学校的课堂中可能有来自五大洲的不同肤色的同学，真正构成了多种族、多民族、多文化的教育国度。

自20世纪20年代开始，社会科教师在教学中就加强了跨文化理解。20年代让学生懂得尊重民族与种族的多样性。40年代实行"跨群体教

---

① James L., *Multicultural Education in a Global Society*, Lewes: The Falmer Press, 1989, pp. 25 – 26.
② ［美］班克斯主编：《多元文化教育议题与观点》，陈枝烈等译，心理出版社股份有限公司2008年版，第6页。

育",致力于减少学生的偏见。50年代,通过课程努力在文化群体之间增加相互了解的机会。① 这些努力是在多元文化教育运动之前出现的,是人们为了解决现实问题而随机出现的教育举措。

自从60年代兴起多元文化教育运动后,有计划的多元文化教育举措有序地在学校开展,社会科成了多元文化教育的主阵地。学校与教育人员对于1960年民权运动的第一反应是感到焦虑,因为所发展的课程与学程并未深思或周密地计划,以使这些要求能在教育系统内制度化。假日、特定的日子、民族的节庆及单一民族为焦点的课程,成了60年代到70年代早期之间,支配学校与民族及文化多样性有关的改革特质。这期间所发展或推行的这类民族研究课程大部分为选修课程,而且基本上是本民族学生选修。②

民权运动明显的成就是刺激了其他被边缘化的族群采取行动,以消除对他们的歧视,并要求教育系统对他们的需求、抱负、文化与历史做出回应。如20世纪晚期最重要的社会改革运动——女权运动,女性主义者关注教育制度,他们提出与有色人种要求相似的问题,教科书与课程被男性支配,女性在教科书中经常是消失不见的。其他如残障者、年老者、同性恋者等也在70年代组织起来,要求改革制度,使他们面对较少的歧视,反映在教育上如1975年的《全体障碍儿童教育法案》的出台,即是残障学生教育权利运动在法律上最明显的胜利。③

在90年代早期,出现了社会科课程与多元文化观点相融合的趋势,并且成功地带来根本性的变化并影响到其他科目的教学。④ 比如,社会科教科书充满了从主要档案中选取的照片、插件、摘录,强调妇女、移民、土著、非英语母语的人们、有色人种的故事与贡献。且美国社会科协会颁发了一个修订的《多元文化教育的课程指南》(1991),说明了多元文化

---

① Jane B., "More Than Rose Parks: Critical Multicultural Social Studies in a Fourth - Grade Class", *Transformations*, Vol. 18, No. 1, 2007.
② [美] 班克斯主编:《多元文化教育议题与观点》,陈枝烈等译,心理出版社股份有限公司2008年版,第6页。
③ 同上书,第7页。
④ Anita C. D., "Parting Words: The Uncertain Future of Multicultural Social Studies", *Multicultural Review*, No. 6, 2002.

教育的原则以及确保多元价值的一系列原则。①

在社会科领域方面关于多元文化教育的研究主要有以下范畴：多元文化教育与社会科的关系、小学社会科多元文化教育的研究主题、小学社会科多元文化教育的组织要素、小学社会科多元文化教育内容的设计原则及模式等。

（二）社会科与多元文化教育的关系

多元文化教育与社会科自然相容，也是社会科教育的补充。这是因为社会科的主要注意力是教孩子成为民主社会公民的知识、态度、价值与技能等，以及诚心诚意的、关爱的社区成员。而多元文化教育则是试图消除各种教育项目在传达核心概念民主（如自由、平等、公正、包容）过程中的隔阂，使民主理想与民主现实趋于一致。② 二者的目标是相互包容的。比起学校其他的科目来说，社会科主要帮助孩子建立来自凝聚于形成国家的多种影响，如观点、群体、遗传与传统的连贯性、凝聚力与群体关系。社会科的任务是实现真正的多元文化，不是为某人牺牲他人，而是学会理解与欣赏国家的统一与多元是相互补充的。社会的多元文化成分要扮演中心角色，让学生得到民主的好处，并承担相应的责任。③

多元文化教育与社会科有一些共同的方面来表明它们之间的紧密关系。可从三个方面来解释它们之间的关系。其一，多元文化教育与社会科都赞成致力于大多数人的教育是善举并且要为民主负责。其二，通过社会科各种不同（差异），人与人之间将会变得更平等。这意味着所有学生需要更好地理解自己与他人，迎接与他人生活在一起的挑战与好处，个人与群体的义务使得每个人的生活更美好。其三，教育的另一部分是知道当社会准则与理想被隔离时，谁去以及如何通过行动去消除这种隔离。④

多元文化与社会科两者之间没有谁更重要之分，它们是互为组成的部分。社会科通常呈现主流文化与民族作为它的主要单元内容，而多元文化教育通过提供深入与扩大的少数群体的内容来加以平衡。它们共同构建了

---

① Anita C. D., "Parting Words: The Uncertain Future of Multicultural Social Studies", *Multicultural Review*, No. 6, 2002.

② Geneva G., "Similar Concerns, Different Perspectives of Social Studies and Multicultural Education", *Social Studies Review*, No. (Fall – Winter), 2009.

③ Ibid..

④ Ibid..

一个更易于理解、可靠的关于历史、生活与文化的轮廓。就理想状态而言，这二者应该是整合在一起的，但不幸的是，这个理想在最近的将来不大可能会实现，尽管在这方面做了很多努力。同时，学者、研究者与实践工作者都在致力于使社会科与多元文化教育之间相互交融。使来自于所有种族的学生都能受到好的教育，致力于获得建立公正、人性与包容的基础，使得文化多元观更受欢迎与繁荣发展，从而能作为学校学习与公民生活、国家及全球有价值的资源。①

(三) 社会科多元文化教育研究主题的扩充

长期以来多元文化教育的研究主题一直是民族或种族，其后因为其他弱势团体意识的觉醒，到20世纪80年代逐渐纳入两性、社会阶级、宗教、特殊儿童等问题的探讨，还更广泛地涉及地域、社区、年龄、同伴群体等，使多元文化教育的内涵日益扩增。但是从90年代开始，这一术语的涉及范围又缩小到种族和民族的范畴，这可以1992年索尼亚·尼托著的《倡导多样性多元文化教育的社会政治背景》一书为标记，此书的设想之一即"把多元文化教育理解为在种族、民族、语言这三个领域是有牢固基础的，这些领域提供了观察多元文化教育的重要视角"。而美国布卢明顿印第安纳大学的克里斯廷·I. 贝内特出版的《综合多元文化教育理论和实践》一书1986年第1版和1990年第2版始终把多元文化教育涉及的范畴限定在民族和种族的范围之内。②

美国著名的多元文化教育研究专家詹姆斯·班克斯在其著作《多元文化教育：理论与实践》③中对多元文化教育的历史发展阶段进行了描述：第一阶段：单一民族研究；第二阶段：多民族研究；第三阶段：多民族教育；第四阶段：多元文化教育；第五阶段：制度化。④ 在这五个阶段中，其研究的主题均以一国之内的民族或种族为主。这种认识也在其对多元文化教育的界定中得到反映。班克斯对多元文化教育的定义得到了广泛的认同，主要代表了西方国家对多元文化教育的认识。班克斯（1993）

---

① Geneva G., "Similar Concerns, Different Perspectives of Social Studies and Multicultural Education", *Social Studies Review*, No. (Fall – Winter), 2009.
② 谢宁：《〈全球社会的多元文化教育〉评介》，《国外社会科学》1995年第7期。
③ Banks J. A., *Multicultural education: Theory and Practice*, Boston: Allyn and Bacon, 1988.
④ 王鉴、万明钢：《多元文化教育比较研究》，民族出版社2006年版，第1—2页。

认为多元文化教育是一种概念，是一种教育改革运动，也是一种过程。①认为多元文化教育是旨在帮助提高少数民族和移民人口的学业成绩，或者教授多数人口群体的学生有关他们国家内少数民族群体的文化及经验的计划和实践。②从其定义中可以看出研究的视角是少数民族及其文化。

民族作为多元文化教育的研究主题明显呈现出其主导趋势：狭隘、小气、内向性，甚至排他性。总体来说，它的目标局限于一个国家（地区），倡导者缺乏对普遍人类的思考，全球维度被认为是多余或无关的。这种思想上的限制导致多元文化教育概念的窄化。全球教育、世界研究、人权教育、发展教育、法律教育、和平教育、环境教育都与多元文化教育分享着许多共同的目标、概念、内容与词汇，但是它们却在各自努力分别去达成目标，在很长一段时期内缺乏共同协作。在宏观层次上，民族多元文化教育没能把世界看成是一个相互联系的整体，而关注微观层次所进行的打着民族或种族旗号与学校课程联系在一起的改革运动，这样的改革必然会以失败告终。另外，民族多元文化教育过于强调差异性（反种族教育更是这样），所以过于凸显其种族分类，而忽视本来多元文化教育应该重点强调使人们团结的事物，如相似性与共同性，从而达到去分类的效果。加之多元文化的教育者偏离了教育的基本目标，过于抬高多元文化教育，而没有认识到多元文化教育只是学校综合目标的一部分，而不是只能经由多元文化教育才能达到的目标。③

以民族为主题的多元文化教育在发展中所出现的各种问题，表明其需要跳出狭隘的民族或种族的局限，通过扩充其视域来弥补自身的不足。

最早提出全球多元文化教育的是英国多元文化教育代表人物詹姆斯·林奇，自80年代末他就提倡全球主义的多元文化课程，以纠正当前造成文化和地理无知以及不关心世界其他人命运的课程中的地方主义④，以其1989年出版的《全球社会的多元文化教育》一书为标志。他分析了20世

---

① Banks J. A., *Multicultural Education: Issues and Perspectives*, Hobken: John Wiley & Sons 2004, pp. 3 - 4.

② ［瑞典］胡森等：《教育大百科全书——教育人类学、教育哲学、教育社会学、女性与教育、教育史（2）》，张斌贤等译，西南师范大学出版社、海南出版社2006年版，第421—422页。

③ James L., *Multicultural Education in a Global Society*, Lewes: The Falmer Press, 1989, pp. viii - ix.

④ 王鉴、万明钢：《多元文化教育比较研究》，民族出版社2006年版，第24页。

纪全球和多元文化教育概念的演进过程，结果发现多元文化教育从20世纪80年代开始就朝"全球教育"、"世界研究"、"全球多元文化教育"的方向发展。①

联合国教科文组织也在《教育对文化发展的作用》一文中指出，开展多元文化交流旨在"促进对文化多样性的尊重、互相理解"②，其目的应该是从理解本国人民的文化发展到鉴赏邻国人民的文化，并最终鉴赏世界文化。③但全球多元文化教育思想真正能得到发展与应用是在21世纪的全球社会中，今天，移民运动与多种族共存几乎使欧洲、美洲、澳洲、非洲、亚洲的所有国家都不得不面对多元文化的问题。这种新的发展转向在美国著名的多元文化教育研究专家班克斯的新著作上有明显体现。

2009年班克斯主编《多元文化教育的国际合作》(The Routledge International Companion to Multicultural Education) 一书，由英国劳特利奇出版社出版。在书中他特别提到过去10年中多元文化教育研究出现的新方向，研究主题关注世界上其他国家，寻求全球多元文化教育的理解并开展相应的学术研究。研究此领域的主要学者除了多元文化教育的领军人物班克斯外，还有卡尔·格兰特（Carl A. Grant）与索尼亚·尼托。此外，该书由48位学者完成，其中85%来自美国以外的国家。④致力于此书的全球化本质的努力是如此彻底，正体现了多元文化教育全球化多样性的本质。尽管美国表达了小学生要在国际观点下接受多元文化教育的希望，但其未能在美国教育系统的课程中体现其深度与文化价值意义。而且许多多元文化教育的教学方法没有强调影响全球社会的习俗、传统与全球问题。学校还是一如既往地以典型的节日、英雄、黑人历史与西班牙的遗产月的方式来开展小学多元文化教育课程。⑤

伴随而至的是西方全球多元文化教育的实践。如美国为培养公民的

---

① Ashley G. Lucas, "Distinguishing Between Multicultural and Global Education: The Challenge of Conceptualizing and Addressing the Two Fields", *The Clearing House*, Vol. 83, No. 6, 2010.

② 董小苹：《全球化与青年参考》，上海社会科学院出版社2004年版，第5页。

③ 胡一：《全球多元文化发展中的文化自觉》，《闽江学院学报》2010年第1期。

④ Alan H. Jones, "Globalizing Multicultural Education: A Review of James A. Banks' The Routledge International Companion to Multicultural Education", *multicultural education*, No. spring, 2010.

⑤ Rina Bousalis‐Aliak, "Element multicultural and global education: a celebration of countries and culture, or just celebration", *Ohio Social Studies Review*, Vol. 46, No. 1, 2010,.

"全球意识"成立了专门的课程发展与管理全球教育委员会，主张实施全球一体化教育。① 并注重借用国际组织来开展其全球多元文化教育。国际组织是全球化的基本载体和依托。当今世界，与全球教育和文化发展联系最为紧密，同时对其影响也最大的几个主要国际组织包括：国际货币基金组织（IMF）、世界银行（WB）、世界贸易组织（WTO）与联合国教科文组织（UNESCO）等。②

（四）社会科多元文化教育内容的核心要素

班克斯认为多元文化课程（教科书）要体现知识、技能、态度与价值观、公民运动四个方面的目标。具体而言要学习五种知识：个人文化的知识、大众的知识、主流学术的知识、转化的学术知识、学校知识。针对以主流文化为中心的传统课程的偏失，班克斯主张，多元文化课程开发要包括五个维度：内容的统整；知识的建构；偏见的减少；体现平等的教学；充满活力的校园文化和社会结构。其基本目的在于培养学生在一个文化多元的社会中生活的能力，包括能够跨越自身族群文化局限，增强族际沟通、理解能力的提高。③ 班克斯（1991）认为多元文化课程应涵盖文化、社会化、文化沟通、权力及族群迁移等五个主要概念，此五个主要概念共包含 20 个相关概念。兹将其多元文化课程主要概念详列于表 1—1④：

表 1—1　　　　　　　班克斯多元文化课程的概念

主要概念	相关概念
文化	族群、弱势族群、族群发展阶段、文化同化、涵化、社区文化
社会化	偏见、歧视、种族、种族主义、族群中心主义、价值、自我概念
文化沟通	沟通、感受、历史偏见
权力	社会反对、社会抗争
族群迁移	迁移、移民

---

① 滕星、苏红：《多元文化社会与多元一体化教育》，《民族教育研究》1997 年第 1 期。
② 杜钢：《美国：民族国家多元文化教育向全球多元文化教育的转向》，《教育学术月刊》2010 年第 1 期。
③ 靳玉乐：《多元文化课程的理论与实践》，重庆出版社 2006 年版，第 46 页。
④ 谭光鼎、刘美慧、游美惠：《多元文化教育》，台湾空中大学 2000 年版，第 217—218 页。

桑托拉（Santora）1995年提出由三大层面十二项概念建立的多元文化课程要素。[①] 此课程模式以学生为中心，三大范畴与其包含的概念如下：

（1）了解自我和他人都是多元文化社会中之成员：

——文化概念运用（Applying Concepts of Culture）

——文化多样性（Cultural Diversity）

——种族的认同（Ethnic Identity）

（2）在民主多元社会中，作为一个批判式、参与的公民所须具备的态度和技巧：

——社会和文化的权利与责任（Social and Cultural Rights and Responsibilities）

——重建社会的行动（Social Action for Social Reconstruction）

——批判性思考（Critical Thinking）

（3）多元文化转型知识：

——相互关联性（Interconnectedness）

——多元观点（Multiple Perspectives）

——环境脉络（Context Setting）

——种族、阶级、性别意识（Race, Class, and Gender Consciousness）

——社会历史（Social History）

——贡献（Contributions）

此三大范畴是概念层次的多元文化课程要素，十二项主题则是课程的具体内容，透过社会、心理、政治等社会学科的整合，经由过去的历史与现在的议题探讨，结合家庭、小区、国家以及世界的探索，提供学生个人、文化和国家认同的发展机会，且提供学生在多元文化社会中积极参与所需之技巧训练。

（五）社会科多元文化教育内容的设计原则及模式

课程内容的选择不是增加一门或几门关于少数民族文化的课程，也并不是把所有有关少数民族的文化内容纳入课程体系，如果这样：其一，将

---

① 谭光鼎、刘美慧、游美惠：《多元文化教育》，台湾空中大学2000年版，第218—219页。

导致课程体系的负荷过重;其二,不是所有文化有同样价值可被接受;其三,文化必须具备调适性和功能性;其四,它将无法使文化间有充分的交往和共通的背景,据以保障社会的凝聚。① 这些问题使课程开发者进行文化选择时左右为难,非主流文化族群也对此矛盾重重。美国学者沃尔特指出:没有接受本族文化教育的学生固然可能产生疏离感和无根感,但缺少主流文化教育的学生将会失去许多经济、政治和社会性的机会。② 下面主要就多元文化教育课程设计原则与模式两方面展开阐述。

美国提出了具体的多元化教育课程设计原则,可归纳为15个原则:多民族的观念应该渗透到全部的学校环境之中;课程应考虑到少数民族学生的学习风格;多元文化的课程应该有助于发展学生良好的自我意识;课程应有助于学生全面地理解少数民族的文化和民族特征;多元文化教育的课程应当使学生理解在人类社会中观念与现实常常发生冲突;课程应该分析和澄清美国社会中的民族选择;课程有利于学生形成多元化的价值观、态度和行为;多元文化课程应帮助学生提高他们参与和决策的技能;多元文化教育课程应该培养学生跨民族交往的技能;多元文化课程应该综合地、系统地体现在学校全部课程之中;多元文化教育的课程设计要体现多学科渗透的特点;课程应该帮助学生解释和评价不同民族群体的观点及其在历史上的冲突;课程应为学生提供机会,使他们感受不同民族的审美体验;课程应把少数民族的语言作为重要的内容并鼓励学生使用母语;学生的评价程序应该考虑到少数民族学生的文化背景。③ 以上课程设计原则主要关注民族主题,强调多元文化教育的环境渗透、多学科渗透等。

目前,多元文化课程发展模式主要有以下几种类型。其一,平行模式:在对少数族群开设主流文化课程的同时,平行开设有关少数族群文化内容的课程,以讲授文化上不同的东西。在实际操作中分为两个步骤:一是单独开发出关于某一种族文化的课程,将不同种族文化群体的独特文化知识平行增添进学校课程体系中。二是通过对主流文化课程的识别,分析少数族群到底需要哪些知识。其二,整合模式:重在考虑多元文化知识与

---

① [英]詹姆斯·林奇:《多元文化课程》,黄政杰主译,台北师大书苑有限公司1997年版,第11页。
② Walter F., "Liberlism and the Aims of Multicultural Education", *Journal of Philosophy of Education*, Vol. 29, No. 2, 1996.
③ 王鉴、万明钢:《多元文化教育比较研究》,民族出版社2006年版,第88—96页。

现有主流文化课程的整合。认为多元文化课程的开发不是简单地将多种不同文化加在一起,而是需要彼此间的接触、作用及相互渗透。其三,拓展模式:在既有的课程脉络下,强调教师与学生在课程开发中的作用,力图充分开发学校各方面的课程资源,达到多元文化教育的目的。[①]

在多元文化课程的整合开发模式方面,国外的学者如美国的班克斯、英国的詹姆斯·林奇和德国的吕尔克尔、格让特和斯奈特等人都做出了卓越的贡献。

班克斯力主课程改革,主张在课程内容中整合多元文化,即课程内容必须反映其他种族的文化传统、历史、经验、价值观念等,尽可能地给少数民族学生提供了解自己文化的机会,以培养他们的民族自尊心,同时也给优势群体的学生以了解其他文化的机会,消除对异文化的偏见。[②] 在多元文化教育的发展过程中,班克斯针对多元文化课程设计曾提出变革的四种基本途径:一是贡献途径(the Contribution Approach)。这种途径的特征是将有关少数民族英雄的事件和少数民族的节假日加入到原有的课程实施中去,有关少数民族的内容主要限于介绍少数民族对主流社会的贡献,而课程在其基本结构、目标、重要特征上保持不变,它是教师将有关少数民族的内容整合进课程中最容易的一种方法。通常用于小学课程,如小学社会科当中的多元文化教育内容。二是附加途径(the Additive Approach)。这种途径的特征是在没有改变课程的基本结构、主题、观点的情况下,将有关少数民族的内容增加到课程中,其常用方法是将描写和介绍少数民族的一本书、一个单元或一堂课加入到原有课程的实施中。三是转换途径(the Transformation Approach)。它改变了课程的基本假设,使学生能从多个少数民族的角度来分析概念、问题、主题。其关键是将多个少数民族的不同观点、不同的参考标准和内容整合到课程中,以扩展学生对社会性质、发展和复杂性的理解。四是做出决定和采取社会行动的途径(the Decision – Making and Social Action Approach)。它除转换途径中所运用的课程改革的方法外,还要求学生做出与他们已经学习的一些概念、问题有关的决定并采取实际的行动。其主要目标是培养学生的思考能力和做

---

① 孟凡丽:《国外多元文化课程开发模式的演进及其启示》,《比较教育研究》2003 年第 2 期。

② 靳玉乐:《多元文化课程的理论与实践》,重庆出版社 2006 年版,第 5 页。

出决定的能力，帮助学生获得政治效能感。

詹姆斯·林奇主张学校多元文化课程设计应由模式 A 到模式 B 到模式 C 再到模式 D。模式 A 是传统的模式，以主流文化为中心，是一种主流文化同化主义的课程发展模式；模式 B 内的民族附加模式，虽仍以主流文化为中心，但注意把各民族观点附加其上，是以优势族群的主流文化作为课程设计的框架结构，兼顾弱势族群文化的历史、经验、信仰、价值等；模式 C 打破了以优势族群为主流文化的课程框架，使学生从不同的种族文化、群体视角来考察其概念、历史事件及社会问题，从多维视野审视族群文化，没有一种文化处于至尊地位，而是各个族群文化处于平等的位置平等看待；在模式 D 中，考察问题的视角更宽广，以多国家的视域来审视社会问题、历史事件，并遵循一个循序渐进的过程，从模式 A 到模 B 到模式 C 再到模式 D，模式 D 为最终的课程模式。这个模式与班克斯关于多元文化课程设计的四种途径大体相近。①

托比亚斯·吕尔克尔认为："在多元文化教育条件下，课程改革的目标应该是把面向实际经验的课程与具有现代科目的课程结合起来。只有这样的课程能够被引入学校，一种多元教育才能真正出现。"他分别阐述了对这两类课程设计的构想：以经验为中心的课程；有关科目课程的现代化。其中提到历史和社会科课程的现代化，是吕尔克尔关于科目课程现代化的重要组成部分。他主张历史教学应以多方向为基础，把不同民族都作为创造历史的主体。在历史和社会科学课程中，应根据各民族群体的社会和政治结构，经济、文化制度和宗教价值取向进行多元文化的课程开发，历史和社会科学既不能脱离国家的基本要求，也不能陷入狭隘的民族或种族的多元文化教育。② 吕尔克尔认为不能一蹴而就建立一套全面的多元文化课程取代现代课程，而应采取逐步创新的方法。其一，重视以经验为中心的课程设计。其二，合理安排语言教学。保证应用非"主流"语言的儿童有在学校使用他们自身语言的权利；保证为了学习的目的，把他们在其中生活的那个国家的语言当作第一种现代语言；保证那个国家的中小学能够把一种少数民族语言作为外语来学。

---

① 靳玉乐：《多元文化课程的理论与实践》，重庆出版社 2006 年版，第 40 页。
② 同上书，第 42 页。

其三,在教育中将更多地引进由少数民族文化创造的文学作品。在课程的编排上更多地引进少数民族文化创造的文化,使少数民族的文化传统、风俗习惯引起人们的关注和平等对待。① 吕尔克尔关于多元文化课程的理论及其设计思想,体现出多层次的特点,将有利于课程开发的逐步一体化,为接近理想的多元文化课程开发模式提供了可能性,值得我们思考并加以采纳吸收。②

格让特和斯奈特(Grant, C. A. & Sleeter, C. E.)从所追求的不同多元文化课程目标出发,提出多元文化教育的五种课程模式:特殊性与文化差异模式;人际关系模式;单一族群研究模式;多元文化教育模式;社会重建模式。盖伊(Guy)则从课程内容角度将多元文化课程开发分为四种模式:基本能力模式;概念模式;主题模式;文化要素模式。③

西方社会科的多元文化课程设计在小学阶段基本是以"节日"方式呈现,即"附加模式",在教科书中也是依照这种设计加以编排。根据奈洛尔与史密斯(Naylor & Smith, 1993, 2004)所说,"节日已经传统地成为公立小学经验的部分,学校的生活通常被描述成为'节日课程',今天的小学社会科教育依然是这种观念的继续"。由于对标准测试的极大关注占据了教师的时间、学生的学习动机,社会科在小学教育中成为潜在科目。在效率驱动的教育系统视野中社会科看起来是无足轻重的。很多时候,课程领导要求把社会科搁置一边,而在需要的时候又要教师能重视起来。这样的课程限制经常使得社会科的教师变得没有创造力。④ 康明斯与塞耶斯(Cummins & Sayers, 1995)认为,节日庆祝的多元文化教育方式掩盖了多元文化主义的真相,即教科书与其他的课程材料是明确设计并传达我们社会认为对青年人重要的内容。这些习惯性地庆祝文化节日的方式是对小学多元文化教育极少尊重与支持的表现。如甘恩(Gann, 2006)提议的,小学多元文化教育已经成为"学校庆祝活动的一种单一物种",

---

① 靳玉乐:《多元文化课程的理论与实践》,重庆出版社2006年版,第43页。
② 同上。
③ 刘美慧、陈丽华:《多元文化课程发展模式及其应用》,《花莲师院学报》2000年第10期。
④ ina Bousalis - Aliak, "Element multicultural and global education: a celebration of countries and culture, or just celebration", *Ohio Social Studies Review*, Vol. 46, No. 1, 2010.

这样不仅没能加强诸如种族与文化经验的"真实"生活问题,反而使用一套根深蒂固的项目一年一年地重复。① 根据莱夫斯蒂克(Levstik,2006)所描述的,作为社会科传统资源的教科书,在其文化与历史全球事件上均被肤浅地对待,尽管书中装饰了插图与有趣的节日活动,但许多教科书没有把人、文化与传统的学习整合在一起。关于多元文化主义的介绍,"作者与课程开发者制造了重要事件的官方说法,被教育系统所认可并在教科书中被奉为神圣"②。

综合以上国外小学社会科多元文化教育研究的现状,评述如下:

(1) 国外对社会科的多元文化教育进行了一定的研究,其研究的主题基本上是以"民族"为主,对于国家(地区)与全球主题涉及较少,研究内容显得比较狭小。过于强调种族主题,易于走向另一个极端——新种族主义。美国的学者洛克(Edwin A. Locke)指出,多元文化不过是试图以一种新的种族主义去纠正原有的种族主义。因为,你不可能一面教育学生你的肤色决定了你的文化认同,一面又教育学生淡化肤色认同意识;你不可能既主张多元文化主义,又希望学生对不同文化背景的个体一视同仁;你不可能既强调保持族群文化传统的必要性,又鼓励学生应当摒弃种族观念而建立个人的自尊。③

(2) 西方多元文化教育没有面向全体学生,主要是对少数民族开展的教育。如美国一些白人学校几乎不开展多元文化教育,只是在种族混合的学校才有多元文化教育。在对多元文化教育实施的调查中,发现许多教师认为多元文化教育仅仅是在学生成分多样化的时候才有必要。在一个高收入群体的白人天主教中学对教师所做的访谈表明,教师当然地认为有色人种的学生需要他们认同的英雄,而白人学生则没有同样的需要。当问到他们如何整合多元文化教育的内容时,他们回答说,"没有,我没有进行多元文化教育,看看我的学生,他们都是白人"。④ 具体来说,在一个多民族国家,少数民族几乎都要学习和使用主体民族的语言文字,主体民族

---

① Rina Bousalis‑Aliak, "Element multicultural and global education: a celebration of countries and culture, or just celebration", *Ohio Social Studies Review*, Vol. 46, No. 1, 2010.

② Ibid..

③ 王鉴、万明钢:《多元文化教育比较研究》,民族出版社2006年版,第24页。

④ Ashley G. Lucas, "Distinguishing Between Multicultural and Global Education: The Challenge of Conceptualizing and Addressing the Two Fields", *The Clearing House*, Vol. 83, No. 6, 2010.

为什么不学习少数民族的语言文字呢？诸如此类的问题很多，因此仅从少数民族视角出发去看待多元文化教育可能导致事实上的不平等，从而违背多元文化教育的宗旨。正是因为从民族的范畴出发，认为多元文化教育只是少数民族的事情，所以西方社会多元文化教育始终没有真正成为国家教育体系的构成部分。

（3）西方多元文化教育内容的片面性，主要涉及文化的表面未触及文化深层。"节日"难道是多元文化教育的唯一途径吗？无论是通过学校的环境渗透，还是学科渗透的方式，西方多元文化教育的内容主要都是通过"节日"的方式来加以呈现。

（4）在社会科课程内容选择取向上提到是以共同文化为主还是以多元文化为主的两难选择问题，不同学者看法不一致。有强调多元文化特色为主，也有强调共同文化为主。直到今天，关于多元文化教育是强调文化的相似性、共同点，还是强调文化的多样性，始终是个两难选择。

（5）全球多元文化教育虽然在20世纪80年代就有倡导，但其真正得到实现却是在21世纪的全球社会之中。全球多元文化教育作为一个发展中的新生事物，其在理论研究与应用方面还面临诸多问题。如有学者认为全球教育挑战国家主权的统一，减少国家认同与爱国主义；多元文化教育被指责为分裂主义，引起派别争端，破坏统一[1]。全球多元文化教育在民族、国家、全球之间如何保持其张力也是急需研究的问题。全球多元文化教育是包括民族多元文化教育在内的，是对其观点与内容的扩充。民族多元文化教育虽然存在着各种不足，但却是全球多元文化教育的基础与重要组成部分。可事实上很多西方国家在民族多元文化教育上所做的努力还远远不能消除民族偏见与歧视，在教育中经常是不可怀疑的单一文化的途径，这正是彻底坚定的西方主义与统治性世界观点的产品[2]。民族多元文化教育并未成为西方教育系统的有机部分，在这方面所做的形式上的努力和未到位的落实远没能达到民族多元文化教育的目标，因此这也是需要在全球视域之下来重新讨论的问题。

总的来说，国外多元文化教育相关研究中提出多元文化的教育内容、

---

[1] LI-CHING HO, "Global Multicultrual Citizenship Education: A Singapore Experience", *The Social Studies*, No. November/December, 2009.

[2] Hulmes Edward, "Reviews: Multicultural Education in a Global Society (Book)", *Education Studies*, No. 3, 1990.

组织要素、模式等主要是针对国内"民族"主题而言的,对于其他主题很少涉及。因此还存在有待进一步解决的问题:如多元文化社会科的定义、小学社会科教科书中多元文化教育内容的确定、不同主题多元文化教育内容的配置原则等。虽然在多元文化教育的课程内容、课程模式方面的研究没有达成一致的意见,但是国外近50年的研究使这些内容在理论方面均积累了丰富的研究成果,在实践中也取得了一些成熟的经验,能为我国社会科的多元文化教育课程提供有益的借鉴。

二 内地和港台社会科多元文化教育研究现状

(一)内地社会科多元文化教育的研究

内地多元文化教育包括两个时期,一是1980年之前的少数民族教育时期,二是1980年以后的多元文化教育时期。少数民族教育时期的内容主要涉及对少数民族的教育政策以及教科书编写方面的规定;多元文化教育时期的内容主要涉及多元文化教育理论及少数民族地区的多元文化课程开发等。

1. 少数民族教育时期

自秦汉到20世纪30年代以前,我国的教育以汉族内容为主,对少数民族基本上是"民族同化"政策。30年代后,民族教育事业才有所发展。1930年设立了蒙藏教育司,并于1939年制定了《推进边疆教育方案》,强调"边疆教育得适应当地特殊教育环境和生活习惯,设法推进。但其他语言生活习惯相同之边民,如汉回子弟所入学校,除学校设备得酌量适应宗教生活习惯外,其余均照内地学校办理"。方案在一定程度上考虑到少数民族的特点,但依然是以大汉族主义为中心的同化教育。其课程设置照搬内地模式,实行"党化"教育。教科书要"依据中华民族为一整个国族理论激发爱国精神,泯除地域观念与狭义的宗教观念所生之隔阂"。

新中国成立后,明确提出少数民族教育的总方针:少数民族教育必须是新民主主义的内容,即民族的、科学的、大众的教育。在课程设置与教科书编写工作方面做了具体规定,指出少数民族教育"必须采取民族形式,照顾民族特点,才能很好地和各民族实际情况结合起来",同时指出:"少数民族教育的内容和形式问题、课程教材问题,既要照顾民族特点,又不能忽视整个国家教育的统一性。"

1956年,教育部在北京召开第二次全国民族教育会议,提出少数民族教育要赶上汉族层次。各民族地区的中小学和师范学校应译用或采用全国通用教科书，另外自编本民族语言教材和民族学校汉族教材及民族补充教材。

在"文革"后期，认识到脱离民族地区实际的教育的错误性，1974年，国务院科教组召开少数民族语言教材工作座谈会，就少数民族教育的课程与教材问题进行了研讨，尤其对少数民族教材的编译、出版印刷等问题做了具体规定。

1980年的《关于加强民族教育工作的意见》，重视民族文字教材的出版工作，提出"教材编译工作不能停留在翻译统编教材。从长远看，民族教材要立足于自己编写，这是民族文字教材编译工作的发展方向。当前，民族教材，特别是语言和历史教材中，应根据各个年级的不同情况，适当选编本民族的一些优秀作品，或本民族发展历史的内容"。[①]

2. 多元文化教育时期

80年代东西方多元文化教育与民族教育开始接触，我国是在80年代以后才逐渐介绍和引进西方多元文化教育并与我国民族教育进行比较研究的。从此，我国的少数民族教育开始探索多元文化共存下少数民族教育发展的新路子，以多元文化教育作为一种形式和手段来加速少数民族教育事业的发展。[②] 在90年代，除了译介和评价西方国家多元文化教育的理论之外，也有一些研究开始尝试进行多元文化教育的本土化研究，即探索中华民族多元一体的教育体系，这是我国特色的多元文化教育。主要的研究范畴涉及我国多元文化教育的缘起、多元文化教育的界定、多元文化教育内容的选择、多元文化教育的模式及多元文化教育的策略等。

"中华民族"乃是由多元文化融凝而成，多元文化又为"中华民族"之特征。既然我国自古就是多民族、多元文化的国家，那么"多元文化教育"这一"近世"且"西方化"特征明显的概念，显然不能为西方世界所专用。[③] 王鉴是我国研究多元文化教育的代表人物之一，他认为我国民族教育中的多元文化教育和国家一体教育是并存发展的。作为多元文化教育指各民族自己的传统教育，作为一体教育指各民族认同的国家教育。

---

① 王鉴、万明钢：《多元文化教育比较研究》，民族出版社2006年版，第51页。
② 同上。
③ 同上书，第39页。

针对中华民族多元一体的历史发展与现实要求，王鉴提出我国特色的多元文化教育就是中华民族多元一体教育。它包括三个方面的内容：一是中华民族中各民族的传统教育；二是中华民族自觉形成的国家一体教育；三是全球多元文化发展背景下形成的中华民族多元一体教育。[1]

在中国知网检索到标题包含"多元文化教育"的硕士、博士论文中，有对美国多元文化教育的研究，对加拿大多元文化教育的研究，对英国多元文化教育的研究，其余涉及本土学科及课程中的多元文化教育；标题包含"多元文化课程"的硕士、博士论文主要关注我国民族地区的多元文化课程开发，以及关于多元文化课程的理论研究，如李庶泉2004年的博士论文《多元文化课程理论研究》、孟凡丽2003年的博士论文《多元文化背景中地方课程开发研究》、刘茜2007年的博士论文《多元文化课程的建构与发展——雷山苗族多元文化课程开发的个案研究》、沈小碚2006年的博士论文《傣族地区基础教育多元文化课程的建构》，刘茜和沈小碚的论文除了理论研究外，还探讨了少数民族议题。

关于多元文化教育的主要著作有滕星的《多元文化教育：全球多元文化社会的政策与实践》[2]，介绍了美洲、大洋洲、欧洲、非洲及亚洲地区主要国家的多元文化教育的由来、教育政策及教育实践等方面的介绍。靳玉乐的《多元文化课程的理论与实践》，研究范围是我国境内的民族文化，尤其是西南地区的少数民族文化，未涉及全球文化。王鉴、万明钢的《多元文化教育比较研究》一书，比较全面介绍了各国多元文化教育的发展情况，研究的范围主是一国之内的民族文化。下面就多元文化教育的内容、多元文化教育的模式等进行分述。

关于多元文化教育内容的相关研究如下：

靳玉乐提出基于本土文化背景的多元文化课程开发模式：自下而上的"草根"模式；双语教育模式；本土化构建模式（每个民族的独特文化内容）体现为地方课程、校本课程；多元一体的课程开发模式。并提出我国目前的多元文化课程模式，在很大程度上仍是一种理想，是一个不断发展的持续过程。[3]

---

[1] 何喜刚、王鉴：《如何理解中华民族多元一体教育》，《民族教育研究》1999年第3期。
[2] 滕星主编：《多元文化教育：全球多元文化社会的政策与实践》，民族出版社2010年版。
[3] 靳玉乐：《多元文化课程的理论与实践》，重庆出版社2006年版，第48—53页。

孟凡丽 2003 年的博士论文《多元文化背景中地方课程开发研究》中，介绍并提出了有关多元文化课程的地方课程开发模式，一是补充模式，如增加少数民族语言课程。这一模式是指地方课程开发作为国家课程体系中的一个组成部分，地方（省、州等教育行政部门）作为课程开发主体，在国家规定的课程范围内，依据本地区政治、经济、文化、民族发展的需要，自主开发的地方本位课程，是国家课程的补充。二是以科目本位课程为主的地方课程模式。三是以参与、活动、探究的综合实践活动课程为主，整合其他课程类型的"统合模式"等，作为多元文化背景中地方课程模式。①

沈小碚 2006 年的博士论文《傣族地区基础教育多元文化课程的建构》，也特别提到重视地方课程的作用，来发展少数民族地区的多元文化课程。傣族文化课程的开发传统上主要采用贡献途径与附加途径，如自行编写的地方历史、地方地理等乡土教材，少数学校单设民族文化课，多以自学为主的非正规课程形式出现。目前这种状况并不能从根本上改变现有课程与教材的框架，完全实现多元一体的教育目标。同时，对主流民族的学生也会产生负面的影响，使他们形成错误的优越感，不利于对自身文化的认识、反省与发展。②

刘茜 2007 年的博士论文《多元文化课程的建构与发展——雷山苗族多元文化课程开发的个案研究》，提出"多元文化和谐一体"的发展模式应是苗族多元文化课程总体发展模式，而具体实践过程中，苗族多元文化课程开发则主要采取一种逐步过渡的策略，并最终达成班克斯所主张的那种完全整合的模式。从苗族地区学校课程现状出发，可继续采取贡献模式与添加模式，在既有传统的课程框架上介绍或附带增加一些有关的内容。要体现多元文化课程的真正意义，苗族多元文化课程开发中的整合应逐渐向转化途径、社会行动模式过渡，改造整个学校课程结构，将多元文化内容融入整体课程与活动之中。③

在我国内地学者的研究中，具体涉及从社会科领域来研究多元文化教

---

① 孟凡丽：《多元文化背景中地方课程开发研究》，博士学位论文，西南大学，2003 年。
② 沈小碚：《傣族地区基础教育多元文化课程的建构》，博士学位论文，西南大学，2006 年。
③ 刘茜：《多元文化课程的建构与发展——雷山苗族多元文化课程开发的个案研究》，博士学位论文，西南大学，2007 年。

育的成果比较少。研究社会科的多元文化教育方面的硕士、博士论文，与之相关的有陆正东 2004 年的硕士论文《美国中学历史学科中的多元文化教育》[①]。文章通过考察美国的国家历史课程标准、历史教科书和历史教学，对美国中学历史学科中的多元文化教育做了较为系统的研究。提出我国中学历史学科也有开展多元文化教育的必要，具体做法有：开设有关少数民族历史的课程；加强世界史教学等。

研究社会科多元文化教育方面的期刊论文，数量较少。这些论文直接关注了社会科课程、课程标准或是教科书中的多元文化教育内容或是方法，有一些论文的研究对象是美国社会科、日本社会科，涉及我国社会科的极少。具体关注的多元文化主题是民族与全球。

论文主要有：

李茜的《美国社会科教科书中的多元文化教育视角——以美国哈特·米福林版小学社会科教科书为例》；周仕德的《美国基础教育社会科中的多元文化教育及其启示——基于〈美国国家社会科课程标准〉的分析》；郭青青的《试谈美国社会科课程中的多元文化教育》；李荟芹的《美国基础教育社会科课程对"全球教育"的关注及启示》。

因此关于社会科的多元文化教育研究，内地学者所做的研究基本上是对美国社会科（历史）教育中多元文化教育的思考与分析，而对我国本土社会科多元文化教育进行的研究甚少。

上述相关研究成果表明，内地学者关于多元文化教育的研究较多，主要关注国内民族为主体的研究范畴，对于一国之外的国别或是全球的研究较少涉及，研究的视域局限于一国之内的"民族"。而对于多元文化教育的实现问题及实施途径方面目前采用的方式是直接在民族地区开设相关的民族性课程，通过其他科目或是其他方式的渗透涉及极少；对非民族地区的多元文化教育研究很少也较少关注其实施途径。关于多元文化课程的开发模式主要有本土构建的地方课程模式、校本课程模式；多元文化一体的贡献与附加模式为主的课程模式，基本上是对已有多元文化课程模式的应用，缺乏创新的模式。以上的研究不是面向全体的多元文化教育，主要是针对以"民族"为主题的多元文化教育而言的，主要适应民族聚居区的

[①] 陆正东：《美国中学历史学科中的多元文化教育》，硕士学位论文，上海师范大学，2004 年。

儿童，而对于以汉族为主的儿童未必适应。研究的内容理论层面较多，真正本土进行的研究相对较少，而与社会科联系在一起的研究少之又少。

（二）台湾地区小学社会科多元文化教育的研究

台湾地区多元文化教育的起源可以追溯至80年代中期解严，社会民主化，本土意识觉醒，原先在一元化制度下被隐藏的活力纷纷释放出来，使得社会日趋多元与活跃。九年一贯课程将多元文化教育列为课程的重点之一，并将性别平等教育视为一项重要议题。台湾地区的多元文化教育研究是与社会科紧密联系在一起的，尤其关注小学阶段的社会科。社会科中的多元文化教育研究，关注的议题包括族群、性别与乡土教育。具体涉及多元文化课程的开发模式、社会科多元文化教育教材的编制、社会科多元文化教育课程的设计等。

黄政杰在总结西方课程开发模式基础上，结合自己的研究实践，提出的多元文化课程开发模式十分完备，有以下几种模式：补救模式；消除偏见模式；人际关系模式；非正式模式；正式课程附加模式；族群研究模式；整合模式；统整模式；社会行动模式。以上课程设计模式大致可分为三大类：A 主流课程为主、多元文化课程为辅；B 主流课程与多元文化课程并重；C 以多元文化作为课程设计的中心。①

花莲师范学院自1998年开始编制教材。所设计的社会科课程以花莲县三大族群（阿美、泰雅、布农）为主，并搭配汉人族群，以收兼容并包之效。此课程的特色是以台湾少数民族为中心，将台湾少数民族姓氏（如古拉斯与阿布丝）及词语（达鲁安与比达）运用到课本中，并借由不同族群家庭的比较，凸显文化共同性与差异性。②

陈枝烈在其1994年完稿的博士论文《排湾族文化之田野研究及其对国小社会科课程设计之启示》中，提出一套具有台湾少数民族文化内涵的社会科课程建议方案。作者建议采用附加课程方式，在现行的社会科课程中添加排湾族群文化内涵，其目标希望增进台湾少数民族学生对己文化的了解，培养适应社会的能力；汉族学生能认识台湾少数民族文化，并减少对台湾少数民族的刻板印象。③

---

① 靳玉乐：《多元文化课程的理论与实践》，重庆出版社2006年版，第47页。
② 谭光鼎、刘美慧、游美惠：《多元文化教育》，台湾空中大学2000年版，第17页。
③ 同上书，第18页。

刘美慧（1999）设计一套《多元文化之美：多元文化社会科课程方案》，此课程方案共十个单元，以族群与性别为中心主题。本课程方案改变传统社会科课程设计模式，亦即不以叙述性课文为主，改以省思性和探究性的学生活动为主，以激发学生的思考能力。[①]

总的来说，台湾地区的多元文化教育课程的研究较为丰富，特别是其在与社会科的联系上有较多的研究成果，侧重族群与性别关系的多元文化教育的议题，关注小学社会科多元文化教育的课程设计模式及教材的编制，对内地有较强的借鉴意义。但其研究的课程主题偏向族群关系或性别，其他的主题关注较少。

（三）香港特区小学社会科多元文化教育的研究

香港特区是一个多元民族的社会，但其民族问题长期以来都未受到明显关注。而且在2001年之前，香港的人口统计都没有纳入民族分类，当然这与英国统治当局有意或无意淡化和抹杀民族问题有密切关系。所以可以发现，以专著形式出版的香港多元文化教育的作品并不多见，研究成果比较多地体现在学术期刊论文及学校开展的校本研究计划之中。说明香港并没有声势浩大地开展显性的多元文化教育活动，但处在一个多元文化的社会中，其学校为了解决实际的问题确实做了不少多元文化教育的工作。

香港有关多元文化教育发展的研究成果如下：

相关的著作有：袁月梅《多元文化教育之香港内地课程与教学》（云南科技出版社2003年版）。该书从内地新来港学生教育的本质出发，讨论其现况并试图在香港内地跨文化教育的课程与教学方面进行探讨。

其余的成果主要体现在期刊及学校校本研究计划之中。概括而言，其多元文化教育的活动有：

第一，对我国内地学生开展的多元文化教育。香港特区对于内地新来港人士亦提供了不同的适应课程（Induction Program and Extension Program）和支持服务，且成效显著。

第二，对少数族裔开展的多元文化教育。21世纪初，香港教育署便开始留意南亚裔学童的需要，其祖籍主要为尼泊尔、巴基斯坦和印度。他们拥有居港权，并符合资格入读本地的官立及资助类别学校。在教育署

---

① 谭光鼎、刘美慧、游美惠：《多元文化教育》，台湾空中大学2000年版，第18页。

《新来港儿童组》的文件中更指出,"他们所遇到的适应问题,包括不懂广东话和中文,而其中有部分亦只是略懂或甚至完全不懂英文"。同时,自 2000 年开始,首年来港的南亚裔学童亦可享有这种支持服务。

第三,开展对教师的多元文化教育方面的培训。香港学校收纳了不少文化多元的学生,他们多是内地新来港的学生。他们本身的多元性为今日的香港教师提出了不少的要求。由香港优质教育基金赞助,名为"新来港学童教育专业支持计划"研究专注于香港教师响应新来港学生教育挑战的教学效能,支持在教师持续教育课程中加入文化适切元素的需要和价值。[①]

通过以上对香港特区多元文化教育的研究成果及学校开展的多元文化教育活动,可以总结出香港特区小学多元文化教育的特点:其一,主要向非华裔香港人,或是内地新来港人提供多元文化教育方面的课程;课程的主要内容体现在三方面:香港的生活、社交的适应、认识我国文化(香港为主);主要解决新移民的语言及香港适应问题;其教育对象没有强调面向全体学生。其二,其实施的主要方式是通过在小学语文、小学数学科目中渗透多元文化教育的理念,采取多元文化的教学策略来进行,目的是要让学生多发表意见及参与课堂活动,以增强他们的沟通能力及学习上的成功感,从而帮助他们融入香港社会[②];另外透过多元文化活动,使不同民族文化的特色得到表现及被欣赏的机会,来建立他们积极的学习态度和民族融合的正面价值观。[③] 其三,体现在学校所进行的校本研究课程开发之中。如由教育署课程发展处与香港官立嘉道理爵士小学协作进行的校本研究。该小学的学生主要是南亚裔学童,学校决定在 2000 年度,以中文及数学两科作为设计小一的多元文化的生活为本课程(简称"多元文化课程")的平台,希望借此提升小学生对学习的兴趣及建立融入香港社会的良好态度。[④]

对应于内地的社会科,香港的课程是小学常识科。在小学常识科里,

---

① 香港的新移民教育及多元文化教师培训(http://www.scpe.ied.edu.hk/newhorizon/abstract.)。
② 香港教育署课程发展处小学校本课程发展组:《多元文化的生活为本课程》,教育署课程发展处 2002 年版,第 1 页。
③ 王鉴、万明钢:《多元文化教育比较研究》,民族出版社 2006 年版,第 27 页。
④ 香港教育署课程发展处小学校本课程发展组:《多元文化的生活为本课程》,教育署课程发展处 2002 年版,第 1 页。

没有明确树立多元文化教育的目标，但在其内容范畴当中清楚列出香港是一个多元文化社会，其内容应体现出多元性。关于小学常识科教科书的多元文化教育内容方面的研究较少。因为在香港小学阶段，其多元文化教育主要是通过小学各个科目来共同进行的，并没有特别突出小学常识科在多元文化教育方面的突出任务。

综合以上的研究，可以发现社会科多元文化教育方面还存在以下问题：

第一，研究主题比较单一，主要关注的是民族主题，对于国家（地区）、全球主题的关注很少。

第二，面向的对象主要是少数民族或少数族裔，而不是全体学生。

第三，多元文化教育的内容比较单一，主要涉及表面形式上的内容，对于文化的全面性及深刻性还涉及不够。

第四，小学社会科教书中多元文化教育的内容设置问题还存在不同意见，对于多元文化教育内容的选择取向、各主题内容比例的分配均有待研究。

因此本书要拓展多元文化教育的研究主题，致力于研究面向全体学生的多元文化教育，检视三地小学社会科教科书多元文化教育的缺失问题，从而实现小学社会科教科书作为多元文化教育的主要途径的目的。

第四节 研究内容与研究方法

一 研究内容

三地小学社会科教科书多元文化教育研究涉及基本概念的界定、多元文化教育内容评价标准的确定、多元文化教育类目分析表的设计等多方面的问题，以及基于三地多元文化社会的特点所进行的比较等。下面主要从需要解决的主要问题及具体研究内容两方面分别阐述。

（一）拟解决的主要问题

（1）如何界定我国多元文化教育及确定其具体的内涵？关于多元文化教育的界定没有一致的看法，其含义极其丰富多样，不同国家（地区）多元文化的情况使得其含义更为复杂。另外对多元文化教育内涵的认识差异甚大，大多数以一国范围内的各民族作为其主要内容，有些涉及更大范围的内容，如性别、阶级、地域等，还出现了"全球多元文化"内容，即不限于一国之内的多元文化。

（2）如何确定小学社会科课程中多元文化教育内容的评价标准？即如何确定小学社会科课程中多元文化教育内容的范围及内容的主次。这是一个全新的问题，在纳入多元文化教育内容的时候，必须做出选择，即是说，在社会科多元文化教育的内容确定上，主要以哪些民族为主、哪些国家（地区）为主、哪些全球性事件与问题为主，且各自的内容份额是多少会比较恰当等。

（3）如何编制教科书多元文化教育分析的项目表？这对于当前内地小学社会科教科书中的多元文化教育状况的评价十分必要，同时也要运用于台湾与香港地区的小学社会科教科书的评价，从三者的对比中可以更清楚地看到内地当前小学社会科教科书中多元文化教育的现状。从而为小学社会科教科书多元文化教育内容的优化提供依据。

（4）如何根据三地不同的社会背景来分析三地小学社会科多元文化教育内容的特色，以及如何在三者差异性特色的基础上，提出对沿海开放城市开展小学社会科多元文化教育的有益建议。

（二）具体研究内容

第一章，主要对研究背景、基本概念、研究综述、研究内容与研究方法等进行说明。

第二章，阐述多元文化教育的理论基础及穗港台多元文化社会背景的异同，为三地课程标准及教科书的比较提供分析依据。

第三章，运用内容分析法建立由民族、国家（地区）、全球三个层次和文化、社会、经济、环境四个维度构成的多元文化主题类目表以及主角类目表，并确定小学社会教科书多元文化教育内容评价的标准。

第四章，从教科书静态研究角度运用类目分析表定量与定性分析三地小学社会科课程标准的多元文化教育内容，并比较三地的异同。

第五章，从教科书静态研究角度运用类目分析表定量与定性分析三地小学社会科教科书的多元文化教育内容，并分析其共同点及三地不同点。

第六章，从教科书动态研究的角度运用问卷、访谈与课堂听课来了解小学生的多元文化知识、态度与技能现状。并通过对三地小学教师的问卷调查与访谈，来了解小学社会科教师及相关研究人员对教科书多元文化教育内容的看法。

第一章 绪　论

第七章，综合前面对课程标准与教科书的静态文本分析结果以及对小学生与教师及其他研究人员的动态调查结果，从课程标准与教科书方面提出多元文化教育内容的优化策略。

二　研究方法

教科书的研究方法细致区分有静态研究的方法、动态研究的方法两种。[①] 静态研究方法侧重于对教科书的文本做静态的分析、研究，通常集中围绕教科书的文本而展开，目的正如钟启泉教授所指出的："是为了对教科书的质量和价值作出判断或提供资料和事实作为决策和判断的参考，也是分析教科书在帮助学生学习、促进学生智力和思想品德成长方面的有效性、可靠性和可行性，评估教科书的功能效益水平。"[②] 具体用到的研究方法有文献分析法、比较法、因素分析法、内容分析法等。动态研究的方法侧重对教科书的实施进行动态的探讨和分析，建立在教科书文本分析的基础上。教科书实施中的大多数问题都直接或间接地体现在三个核心问题上：师生对教科书的认同问题；影响教科书使用效果的因素问题；教科书实施实效的调查分析等。因此，问卷调查、访谈就成为其主要研究方法。

本书在分析三地小学社会科教科书文本的多元文化教育内容时，主要采用静态研究方法中的文献研究法、比较法与内容分析法。在了解教科书的使用效果时，需要了解三地学生的多元文化素养、教师及相关研究人员对教科书的反馈意见，主要采用了动态研究方法中的问卷调查与访谈法。下面就研究中所用到的四种方法做详细说明。

（一）文献研究法

主要运用文献研究法来收集小学社会科多元文化教育的相关文献，梳理其研究现状综述，找到本书的理论基础，提出研究的问题，为建立教科书的多元文化教育项目分析表及问卷制定提供丰富素材等。

（二）比较法

埃德蒙·金直言不讳地指出比较教育的改革功能，他说："教育的所

[①] 孔凡哲、张怡：《教科书研究方法与质量保障研究》，东北师范大学出版社 2007 年版。
[②] 钟启泉、崔允漷、张华：《为了中华民族的复兴　为了每位学生的发展：〈基础教育课程改革纲要（试行）〉解读》，华东师范大学出版社 2001 年版。

有比较研究都含有改革的意思，否则又何必自找麻烦进行比较呢？"[1] 比较研究是一种重要的研究方法，有利于借鉴与改革，而这正是研究尚处于初级阶段的社会科所需要的。通过比较三地多元文化社会的背景、课程标准中多元文化教育内容、教科书中多元文化教育内容、学生的多元文化素养等方面，来比较三地小学社会科教科书主要版本在多元文化教育方面的异同，分析其原因，并找出三地的差距，从中找到可供借鉴的理论经验来优化小学社会科教科书中的多元文化教育内容。

（三）问卷调查与访谈

调查研究是教育科学研究方法中使用非常广泛的一种，它适用于对于现状的研究，以及确定和解释社会或各种变量之间的关系。问卷调查和访谈调查又是最为常见的两种调查方法。本书调查方法的基本思路如下。

（1）关于调查范围。为了与教科书的研究对象保持一致，因此选定穗港台三地的城市小学作为调查对象，而且注意三地调查学校所选用的小学社会科教科书版本与研究分析的教科书版本尽量保持一致。广州市调查五所小学，其中一所省级小学、四所市级小学；台湾地区调查四所小学，其中三所市区小学，一所县级小学；香港地区调查了一所城市小学[2]。

（2）关于调查对象。问卷调查主要涉及对小学生多元文化素养的调查及对小学社会科教师关于课程标准与教科书意见的反馈调查，具体的调查对象是小学生与小学社会科教师。主要是了解小学生的多元文化知识、技能、态度方面的素养，以及教师对于课程标准与教科书中多元文化教育内容设置的看法。通过对二者的调查，能清楚看到小学生的多元文化素养情况，以及教师对教科书的想法，方便从动态的角度去了解教科书中多元文化教育内容存在的问题。访谈调查的对象，主要是三地的教师与小学校长，教科书编辑者以及研究社会科与多元文化教育方面的专家（具体的调查数据及内容见本书第六章）。

（四）内容分析法

内容分析是本书运用的最主要方法，因其有较严格的操作程序，所以

---

[1] Edmund J. King, *Other Schools and Ours: Comparative Studies for Today*, London: Holt, Rinehart and Winston, 1979, p.42.

[2] 香港地区调查了一所小学，是因为香港小学的调研有较大难度，与内地不一样。香港市民非常注重个人隐私，一般香港小学校长会在对学生调查前征得所有家长同意，所以调查比较困难，一般小学不接受对小学生的调查。

有必要做详细介绍。

内容分析法是指透过量化的技巧以及质的分析,以客观及系统的态度,对文件内容进行研究与分析,借以推论产生该项文件内容的环境背景及其意义的一种研究方法。[①] 内容分析法最早产生于20世纪初传播学领域,之后逐渐为社会学、历史学及政治学的研究所采用。现在,内容分析法已成为一种常用的教育研究方法,可以对教育文献、课本、课堂讲授、视听教材、直观教具、学生反应、学生练习,甚至特殊教育等问题进行研究分析。[②] 研究对象渐扩及教科书等课程材料,而且教材的内容分析已成为当前课程研究的重要领域之一。[③] 这种方法既注重资料的数量统计,同时也注重对资料的意义分析。通过定量与定性的资料分析去推论此资料所蕴含的意义或是背景、原因、趋势等。它以文件为主要分析对象,但也能处理非文件资料。它完全采用行为科学的研究方法,即从研究目的,到研究理论,再到研究假设,最终到研究结果,整个过程运用科学方法,因而说其是科学的研究方法。

内容分析法在教科书研究中的应用,常用的有五种基本模式。一是同一来源而不同时间的内容分析模式（A－X－T）；二是同一来源而不同情境的内容分析模式（A－X－S）；三是同一资料来源,不同内容样本的内容分析模式（A－A1－A2）；四是不同资料来源,相同分析类目的内容分析模式（A－B－X）；五是几个不同资料来源,相同分析类目的内容分析模式（A－B－C－D－X）。[④] 本书采用的正是第五种模式,是对三地不同来源的教科书样本进行相同类目的比较分析,从而找出各种不同来源内容样本之间的异同。这种设计模式适用于比较分析,在做比较时,以广州样本作为标准来源,分别与香港与台湾的样本做比较。分析每两个不同样本结果之间的异同、各自的特点,从而对三地教科书做出科学的评价,并得出借鉴的经验。

内容分析法在本书中的应用步骤如下：

第一,拟订教科书的研究目的。本书运用内容分析法的目的是：描述

[①] 黄光雄：《教育研究法》,台北师大书苑有限公司2003年版,第230页。
[②] 李秉德：《教育科学研究方法》,人民教育出版社2003年版,第217页。
[③] 黄光雄：《教育研究法》,台北师大书苑有限公司2003年版,第230页。
[④] 李方：《现代教育科学研究方法》,广东高等教育出版社1999年版,第164—170页。

三地小学社会教科书中多元文化教育的内容的情况，比较三地多元文化教育内容的数量并进行定性分析，找出三地小学社会科教科书的异同，为沿海开放城市的教科书编制提供参考意见。

第二，制定教科书的研究单位和类目。教科书的研究目的和主题决定以后，就要制定观察单位，即将测量的特定材料。通常包括分析单位和分析类目。一是教科书分析单位。分析单位是内容量化时依循的标准，内容分析的单位最常用的有：字、词、句、段、篇、页、主题、人物、项目、时间及空间等。教科书的分析单位通常采用章、节、单元、课、段、词、句、字、页等。本书的文字分析单位采用段落[①]，以段落作为一个单位来统计相应的概念类目，一段具体是指一个标题、一个自然段、一首歌曲（诗歌）、一则谜语等；图片分析单位采用幅，图片附属的文字内容归于图片，不再做文字的统计。采用复选式的记录方式，只要教科书中的文字与图片涉及类目概念就予以记录。比如，在某段内容当中，出现与"语言交流"和"跨文化交流"相关的概念时，两个类目均进行记录，但每一次类目在每一段中仅记录一次。二是教科书分析类目。本书的教科书分析类目属于"说什么"类目，主要用以测量教科书的多元文化教育内容的情况。主要分为主题类目与主角类目两种，主题类目主要有民族、国家（地区）、全球层次，在各个层次之下又分为"文化"、"社会"、"经济"、"环境"主概念及其相应的次概念类目。主角类目有三个：民族、国家（地区）、全球事件。具体类目表的制定详见于本书第三章——小学社会科多元文化教育内容分析表的设计。

第三，决定教科书的研究对象。本书所选取的研究对象为穗港台三地采用率较高的教科书。教科书内容分析的研究对象一般是经由抽样的程序选取的，如果样本数目较少就可能使用普查方式。在本书中，因为三地小学社会科的版本众多，以普查的方式进行研究，工作量将非常巨大，所以研究对象通过抽样来选取。抽样选取的研究对象是三地采用率较高的教科书，一个地区各选取一套。

[①] 由于小学社会科教科书的设计是以单元为主，在单元内所要呈现的课数并不多，若是使用课数为分析单位，范围过于宽泛，很难清楚看到各版本数量呈现的差异，故本书采用"段落"作为分析的单位。

广州[①]：2010 年北京师范大学出版社，小学品德与生活（1—4 册），小学品德与社会（1—8 册）教科书，适合小学一年级至六年级使用，每学年 2 册，全套学生课本共 12 册。

香港[②]：2008 年培生教育出版社，朗文常识（1—24 册），适合小学一年级至六年级使用，每学年 4 册，全套学生课本共 24 册。

台湾[③]：2006 年翰林出版社，国民小学生活（1—4 册）、国民小学社会（1—8 册）教科书，适合小学一年级至六年级使用，每学年 2 册，全套学生课本共 12 册。

对于以上内容分析中的抽样，已经考虑到母体群的完整性。即是在选取教科书样本时，考虑"社会科"的范畴问题。本书中所涉及的社会科是包括小学一二年级小学生活科目在内的，以及三年级至六年级的社会科目。广州与台湾地区小学阶段的社会科分为两段，小学一二年级称作生活课程，但它却是涵括在小学社会科范畴体系以内的，不能分离出去；香港地区没有两段之分，从一年级至六年级均是常识科即说明小学一年级至六年级的社会领域是一个统一体，不能截然分开。另外本书统计的样本仅指学生课本，不包括教学用书、练习册等。因此本书教科书的研究对象是从三地所选用的共三套小学社会科教科书，数量共计 48 本。

第四，教科书内容分析的考验信度、效度。内容分析法的使用强调考验信度与效度。信度分析是内容分析过程中较需要重视、严谨的部分。信度分析即是指两个以上参与内容分析的研究者对相同类目判断的一致性。一致性愈高，则内容分析的信度也愈高；一致性愈低，则内容分析的信度也愈低。一般而言，内容分析的信度应在 0.8 或 0.9 以上。[④] 本书采取的

---

① 内地关于社会科的版本众多，除了人教版外，还有很多地方性的教材，如北师大版、粤海版、教科版、上海版等。在广东地区有自己研发的具有一定地方特色的全套粤海版小学教科书，但学校并不一定使用本地区的教科书。教科书的选定主要是由相关教育部门指定，因为广州市区学校所指定的教科书是北师大版，所以这里选用北师大版作为研究的对象。

② 香港小学常识教科书列入选用书目表的有五套，其中《朗文常识》是选用率较高的一套，所以以之为分析对象。

③ 台湾地区的小学教科书均为民间编写，采用率比较高的有翰林、南一、康轩等。其教科书的选用是由学校的教师来决定的。一个学校可能选用好几个版本，而且一个班的学生在不同年级所用的版本也可能不同。因此，在台湾地区做问卷调查时，发现同一个学校的不同年级就用到了不同的版本，调查的学生中所用的教科书有翰林版，也有南一版与康轩版。这里选用翰林版作为研究的对象。

④ 杨国枢等编：《社会及行为科学研究法》下册，东华书局 1989 年版，第 831 页。

信度考验，包含评分者信度与研究者信度。评分者信度是指不同评分者是否能将内容归入相同类目中，其间所得结果的一致程度。本书邀请两位连同研究者共三位评分员，其中一位为广东技术师范学院的教师，一位为现职小学社会科教师。由研究者说明研究目的、类目表内容、分析单位、归类及记录方式，并以系统抽样方式，抽选出北师大版三（上）、五（下）；翰林版二（上）、四（上）；朗文版一（B）、六（D），由三位评分员各自独立完成归类记录，以建立本书的评分者信度。内容分析的评分者信度与研究者信度公式如下：

评分者信度公式：

$$R = \frac{n \times \bar{K}}{1 + (n-1) \bar{K}}$$

其中

相互同意度：

$$K = \frac{2M}{N_1 + N_2}$$

其中：

R：信度；

n：参与内容分析的评判员人数；

$\bar{K}$：平均相互同意度；

K：两个评判员之间的相互同意度；

M：两者都完全同意的栏目数；

N_1：第一评判员所分析的栏目数；

N_2：第二评判员所分析的栏目数。

通常，进行内容分析都是由研究工作者本人作为内容分析的主要评判员，同时安排若干人作为助理评判员，相互同意度是把每一位助理评判员与主评判员的意见进行比较确定。

研究者相互同意度：

$$研究者相互同意度 = \frac{研究者与其他评分员间相互同意度的总和}{n-1}$$

研究者信度公式：

$$研究者信度 = \frac{2 \times 研究者相互同意度}{1 + 研究者相互同意度}$$

根据公式所得评分员相互同意度如表1—2。

表 1—2　　　　　　　　　评分员相互同意度

评分员	A	B
B	0.86	
研究者	0.87	0.9

通过计算可得到：评分员信度为 0.96；研究者信度为 0.94。

本书的评分员信度为 0.96，研究者信度为 0.94，达到内容分析类目表对信度的要求。

内容分析的类目及分析单元的效度分析，仅用于研究者自行发展的类目。依据研究理念或借用他人已发展而成的类目做内容分析时，很少再做效度分析。本书所采用的"三层次"与"四维度"主题类目，来自詹姆斯·林奇所提出的全球多元文化教育课程目标中的层次与维度；各主题类目下的次类目，也是依据其提出的相关概念并加以修订来完成。具体概念的筛选经过与导师及熟悉小学社会科教科书的小学教师的反复讨论与修改，使分析类目的定义、互斥性及适用性符合研究的需要。

第五，教科书内容分析中的资料收集与分析。研究类目和分析单位确定以后，就可以进行实际的分析工作，分析时要兼顾量的分析和质的分析。量的分析主要包括频数分析以及方差检验等，即是以频数和百分比统计各类目出现的次数。如三地小学社会科教科书中多元文化教育内容的民族层次、国家（地区）层次、全球层次的取向，即统计各层次出现的次数。质的分析可以进一步了解各学科领域在社会科内涵中所占的地位与重要性，以及各相关学科领域之间的关系。在本书中，质的分析主要是探讨教科书文本是否存在多元文化教育的缺失现象，如消失不见、刻板印象、语言不当等。

第六，撰写教科书内容分析的研究报告。撰写内容分析的研究报告，即遵循一般研究报告撰写的方法。

第二章 研究基础

研究基础包括理论基础及三地多元文化社会背景的分析，前者为本书提供了强大的理论支撑，为中心内容与主要观点提供了坚实的出发点；后者为合理解释与理解三地多元文化教育的差异提供了现实的依据。

第一节 多元文化教育的理论基础

关于多元文化教育的理论基础主要有全球多元文化教育理论、文化自觉理论及中华民族多元一体格局理论等。这些理论尽管关注的问题重点有所不同，但有一个共同的地方，即均强调全球视域。以下是对三个理论基础的阐述。

一 全球多元文化教育理论

西方强调以民族为主题的多元文化教育缺失重要内容。它忽略了一国民族边界之外人类的权利与自由，是西方教育体系保守主义思想的反映[①]；忽略了许多重要概念，如团结（solidarity）、利益互惠（reciprocity）；[②] 忽略了强调所有人类的相似点与共同点，而不是突出他们的不同；忽略回到教育的根本目标，而不是把多元文化教育置于一切教育之上。[③] 原有的多元文化教育是建立在资源开发与无限制消费基础的西方价值观之上的，它迫切需要从其他国家的政策与实践中学习，以找到新的灵感来源加以调适。很有必要通过新的教育策略来反对失控的西方社会的个人物质主义，通过对社会、国家及世界人民开展公民教育来平衡人类权利与社会

---

① James L., *Multicultural Education in a Global Society*, Lewes: The Falmer Press, 1989, pp. viii – ix.
② Ibid., p. xv.
③ Ibid., p. x.

责任，这些教育活动要考虑人类生存与活动的文化、社会与环境的维度。① 在这个时候，使建立全球维度的多元文化变得如此重要，以便在一个更宽广的全球背景下来研究文化多样性的问题。

英国的多元文化教育代表人物詹姆斯·林奇在80年代就开始提出全球多元文化教育发展。② 詹姆斯·林奇认为全球社会多元文化教育：是将多元文化教育放置在较广阔的世界或国际背景中，承认对于人们尊重的承诺不能停留在一个地方。③ 提倡全球主义的多元文化课程，以纠正当前造成文化和地理无知以及不关心世界其他人命运的课程中的地方主义。全球多元文化教育致力于扩充原有多元文化教育的视野，包括概念、策略、内容以及资源。试图通过全球化重新构造多元文化教育，涉及民族、国家（地区）、全球三个层次，跨越文化、社会（包括经济）和环境三个维度。其对多元文化教育的定义超出民族的范畴，关注到国家（地区）与国家（地区）之间乃至国家（地区）与世界之间的关系。

全球多元文化教育的倡导者认为，多元文化教育"与其说是向跨种族和跨民族的方向发展，倒不如说是向人类的统一与和谐延伸"。加西亚（Garcia）和沙龙·普格（Sharon L. Pugh）说："多元文化主义从其最复杂性看，就是培养对人类事物的一种全球性的观点。"多元文化教育的全球主义取向的发起者认为，全球化的发展客观上要求学生更多地了解世界文化、世界文学和世界历史，因此学校应该开发把世界历史、地理和文化置于中心的课程。④

另外联合国教科文组织在《教育对文化发展的作用》一文中指出，开展多元文化交流旨在"促进对文化多样性的尊重、互相理解"⑤，其目的应该是从理解本国人民的文化发展到鉴赏邻国人民的文化，并最终鉴赏世界文化。⑥

国内学者费孝通先生主张"全球文化多元一体"，其思想提炼成为16

---

① James L., *Multicultural Education in a Global Society*, Lewes: The Falmer Press, 1989, p. x.
② 李庶泉：《多元文化课程理论研究》，博士学位论文，西北师范大学，2004年，第157—161页。
③ 谢宁：《〈全球社会的多元文化教育〉评介》，《国外社会科学》1995年第7期。
④ 李庶泉：《多元文化课程理论研究》，博士学位论文，西北师范大学，2004年，第157—161页。
⑤ 董小苹：《全球化与青年参考》，上海社会科学院出版社2004年版，第5页。
⑥ 胡一：《全球多元文化发展中的文化自觉》，《闽江学院学报》2010年第1期。

个字,就是"各美其美,美人之美,美美与共,天下大同"。① 放到全球视域中,即是说,每个民族或国家(地区)要懂得各自欣赏自己创造的美,还要包容欣赏别人创造的美,这样将各自之美和别人之美拼合在一起,就会实现理想中的大同美。大同美究其本质而言,就是拼合不同的美而达到的一种平衡。就是说,各民族或国家的文化特色与大同美之间并不矛盾,二者是相辅相成的,而且前者是后者的前提和保障,从而体现社会和谐美。

多元文化教育的发展目标由最初为了捍卫以少数民族为代表的社会弱势群体的利益,发展到长远目标是通过教育改革构建一个不分族群、社会阶层、性别、年龄、身体与智力差异的乌托邦似的国家与全球多元文化社会。②

总的来说,目前许多的研究关于多元文化教育的内涵理解主要是基于国内的民族及种族,未超出一国的范畴。从国际维度来理解多元文化教育的观点很少,这是一种具有新意的观点,且随着全球化的发展,多元文化教育概念的界定将会更加丰富,论争的新主题也会随之产生。在21世纪,多元文化教育发展已经出现了全球化的特点。从世界范围看,多元文化教育的国际比较研究也日益盛行。③ 尽管多元文化教育的全球化理论早在80年代就由詹姆斯·林奇提出,但真正能体现这一理论的现实却只能出现在21世纪。④ 今日,这一发展趋势已十分明显,就世界范围而言,移民运动与多种族共存几乎使欧洲、美洲、澳洲、非洲、亚洲的所有国家都不得不正视多元文化的问题。⑤

多元文化教育发展的新趋势——全球多元文化教育,给我们带来了新的启示。全球多元文化教育已不局限于一国之内的多元,而是置于全球背景之下,关注国家与国家之间,国家与世界之间的多元文化。这就要求我们不仅要关注国家的民族或是种族间的多元文化,同时也要关注跳出一国之外的全球的多元文化。此观点为本书中多元文化教育主题的确定及多元

---

① 胡一:《全球多元文化发展中的文化自觉》,《闽江学院学报》2010年第1期。
② 滕星主编:《多元文化教育:全球多元文化社会的政策与实践》,民族出版社2010年版,总序。
③ 王鉴、万明钢:《多元文化教育比较研究》,民族出版社2006年版,前言。
④ 同上书,第4页。
⑤ 同上。

文化教育类目分析表的制定提供了重要的理论基础。

二 中华民族多元一体格局理论

费孝通先生于1988年在香港中文大学受邀发表讲演,他提出了其多年探索的关于中华民族多元一体格局的问题。中华民族多元一体格局理论从历史的角度论述了我国多民族格局的形成过程和特点,认为"多元"是指各兄弟民族各有其起源、形成、发展的历史,文化、社会也各具特点而区别于其他民族;"一体"是指各民族的发展相互关联,相互补充,相互依存,与整体有不可分割的内在联系和共同的民族利益。这一观点的提出上承我国史家之众长,下启中华民族研究之方向,得到了学术界的普遍认同,被认为是"研究中华民族结构的核心理论,是解开中华民族构成奥秘的钥匙,推动了民族研究的发展"[1]。教育学界也认为是适用于解释和建构多元文化教育体系的理论工具。

他指称的中华民族是指现在我国疆域里具有民族认同的人民,它包括的50多个民族单位是多元,中华民族是一体,它们尽管都称"民族",但层次不同。

中华民族作为一个自觉的民族实体,是近百年来在我国和西方列强对抗中出现的,但作为一个自在的民族实体则是在几千年的历史过程中形成的。它的主流是由许多分散孤立存在的民族单位,经过接触、混杂、联结和融合,同时也有分裂和消亡,形成一个你来我去、我来你去、你中有我,而又各具个性的多元统一体。4000多年前,在黄河中游出现了一个由若干族集团汇集和逐步融合的核心,被称为华夏,像雪球一般地越滚越大,把周围的异族吸进这个核心。它在拥有黄河和长江中下游的东亚平原之后,被其他民族称为汉族。汉族继续不断吸收其他民族的成分而日益壮大,而且渗入其他民族的聚居区,构成起着凝聚和联系作用的网络,奠定了以这个疆域内许多民族联合成的不可分割的统一体的基础,成为一个自在的民族实体,经过民族自觉而称为中华民族。[2]

中华民族格局形成的几个特点[3]如下:

---

[1] 陈连开:《关于中华民族结构的学术新体系——中华民族多元一体格局理论的评述》,《民族研究》1992年第6期。

[2] 费孝通:《中华民族多元一体格局》,中央民族学院出版社1989年版,第1—36页。

[3] 同上。

第一，中华民族多元一体格局存在着一个凝聚的核心，即汉族。汉族深入少数民族聚居区，形成一个点线结合、东密西疏的网络，这个网络正是多元一体格局的骨架。

第二，在少数民族聚居区，并不排斥汉族人的居住。除了西藏和新疆外，找到一个纯粹是少数民族的聚居区是很不容易的。这说明汉族与少数民族呈密致的杂居状态，有着紧密的联系。

第三，从语言上来说，只有个别民族，如回族已经用汉语作为民族的共同语言外，各少数民族基本上都有自己的语言。但一般来说，汉语已逐渐成为共同的通用语言。

第四，民族融会的条件是非常复杂的，但汉族农业经济的繁荣是一个主要因素。汉族"以农为本"，而少数民族主要以游牧业为主。任何一个游牧民族只要进入平原，落入农业社会里，迟早会主动融入汉族之中。

第五，中华民族的成员众多，且成员多少差别很大。汉族人口最多，其他少数民族人口多少不一。但民族并不是长期稳定的人民共同体，而是在历史过程中经常有变动的民族实体。

第六，中华民族成为一体的过程是逐步完成的。先是各地区分别有它的凝聚中心，然后各自形成了初级的统一体，通过多次的融合分裂，最后形成一个自觉的民族实体。在这个统一体中，今天还依然存在着种种分分合合的动态，是一个还远未完结的过程。

从中华民族多元一体格局的含义及其特点可以看出，它为今天多元文化的民族关系提供了一个坚实的基础。汉族依然是各民族的凝聚核心，同时我们要尊重各少数民族应享有的权利与特殊政策，恰当处理好汉族与各少数民族，以及各少数民族之间的关系。学校应是一块重要的多元文化教育基地，而教科书作为最重要的课程资源，更是要在多元文化教育中发挥它的应有作用。运用此理论于教科书的多元文化教育内容之中，有以下启示：

（1）该理论提到汉族在多民族中的核心凝聚作用，因此在教科书的内容中，汉族要体现出凝聚的核心作用，呈现出在各民族网络关系中汉族的骨架特点。因此，教科书中各民族内容的出现均不应是孤立的、隔离的；而应该是一种你中有我、我中有你的相互联系、相互沟通的关系。

（2）该理论提到了各民族的居住地、人口、语言、生产特色等方面的内容，均是其作为一个个完整民族的必然特点。因此对于各少数民族的居住地、人口、语言、生产特色等方面的内容在教科书中应尽可能综合涉及，而不能忽略对待，或是只狭隘地呈现某一方面的内容。

（3）费孝通先生1988年提出该理论时，就说到未来中华民族的格局会不会变？内涵会不会变？这些问题只能做猜测性的推想。所以说这种理论是在当时社会背景下提出来的，这是一种变化发展的理论，不能静态对待。因此在教科书中，要以动态的方式去处理汉族与各少数民族之间的关系，要与时俱进纳入民族发展的新信息，因为中华民族多元一体的格局还在进行当中，现代社会的新的因素（各民族人口数量的变化、各民族的城市化进程、各民族生产发展方式的变革等）可能会影响格局的发展进程。

该理论思想将对于确定本书中小学社会科教科书中多元文化教育内容所涉及的汉族与少数民族的内容配置比例及方式问题提供依据。

三 文化自觉理论

直到今天，关于多元文化教育是强调文化的相似性、共同点，还是强调文化的多样性，始终是个两难选择；全球多元文化教育在民族、国家（地区）、全球之间如何保持其张力也是当下急需解决的问题。

台湾中研院院士李亦园先生在与费孝通先生聚谈时说道，从人类学全貌性（holistic）的观点而论，文化多元的理念并非一种口号而已，这是人类学家从人类的生物性推衍而来的理论。生物在演化过程中大致都要保持其基因特性的多元化，避免走入"特化"（specialization）的道路，以免环境变化而不能适应。很多古代的生物种属，都是因为"过分适应"而走上体质特化的死胡同，最终走上绝灭的道路。人类是生物的一种，不但其生物性的身体要保持多元适应的状态，即使人类所创造出来的文化，也要受生物演化规律的制约，必须尽量保持多样性的情况，以备有一日环境巨大变化时的重新适应之需。西方文化的发展已有"特化"的趋势，今天面临的能源危机、核扩散危机等都是其征兆，因此保持其他族群的生活方式与文化特性，就如同保护濒临绝灭的稀有种属一样，是为了人类全体文化的永续存在而保存。①

  人类在 21 世纪怎样才能和平地一起住在这个小小的地球上？费孝通先生指出，为了解决这些问题，我们在精神文化领域里需要建立起一套促进相互理解、宽容和共存的体系，并称这个体系为"跨文化交流"（cross - cultural communication）。"跨文化交流"牵涉人对人、人对社会、人对自然的基本关系，而与文化的自觉和文化的相互尊重有着更为密切的关联。此后，费孝通先生在一系列的论述中，提出了一个"文化自觉"的看法，以表达当前思想界对经济全球化的一种反应。② 费孝通是在对少数民族的实地研究中首先接触到"文化自觉"的问题，而并非在东西文化的比较中看到了我国文化有什么危机。20 世纪 80 年代末，费孝通先生去内蒙古鄂伦春聚居地区考察，发现近百年来由于森林的日益衰败，威胁到了这个现在只有几千人的小民族的生存。90 年代末在黑龙江又考察了另一个只有几千人、以渔猎为生的赫哲族，存在的问题是一样的。我国 10 万人口以下的"人口较少民族"就有 22 个，在社会的大变动中他们如何长期生存下去，自身文化如何保存下去？费孝通先生认为他们只有从文化转型上求生路，要善于发挥原有文化的特长，求得民族的生存与发展。可以说文化转型是当前人类共同的问题。所以"文化自觉"这个概念可以从小见大，从人口较少的民族看到中华民族以至全人类的共同问题。③

  费孝通先生提出的文化自觉是当今时代的要求，并不是哪一个人的主观空想，指生活在一定文化中的人对其文化有"自知之明"，明白它的来历、形成过程、所具的特色和它发展的趋向，不带任何"文化回归"的意思。不是要"复旧"，同时也不主张"全盘西化"或"全盘他化"。自知之明是为了加强对文化转型的自主能力，取得决定适应新环境、新时代时文化选择的自主地位。文化自觉是一个艰巨的过程，首先要认识自己的文化，理解所接触到的多种文化，才有条件在这个已经在形成中的多元文化的世界里确立自己的位置，经过自主的适应，和其他文化一起，取长补短，共同建立一个有共同认可的基本秩序和一套各种文化能和平共处、各

---

  ① 费孝通、李亦园：《从文化反思到人的自觉——两位人类学家的聚谈》，《战略与管理》1998 年第 6 期。

  ② 费孝通：《文化自觉和而不同——在"二十一世纪人类的生存与发展国际人类学学术研讨会"上的演讲》，《民俗研究》2000 年第 3 期。

  ③ 费孝通：《关于"文化自觉"的一些自白》，《学术研究》2003 年第 7 期。

舒所长、联手发展的共处守则。①

按照费孝通先生的说法,文化自觉至少应包括以下三个方面:其一,要尊重文化的多元性和差异性,要自觉反思本民族文化,并能正确处理民族本土文化与外来文化之间的关系。在这一过程中,并不是让外来文化同化本土文化,而是在新的文化环境中进行调适,从而达到多元文化之间新的融合。其二,要自觉认识自身文化的优势和弱点,懂得发扬优势,克服弱点。其三,要自觉认识到我们今天是作为全球的一员而存在,不可能是封闭孤立的个体,因此还要审时度势,了解世界多元文化的语境,参与世界多元文化的重组,以便使自己的文化成为世界多元文化新秩序中不可或缺的重要组成部分。这才是对自身文化的全面自觉。② 可见费孝通先生提出的文化自觉也是置于全球视域的背景之下的,适合于今天的全球社会。

总的来说,费孝通先生认为民族关系的处理要尊重"多元一体格局","多元一体格局"是在我国文明史进程中发展出来的民族关系现实和理想,这对于处理文化之间关系,同样也是重要的。全球化过程中的"文化自觉",指的就是世界范围内文化关系的多元一体格局的建立,指的就是在全球范围内实行和确立"和而不同"的文化关系。③ 此理论能为小学社会科教科书中多元文化教育内容所涉及的汉族与少数民族内容的比例配置问题以及我国本土文化与外来文化的内容配置问题提供新的解决思路。

第二节 三地多元文化社会背景的分析

在做比较研究分析时,背景的研究不容忽视。埃德蒙·金等人都特别强调比较研究要"深入到背景中去",把教育问题的研究置于社会、历史的背景中予以分析和比较。④ 他们认为,只有深入了解教育问题的来龙去脉才能全面不带偏见地认识与理解教育问题。因此,下面从三地的地理位

---

① 费孝通:《反思·对话·文化自觉》,《北京大学学报(哲学社会科学版)》1997年第3期。
② 胡一:《全球多元文化发展中的文化自觉》,《闽江学院学报》2010年第1期。
③ 费孝通:《文化自觉和而不同——在"二十一世纪人类的生存与发展国际人类学学术研讨会"上的演讲》,《民俗研究》2000年第3期。
④ [英]埃德蒙·金:《别国的学校和我们的学校——今日比较教育》,王承绪等译,人民教育出版社1989年第5版,第53页。

置、人口构成、宗教、语言、经济的往来等社会背景方面来探讨它们的异同，也是十分必要的。

一 广州多元文化社会的背景

广州处于我国的南方，背靠五岭，面向大海，特殊的地理位置和优越的自然环境，使得广州形成了以岭南文化为依托的独特城市文化。在历史上，广州就有"海上丝绸之路"之称，是我国最早的四个对外通商大港中的一个；广州是货物的主要集散地，离香港近，有港口，是珠江三角洲的中心，发展贸易非常便利；它的经济实力居全国城市前三之列，是现代改革开放的前沿；同时，广州高速发展的经济带动了先进的城市基础设施建设，高耸的大楼、四通八达的交通路线，不但贯通欧美，而且飞机可以到达远至非洲的20多个国家以及周全完备的公共设施等都展现广州已经向国际化大都市迈进。[①] 下面就广州的人口构成、殖民历史、宗教与语言等方面做阐述。

（一）广州的人口构成

2010年进行的第六次全国人口普查数据显示，广东省常住人口为104303132人。另广东省统计局发布的人口普查数据显示，广州是广东这个全国第一人口大省的第一人口大市，常住人口达到了1270万。[②]

改革开放后各少数民族的流动与迁移的频率在不断加大。根据2009年底的人口普查数据，广东省拥有56个民族，其中少数民族人口数达到250多万，户籍人口60万，外来人口达200万，是我国输入少数民族人口最多、外来少数民族人口增长最快的省份。[③] 2009年，广州市（10个区和2个县级市）总人口7946154人（广州市户籍人口，下同），其中少数民族人口63万人，常住人口为6.3万人，少数民族所占人口比重为0.8%。外来少数民族流动人口56.7万人，分属55个少数民族，其中人口较多的有壮、土家、苗、瑶、回、满、侗、蒙古、布依、朝鲜等10个

---

① 侯东阳、杨朝娇：《亚运契机下广州城市文化推广策略》，《广东广播电视大学学报》2010年第4期。

② 叶卡斯：《2010年广州常住人口达1270万是广东第一大市》，2011年5月10日，大洋网—广州日报（http://news.21cn.com/guangdong/guangzhou/2011/05/10/8284340.shtml）。

③ 徐松：《"广漂"非洲人》（http://news.163.com/photoview/3R710001/17436.htmlJHJp=7D86QVD03R710001）。

民族。到2000年广州市第五次人口普查,广州市少数民族人口比重上升为1%。①广州市少数民族人数的增加主要是因为改革开放。改革开放后,少数民族大学毕业生、科技人员和国家干部、部队转业干部大量进入广州就业,而且到广州经商务工的少数民族数量也在不断增加。广州市的餐饮业、批发零售业、制造业、农林牧渔业、社会服务业和建筑业等主要是少数民族集中的行业。全市有回民小学、满族小学、畲族村小学共3所民族学校,少数民族聚居村1个(即为增城市正果镇畲族村,有72户共340人)。广州有市民族团结进步协会、市满族历史文化研究会、市回族历史文化研究会、市少数民族体育协会等13个少数民族群众团体。②

自20世纪70年代末实行改革开放后,大量的外国人被持续吸引到广州发展。据广东出入境管理部门统计,目前约1.7万外国人在广州居住一年以上,他们来自亚、美、欧、非等大洲的各个国家和地区,其主要身份为领事和参赞、公司外派高级职员、餐饮酒店业高管、创业者、外教、留学生等。而且,每年在广州登记临时住宿的外国人大约50万人。统计数据表明,广东省有七成以上的外国人居住在广州、深圳等地。在全国省会城市中,广州外国人常住或暂住人员的数量都首屈一指。现广州已有10多位外国人获得"绿卡",即获得永久定居的资格。③在广州的外国人中,约50%是非洲人。自20世纪90年代末,第一批非洲人就来到广州,主要从事外贸生意。现广州有20多万非洲人,并以每年30%—40%的速度递增。在我国常住的非洲人很少,他们只是经常来往于非洲与我国,少则一年一两次,多则一个月一次。他们在广州建立起亚洲最大的非洲人社区。④

(二)广州的殖民历史、宗教与语言

广州也曾有过短暂的殖民历史。在1840年鸦片战争后,广州作为当

---

① 广东省广州市第五次人口普查数据(2000年):《广州市少数民族人口比重、非农业户口人口比重、城乡人口》(http://www.whiledo.com/geo/4401/people6/)。
② 广州政府:《人口民族》(http://www.gz.gov.cn/publicfiles/business/htmlfiles/gzgov/s2771/list.html)。
③ 信息时报(广州):《在广州就像生活在自己家乡一样》(http://abroad.163.com/06/0517/09/2HAJCNG000271QHR_2.html)。
④ 徐松:《"广漂"非洲人》(http://news.163.com/photoview/3R710001/17436.htmlJHJp=7D86QVD03R710001)。

时对外开放的五个通商口岸之一，帝国主义以宗教作为侵略的工具，兴办各类教会学校，广州是传教士最多，教会学校办得较早、较多的地区。西方教会学校是殖民主义、帝国主义侵略的产物，它的创办对广东社会产生了深刻的影响。它严重侵犯了我国的教育主权，造成我国民族心理的创伤，但在一定程度上也促进了广州近代文化教育事业的发展。① 广州沦陷于第二次鸦片战争，1857 年英法联军在广州组建殖民机构"联军委员会"，又称广州外人委员会，由英法联军指派的英国巴夏礼、哈罗威和法国人修莱组成。1861 年 10 月，根据《北京条约》规定我国交清对英法兵费赔款，而后他们退出广州，终于英法联军结束了在广州近四年的统治②。

广州宗教历史源远流长，五大宗教俱全，即佛教、道教、伊斯兰教、天主教、基督教，道教是我国本土宗教，另四种宗教传自外国。佛教于公元 255 年传入广州，是最早传入的宗教；其次道教于公元 306 年传入，而后伊斯兰教在唐初传入，天主教和基督教分别在明末、清初传入广州。广州宗教文化底蕴深厚，至 2009 年末，经政府批准依法登记开放的宗教活动场所 67 处，还有 1 处外国人宗教活动临时地点。2009 年，广州市共有信教群众 32 万多人，其中，佛教约 10 万人，道教约 10 万人，伊斯兰教约 5 万人，天主教约 1.5 万人，基督教约 5 万人。外籍教徒约 2 万人。经宗教团体认定的专门从事宗教职业人员（宗教教职人员）共 370 多人，包括和尚、尼姑、道士、阿訇、牧师、神甫、修女等在内。③

广州的语言以普通话与粤语为主，还有其他各地的汉语方言。

2010 年第 16 届亚运会在广州的召开，也正说明了广州是一个多元包容的城市。亚运会的主题口号是："激情盛会，和谐亚洲。"即是说广州亚运会以不同民族、不同文化的相互理解、团结、友谊建立一个和平美好的世界为宗旨，全力把广州亚运会办成体现亚洲和谐理念的激情盛典，创造性地利用传统文化的精华"和为贵"来提炼亚运会主题口号，是对我国传统文化精髓的发展和传承。也承认世界具有统一性和多样性，展现了

---

① 何薇：《试论近代广州教会学校对广州文化的影响》，《广州师院学报（社会科学版）》，2000 年第 10 期。

② 百度百科：联军委员会（http://baike.baidu.com/view/3707676.htm）。

③ 广州政府：宗教信仰（http://www.gz.gov.cn/publicfiles/business/htmlfiles/gzgov/s2772/list.html）。

人们对大同梦想的追求，表现了同一性与多样性的统一。①

广州是珠江三角洲的中心，而珠三角是世界工厂，这就需要进行密切的国际协作，如广州每年两次的中国进出口商品交易会；而商品的生产又需要大量的外地劳动力，因此广州对外国及外地（包括外地少数民族）充满了吸引力。而且随着经济的飞速发展，广州的外国人口及外来少数民族还会持续增加，所存在的多国文化差异就增加了中外交往中的问题与冲突，汉族与各少数民族接触与交往频率的增多就增加了民族矛盾与冲突发生的概率。虽然现在来广州的外国学生主要在国际学校学习，但随着以后大量外国儿童的涌入甚至在我国定居，外国学生可能会进入广州的普通学校系统，到时我国的教室就会成为一个真正的多元文化世界。因此，在广州重视多元文化教育及其研究，对青少年适应广州国际化发展的趋势，促进广州社会和谐，有着非常积极的作用。

二　香港多元文化社会的背景

香港地处珠江入海口东面，后倚中国内地，面朝南海，是珠江内河与南海交通的咽喉，南中国的门户；又位于欧亚大陆东南部、南海与参湾海峡之交，是亚洲及世界的航道要冲。北面紧接广东省深圳市，南面是广东省珠海市万山群岛。今天的香港已发展成为亚太地区的国际贸易、金融和航运中心。下面就香港的人口构成、香港的殖民历史、宗教与语言及香港回归后的发展等方面做阐述。

（一）香港的人口构成

香港是一个多元民族的社会，但其民族问题长期以来都未受到关注。其实，香港许多少数民族都是外来民族，如回民，在香港人口数量较多，他们一半以上来自内地，在人口分类上被列入中国籍。其他的少数民族也一样，基本上以他们的来源国而纳入相应的国籍，如巴基斯坦人、印度人、美国人、英国人、菲律宾人等，而极少再做具体民族的划分。因此，这样的民族划分方式，使得民族问题直接以相应的国籍问题表现出来。与一些西方国家英、美、澳、加等相似，他们很少提民族，而是提种族和来

---

① 陈小凤、张玉上：《"激情盛会，和谐亚洲"理念的价值解读——基于模因论的2010年广州亚运会主题口号探析》，《大众文艺》2010年第23期。

源于不同国籍人民之间的关系问题等。①

在 2001 年之前，香港的人口统计都没有纳入民族分类，这有着深刻的历史原因。

第一，香港在英国殖民统治长达 150 多年的时期里，英国统治当局有意或无意淡化和抹杀民族问题，因为英国在传统上没有或很少提民族这一概念。其他受英国殖民统治的地方，这种情况也普遍存在。例如在印度和巴基斯坦，尽管这两国是典型的多民族国家，但他们长期以来却一直不承认自己是多民族国家。受英国殖民统治 150 多年的香港，情况也基本如此。② 因此，在香港日常的人际交往中，虽然不同肤色不同民族的人接触频繁，但人们很少考虑民族问题。而且在一些学术研究和新闻报道中，也很少触及民族问题。

第二，香港各民族关系融洽，民族问题较少。

尽管香港是一个多民族的社会，又处在少数人实行的殖民统治之下，但各民族间的关系非常融洽，以致在普通人看来香港没有民族问题，即使在一些学者的研究中，涉及香港本地民族问题的也较少见。这是因为香港经济长期高速发展，成为亚洲"四小龙"中人均 GNP 最高的地区（1995 年达 23000 美元），为和谐健康的民族关系提供了重要的社会基础。③ 因此各民族之间的和谐共处，也使得其民族问题的受关注度大大降低。

第三，香港的法律制度相当健全。

尽管香港没有专门的有关民族的法律条款，但与民族生活有关的内容仍有所反映。一般香港市民都有非常浓厚的法制观念，遇事会从法律上寻求解决之道。因此，香港健全的法律制度也成为保证民族关系和谐的重要保障。④

1997 年香港重回祖国，就我国政府而言，早在 1984 年的中英两国关于香港问题的联合声明中已经承诺："除外交和国防事务属中央人民政府管理外，香港特别行政区享有高度的自治权"，并指出"在五十年内不变"。在这里，有关民族问题方面的内容自然包含于"高度的自治权"之内，因此，目前香港有关民族方面的思维方式、法律制度等仍将继续有

---

① 李红杰：《关于香港的民族构成、现状和发展趋势问题》，《民族研究》1997 年第 3 期。
② 同上。
③ 同上。
④ 同上。

效。2001年，香港在人口普查时首次加入有关种族的项目，关于非主流民族所使用的术语是"少数族裔人士"，即是指非华裔人士。①

香港人（简称"港人"）一般是指香港的居民，而并不取决于其种族、肤色或国籍，英文可以称作：Hong Kong People、Hong Konger / Hongkonger 及 Hongkongese。任何种族、肤色或国籍，若在港连续定居7年，且视香港为永久居住地，便可申请成为永久性居民。"香港人"在中文和英文上均没有法律定义，拥有香港永久性居民身份证以及在港居住都可以叫作"香港人"。但在日常生活中，可以指拥有香港永久性居民身份的人，或指居住香港有若干时日的人，甚至是单纯在香港生活的人。②

香港的人口普查包括居港人口与流动居民在内。居港人口（Hong Kong Resident Population）包括常住居民和流动居民。③根据惯例，自1961年起，香港每十年进行一次人口普查，并在两次人口普查中间，进行一次中期人口统计。在《2006中期人口统计主题性报告：少数族裔人士》（*Population By-census Thematic Report: Ethnic Minorities*）中，其中有按种族划分的统计表，其种族群的排序是按其在2006年的数目由大至小排列，即"亚洲人"（非华人）、"白人"及"混血儿"，而在"亚洲人"（非华人）中，所有种族群亦是按其数目由大至小排列。而黑人的数字则列入"其他"中。"白人"按国籍分为"白人—英国人"、"白人—其他欧洲人"（不包括英国人）、"白人—美国人、加拿大人"、"白人—澳洲人、新西兰人"及"白人—其他"。

在2006年7月，共有342198名少数族裔人士居住在香港，占全港人口的5.0%，全港人数为6864346。当中包括菲律宾人（32.9%）、印度尼西亚人（25.7%）、白人（10.6%）、印度人（6.0%）、混血儿（5.3%）、尼泊尔人（4.7%）、日本人（3.9%）、泰国人（3.5%）、巴基斯坦人（3.2%）、其他亚洲人（2.3%）、韩国人（1.4%）及其他（0.6%）。大部分（99.1%）在港的少数族裔人士都是常住居民，而只有6028名（0.9%）是流动居民。

---

① 香港政府统计处：《2006中期人口统计主题性报告：少数族裔人士》（http://www.censtatd.gov.hk/products_and_services/products/publications/statistical_report/population_and_vital_events/index_tc_cd_B1120050_dt_latest.jsp）。

② 同上。

③ 同上。

而在非华裔亚洲人中，大部分为菲律宾人（32.9%），其次为印度尼西亚人（25.7%），而其余包括印度人（6.0%）、尼泊尔人（4.7%）、日本人（3.9%）、泰国人（3.5%）、巴基斯坦人（3.2%）、韩国人（1.4%）及其他亚洲人（2.3%）[1]（见附录1）。

在香港除少数族裔5%的人口外，其余95%均是华裔人口，但并非全是汉族人口（其中的非汉族人口在其统计表中并未做分类统计，主要是数量极少）。在香港华裔的穆斯林（香港的回胞）有50000多人，信仰伊斯兰教，是人口较多、在港历史较长的群体，其中有一半多人（约30000人）是来自内地的华人和约5000多土生的香港人，相当于内地的回族。[2]

（二）香港的殖民历史、宗教与语言

众所周知，香港是亚太地区重要的国际金融中心、贸易中心、航空海运中心、信息和旅游中心。但香港也是个典型的多元文化社会，无论是九龙半岛尖沙咀上气势磅礴的清真寺、湾仔山下亭亭玉立的印度庙，还是赛马场上的你追我赶和每逢星期天中环地区的"菲佣"联欢，这一切无不体现香港作为国际城市多元文化、多民族的特点。可以说当代香港文化是中西文化和传统与现代文化交融的多元混合体，目前以商业性流行文化为主流。所谓多元，从其思想内容看，有资本主义、殖民主义、爱国主义和封建主义。资本主义文化占主导地位；殖民主义文化是资本主义文化在香港的变种，为英国殖民统治服务；爱国主义和封建主义在华人社会中根深蒂固，爱国主义是其进步部分，封建主义是其落后部分。[3]

自英国人1841年2月1日在香港张贴第一张有关殖民统治的告示起，西方文化便伴随着殖民统治开始在香港发芽、生长蔓延。香港原居民大部分来自宝安、东莞，与这些地方的先民同宗同祖。[4] 几百万先后落户香港的炎黄子孙其生活中不可缺少的精神支柱，即是岭南文化，岭南文化被认为是中华文化重要体现的一大地域性文化。因此香港居民世代传承下来的中华传统文化意念绵延不断、坚不可摧。

---

[1] 香港政府统计处：《香港2006中期人口统计主题性报告：少数族裔人士》（http：//www.censtatd.gov.hk/products_and_services/products/publications/statistical_report/population_and_vital_events/index_tc_cd_B1120050_dt_latest.jsp）。

[2] 詹伯慧：《对香港多元文化语言生活的思考》，《岭南文史》1997年第2期。

[3] 周毅之：《从香港文化的发展历程看香港文化与内地文化的关系》，《广东社会科学》1997年第2期。

[4] 詹伯慧：《对香港多元文化语言生活的思考》，《岭南文史》1997年第2期。

而东西方文化在这里长期的碰撞和交融,就形成了香港独特的多元文化。中华传统文化的强大生命力与西方文化的强大浸透力在香港同时发挥作用,既各显所长,也各显所短。中华儒家思想为核心的各种价值取向以及其体现在日常生活中的习俗礼仪、饮食服装、语言宗教等,与西方文化熔于一炉,在时间的熏制之下,炼就"中西交融,各有长短"的文化氛围。① 这种多元文化的氛围世代相传,深深影响着香港人的意识形态及文化取向,也同样影响着香港100多年来社会的发展。

在经济高度发达的香港社会里,我国汉民族传统文化习俗具有相对的独立性。如香港商业文化中的"招财进宝"、"年年有余"、"飞星祝旺"、"生意兴隆"、"财源茂盛"、"财运亨通"等吉祥标语随处可见;福、禄、寿三星,赵公明,财帛金星,关公神等不少内地早已消失了的我国古代商业民俗文化,在香港都能与西方最现代的文化景观和睦相处。②

信仰习俗方面,香港人崇拜多种宗教。主要的宗教有:佛教和道教,对香港居民有根深蒂固的影响,信徒最多;基督教,青年信徒多;然后依次是罗马天主教;伊斯兰教,即回教;印度教;锡克教;犹太教等。香港人还信仰各种神道。其中"天后"女神便是最重要的一个。"天后"又称"妈祖",是广东、福建一带特有的女神。香港人还特别迷信风水和命相。

在语言方面,香港人主要以粤语为主。根据2006年按惯用语言划分的五岁及以上人口可知:广州话占90.8%,其次依次是普通话(0.9%)、其他我国方言(4.4%)、英语(2.8%)、其他(1.1%)③(具体见附录2)。

(三) 香港回归及其多元文化教育的发展

1997年7月1日,一个人们永远铭记的日子。历经百年沧桑的香港终于重回祖国的怀抱,香港同胞从此真正成为这块土地的主人。"一国两制"的伟大构想首先被用来解决香港问题,香港的发展也从此进入一个崭新的时期。"一国两制"的实践不仅具有政治意义,费孝通先生认为还具有文化的意义,即是解决东西方文化并处共存的问题。他认为这种构想

---

① 詹伯慧:《对香港多元文化语言生活的思考》,《岭南文史》1997年第2期。
② 廖杨:《香港民族问题简论》,《广西民族研究》1997年第3期。
③ 香港政府统计处:《香港2006中期人口统计主题性报告:少数族裔人士》(http://www.censtatd.gov.hk/products_ and_ services/products/publications/statistical_ report/population _ and_ vital_ events/index_ tc_ cd_ B1120050_ dt_ latest. jsp)

是一个创造,是我国文化对于当今世界的贡献,中国文化骨子里还有这个东西可以把不同的东西凝合在一起,可以出现对立面的统一。①

1997年回归后,香港当局采取了积极的措施来培养香港人的国家认同感,对祖国的归属感。尤其是在中小学教育中进行了各种有效的尝试并取得可观的成效。

2001年,特区政府在《学会学习:课程发展路向》这份关系香港未来十年课程发展的文件中,强调要培养学生国民身份认同等重要价值观,希望学生除了认同从古至今优秀的中国文化外,还要意识到自己是中国公民,建立对中国人的身份认同。② 2006年,香港成立了国民教育中心,专门负责推动中小学生的国家民族意识教育,进一步推进国家认同教育的普及和深化。希望加深学生对国家的了解,并提升他们对国家的认同和自豪感,同时也能帮助他们了解国民身份及对社会以至国家承担精神的重要性,以充满自信、不卑不亢的态度与不同国家的人交往。③ 现在香港人对国家的认同感已经明显提高,这要归因于特区政府致力于培养香港同胞的国家认同感,更是重视青少年的国家认同感的培养。在回归后的十年中公民教育的重点一直都是民族情感和国家情怀的培养,并且制定了一系列政策和活动促进其开展。

而且在2011年香港特区政府教育局与香港课程发展议会于5月份推出咨询文件,建议2012年起在本地中小学推出"德育及国民教育科"课程。香港德育及国民教育专责委员会主席李焯芬表示,新课程旨在借助有系统的学习,培养学生的正面价值观和态度,并以知识和技能为基础,使学生具备良好的个人品德和国民素质,从而丰富生命内涵,建立个人的抱负和理想,对家庭、社会、国家和世界做出承担及贡献。④ 再一次强调培养学生的国民身份认同及全球公民身份定位的重要价值观。

可见,香港政府推行的国家认同教育是富有成效的,因此今后要继续坚持并加强政府的主导作用,从而实现不仅是土地的回归,更是香港人对

---

① 费孝通:《关于"文化自觉"的一些自白》,《学术研究》2003年第7期。
② 杨艳、张鸿燕:《新加坡国家认同教育特色及对香港教育的启示》,《现代中小学教育》2010年第7期。
③ 张永雄:《德育及公民教育在香港课程改革中的理念、策略和实践经验》,《中国德育》2006年第3期。
④ 《香港拟在中小学推出德育及国民教育课程》,2011年5月5日,新华网(http://news.xinhuanet.com/gangao/2011-05/05/c_121383653.htm)。

国家身份的认同，是人心的回归。

三　台湾多元文化社会的背景

台湾海峡呈东北—西南走向，北通东海，南接南海，是我国海上交通要道，也是国际海上交通要道。自20世纪60年代开始，新加坡、韩国、我国台湾及香港重点发展劳动密集型加工产业，推行出口导向型战略，在短时间内实现了经济的腾飞。形成了全世界关注的"东亚模式"，四地也被称为"亚洲四小龙"。[①] 这说明我国台湾地区曾是全球范围内经济发展成就较为突出的地区之一。但台湾已经到了一个瓶颈，很难有飞跃发展。下面就台湾经济已达到发达的人口构成、殖民历史、宗教与语言等方面做阐述。

（一）台湾的人口构成

当今的台湾社会不仅是一个价值体系多元的社会，而且也是一个种族文化多元的社会。台湾人口共2317321人（2011年4月统计），人口组成以汉族为主，占总人口98%。主要又分为闽南、客家、外省及台湾少数民族。其人口具体比例见图2—1。[②] 闽南、客家同属汉族，外省虽以汉族居多，但也包括了满、蒙古、回、藏、苗、彝、布依等族。[③] 至于台湾少数民族。[④] 在学术分类上属于南岛民族（Austronesian），是指汉族移居台湾以前，最早抵达台湾定居的。近年来依据语言学、考古学和文化人类学等的研究推断，在17世纪汉族移民台湾之前，台湾原住民在台湾的活动已有大约8000年之久。

台湾少数民族人口总数505159人（2010年1月），约占总数的2%。台湾日据时期依据居住地区分为高山的高山族及平地的平埔族。国民政府来台后，统称为山地同胞。截至2008年8月，台湾少数民族委员会共认可14个族群，分别是泰雅族、阿美族、布农族、卑南族、达悟族、排湾族、鲁凯族、邹族、邵族、赛夏族、噶玛兰族、太鲁阁族、撒奇莱雅族、赛德克族等民族。另有许多平埔族则因语言及文化等民族表征因汉化而消

[①] 百度百科：《亚洲四小龙》（http://baike.baidu.com/view/34240.htm）。
[②] 维基百科：《自由的百科全书.台湾人口》（http://zh.wikipedia.org/zh-cn/%E5%8F%B0%E7%81%A3%E4%BA%BA%E5%8F%A3JHJcite_note-0JHJcite_note-0）。
[③] 洪泉湖等：《台湾的多元文化》，五南图书出版股份有限公司2005年版，第21—22页。
[④] 同上。

失,目前被视为不复存在。而台湾人与东南亚国家人民通婚(大部分是台湾男性和东南亚女性通婚)日益增加,亦有所谓的第五大族群(新住民)的出现。①

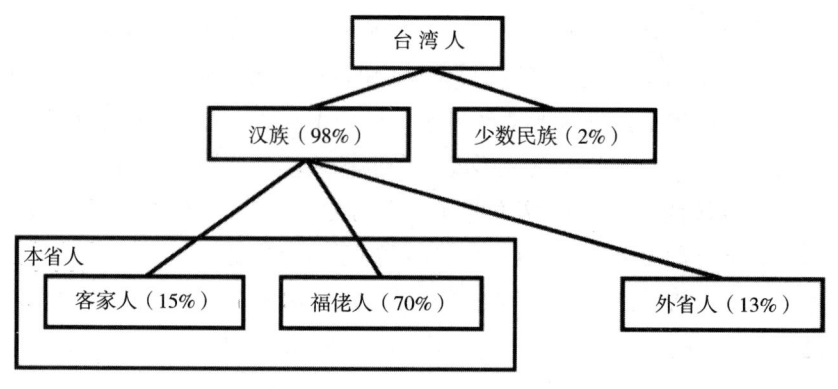

```
                    台湾人
                   /      \
              汉族(98%)    少数民族(2%)
             /    |    \
         本省人          外省人(13%)
      /         \
  客家人(15%)  福佬人(70%)
```

图 2—1 台湾人口构成比例

其中外侨居留人数 389980 人(2009 年 7 月),按照人口数量大小,依次是印度尼西亚、越南、菲律宾、泰国、美国、日本、韩国以及其他地区。②

(二)台湾的殖民历史、宗教与语言

台湾有两段殖民历史,对其后来的社会发展乃至今天都有较大的影响。

一是荷兰统治时期,为 1624—1662 年,荷兰是第一个系统统治台湾的政权。当时,欧洲列强争先恐后来到东亚,开展贸易与侵略。荷兰于 1624 年攻占台湾,建立了在我国的贸易据点。荷治时期,荷兰人改善了汉族的居住环境,汉族人也为当时的经济发展提供了劳力,这样台湾经济在相互依赖中发展起来,有学者称之为共构殖民。后来郑成功很快在福建沿海崛起,并于 1662 年打败荷兰人,荷兰统治结束。③

二是日治时期,为 1895—1945 年,即是被日本殖民管辖的时期。日

---

① 维基百科:《自由的百科全书. 台湾人口情况》(http://zh.wikipedia.org/zh-cn/%E5%8F%B0%E7%81%A3%E4%BA%BA%E5%8F%A3)。

② 同上。

③ 维基百科:《台湾荷兰统治时期》(http://zh.wikipedia.org/wiki/%E5%8F%B0%E7%81%A3%E8%8D%B7%E8%98%AD%E7%B5%B1%E6%B2%BB%E6%99%82%E6%9C%9F)。

本当时国内的资本主义还不发达,不大可能在台湾从事大规模资本活动。因此在日治初期,日本主要迫使台湾提供资源、物产及劳力,为其服务。使台湾作为日本在南方的发展基地,也成为日本工业支持的后盾。日本用警察政治来控制台湾,对民众实行特别法。台湾人失去了平等参与政治的权利,享有的教育权利与台湾的日本人相差甚远。在日治的中后期,日本人改变相关政策以同化台湾人,这使得台湾的政治、经济以及文化方面都向现代化迈进,且达到相当的程度。而且国民政府治台初期举措不当,台湾人与当时赴台的大陆人观念差别很大,从而导致一部分台湾人在二战后对日治时期产生某些程度的怀念。[1]

宗教方面,依照台湾法律人民享有宗教信仰自由,政府承认的宗教超过15个。台湾的佛教、儒教、道教及民间信仰融合难分,约有信徒占93%,基督教信徒占4.5%,其他占2.5%。[2]

若以所用母语区分,台湾人使用的语言主要有:国语即普通话、台湾闽南语、客家语、其他汉语方言及少数民族语言。除了普通话以外,台湾闽南语显然是台湾最具优势的语言,根据2008年台湾年鉴,台湾大概有73%的人使用台湾闽南语。[3]

四 三地多元文化社会背景的共同点与不同点

由三地社会背景分析可知,三地均有近海港口,水运交通十分发达,与各国各地区贸易频繁。经济十分发达,地区人民生活层次较高。这样三个地区具有以下一些共同的社会背景。

(一) 三地多元文化社会背景的共同点

穗港台三地在社会背景方面的共同点体现在汉族人口均占绝大多数、同属于中华文化,且自古以来三地联系密切。

1. 汉族人口占绝大多数

广州的汉族人口所占比例约为99%,香港的汉族人口所占比例是

---

[1] 维基百科:《台湾荷兰统治时期》(http://zh.wikipedia.org/wiki/%E5%8F%B0%E7%81%A3%E8%8D%B7%E8%98%AD%E7%B5%B1%E6%B2%BB%E6%99%82%E6%9C%9F)。

[2] 维基百科:《自由的百科全书.台湾人口》(http://zh.wikipedia.org/zh-cn/%E5%8F%B0%E7%81%A3%E4%BA%BA%E5%8F%A3#cite_note-0#cite_note-0)。

[3] 同上。

95%，台湾的汉族人口所占比例是98%。可见三地的汉族人口均占绝大多数，说明三地民族组成中有绝对的汉主流民族的存在。

2. 同源于中华民族传统文化

文化是一个系统的有机体，具有一个文化中轴在核心处运作，依赖这个中轴的生命力，文化得以吸收多元的文化营养而壮大这个有机的文化体。① 穗港台三地均为多元文化的社会，都有一个共同的文化中轴，即中华文化。

岭南文化是广州的典型文化，是中华文化中独具特色的地方文化之一。广州又称"穗城"、"羊城"，有着2200多年的文明历史，并在近代史上声名显赫，是我国历史文化名城，是优秀的旅游城市，还是著名的侨乡。南方优越的地理环境和气候造就了广州优美风景，而且广州四季鲜花盛开，有"花城"之雅称。

研究香港考古发掘出土的石器、陶器和青铜器等，可以发现这些器物与东南沿海出土文物有许多共同的特点，即为同种类型的文化。香港地区原为古代越族聚居之地，战国时期并于楚国。公元前214年，秦始皇派兵南下五岭，香港地区正式归入我国统一王朝的版图。从秦到清朝2000多年中，在中央王朝的管辖下，中原文化深刻地影响了香港越族土著文化。1841年，英军侵占香港岛时，岛上只有几千居民。后来英国殖民主义者又陆续占领九龙半岛和强迫租借新界地区，这些地区的居民多是祖籍东莞、新安等县的本地人和来自岭南各地的移民，他们的文化主要是广东文化。这些情况表明，香港文化的根是中华民族传统文化。② 150多年来的香港，中华民族传统文化同英国殖民主义文化以及西方的资本主义文化，既互相碰撞、冲击，又互相渗透、融合，发生了微妙的变化。但中华民族的传统文化在香港扎根很深，它主要是由儒家思想、东方宗教文化（主要是佛教和道教）和民间风化习俗三方面交错融合而成。③

而台湾无论是在明、清代以及日据时期，她的文化中轴主体就是中华

---

① 潘朝阳：《生活方式到中华文化主体性——台湾的文化原则和方向》，《台湾研究集刊》2005年第1期。

② 周毅之：《从香港文化的发展历程看香港文化与内地文化的关系》，《广东社会科学》1997年第2期。

③ 同上。

文化；今天迈入现代化的台湾，其文化中轴主体仍然是中华文化。① 400多年前大量持续不断过海来台的闽粤汉族人，他们根据以前的生活方式来选择在台湾的居住地及生产生活的方式，其实就是将他们传承负载在身心上的中华文化全部系统移植并散播在台湾的过程和结果，而且随着历史的行进已成为台湾固有的文化形式和内容。

闽粤汉族人来台湾拓荒可以说是民间文化的推移，而真正以国家文明形式进入台湾，应始于郑成功。② 追随而来移居台湾的汉族人包括各行各业的社会阶层，即为一完整的中国社会。其中的儒生种植了以儒家纲常为核心的中华文化种子，在台湾设置了太学、圣庙等文化机构。因此，明郑统治下的台湾，便是以中华文化为其文化主体。

后清朝取代明郑统治台湾200多年，因中华传统文化早已根植于台湾汉族人的心灵和生活之中而成为台湾人民的主体性文化。③

台湾因甲午中日战争的失败，被清廷割让给日本，从此度过了半个世纪之久的殖民岁月。但是，台湾的中华文化本质，却不是日本殖民帝国那么容易销蚀毁灭的文化生命，其主要原因在于台湾中华文化传统的根深蒂固。

可见三地均源自中华文化，同根同种。

3. 三地之间自古联系密切

自古以来，穗港之间在社会生活各方面就存在着密切的联系，因而联系性也成为香港文化的又一基本特点。首先是两地相邻。香港的新界、九龙与广东山水相连。这种联系为两地经济、文化、人员的交流提供了便利。其次是人文同源。香港地区的早期居民是古代的越族，与广东大陆的最早居民应属同一族系。东晋以后，便有大量的中原人南迁，有的移居香港地区。约在13世纪，南雄珠玑巷的容氏、杨氏等中原移民就迁去香港。清康熙年间结束迁海之后，大批说粤语和客家语的居民移居香港。而且近代历史上香港因其特殊性，成为内地战乱的避难所，又迁入了大量的移民。最后，经济生活中的联系。在封建社会中，香港因为其独特的地理条件及特殊的物产，成为广东经济生活中不可或缺的组成部分。从汉武帝开

---

① 潘朝阳：《生活方式到中华文化主体性——台湾的文化原则和方向》，《台湾研究集刊》2005年第1期。

② 同上。

③ 同上。

始,香港就成了历代统治者设盐官的地区,其出产的盐主要供应广东,还提供桂北、赣南地区。唐宋年间新界的屯门成为广州通往海外贸易的重要通道。今天,香港民众的生活无论是哪一方面都与内地尤其是广东联系密切。据统计,1946—1950年间,从内地流入香港的资金达几十亿港元。自60年代以后,香港纺织业、金融业、制造业、地产业、旅游业、建筑业、交通运输业的兴起,无一不是依靠内地。至今,香港地区的水、电等重要资源,在很大程度上都离不开内地的供给。①

港台两地历来互为重要的经贸伙伴。台湾是香港第三大货物供应地、第四大贸易伙伴、第五大外来投资来源地和第六大出口市场,而香港则是台湾的第二大出口市场、第四大贸易伙伴。② 一直以来,由于港台接近,又同属华人地区,两地社会各界频繁往来。而且香港在两岸关系中也发挥着一定作用。2008年国民党在台重新上台后,两岸签订经济合作架构协议,双方互访络绎不绝。③

而广州很早就与台湾有经济贸易往来。广州台资企业协会会长表示,在穗投资台商有2000多家,会员企业1300多家。到2010年,台资企业加工贸易出口额近50亿美元。④ 台商是两岸经贸往来的"脐带",也是双方经济发展的重要资产,更是扮演两岸与国际经贸舞台接轨的关键角色。⑤

从以上的分析可知,三地之间有着千丝万缕的联系,而且台湾与香港经济的发展都离不开内地的支持,而广州是离两地最近的城市之一。

(二) 三地多元文化社会背景的不同点

穗港台三地在社会背景方面的不同点体现在少数民族人口构成不同、殖民影响程度不同两方面。

---

① 张运华、冈虎:《香港文化的基本特点和未来走势》,《五邑大学学报(社会科学版)》1997年第2期。

② 宿泱韫:《[两岸关系]我国国台办称支持台湾与香港签经济合作协议》,2011年1月26日,新华网(http://cn.reuters.com/article/chinaNews/idCNnCN157317520110126)。

③ 联合早报:《两岸关系的"香港角色"再引重视》,2011年8月3日,中国新闻网(http://tw.people.com.cn/GB/14811/14873/15321778.html)。

④ 严利、杜娟:《广州台资企业协会会长:广州两千台企仅1家停产》,2009年3月27日,广州日报(http://money.163.com/09/0327/05/55D03ENG00252G50.html)。

⑤ 台湾《"中央"日报》:《台商是两岸经贸往来的"脐带"》,2011年9月16日(http://news.ifeng.com/gundong/detail_2011_09/16/9241930_0.shtml)。

1. 少数民族人口构成不同

广州的少数民族基本上是国内汉族以外的其他民族，是国内的民族。香港的少数民族基本上是非华裔人士，主要是国外移民。台湾的少数民族基本上是本地区汉族以外的其他民族，是地区内的民族。

2. 殖民影响程度不同

香港与台湾都曾经割让给列强，经历了长期的殖民统治，对民众的心理造成长远而且深刻的影响；而广州没有经受割让，只是经历了短暂的殖民统治，影响较小。100多年的殖民统治，已使得香港在许多方面形成了自己的特点。我们不能简单地以内地的观念和模式去理解香港的民族问题。[①] 香港在近现代受英国殖民者统治长达150多年，原有的中华传统文化受到了西方文化的影响，而且西方文化已经深入渗透到香港社会生活的每个角落，尤其是政治结构与经济结构的运作之中。另外中国的传统文化也在根深蒂固地影响香港居民，而且在社会生活的各层面都在顽强生长，尤其是生活方式与价值观念方面。因此，香港的文化发展是建立在双元或多元基础之上，而不是建立在单一基础之上。[②]

殖民文化是台湾文化中的一个突出元素。从1601年起，荷兰殖民者开始觊觎我国台湾及东南沿海，到1662年，郑成功将荷兰殖民者驱逐出台湾，荷兰在台湾殖民统治38年，除了野蛮掠夺和招募大陆人到台湾开垦外，其文化影响并不深刻。而在长达50年的日治时期，因种种原因导致部分台湾人，在二战后对日治时期产生某些程度的怀念。此心态不仅普遍留置于老一辈台湾人之间，也相当程度地影响了战后台湾对国家民族认同、族群意识观念甚至"台独"运动。[③] 可以说对台湾人烙下的伤痕是深刻的。

[①] 李红杰：《关于香港的民族构成、现状和发展趋势问题》，《民族研究》1997年第3期。
[②] 黎熙元：《香港：多种文化并存的社会》，《中山大学学报（社会科学版）》1997年第3期。
[③] 维基百科：《自由的百科全书：台湾日治时期》（http：//zh. wikipedia. org/zh－cn/%E5%8F%B0%E7%81%A3%E6%97%A5%E6%B2%BB%E6%99%82%E6%9C%9F．）。

第三章　多元文化教育内容分析表及评价标准设计

主要根据全球多元文化教育的思想来设计多元文化教育内容分析表，分为主题类目分析表与主角类目分析表两种。课程标准只需要设计主题类目分析表，而教科书需要设计两种表。在表格设计好的基础上，提出多元文化教育内容的评价标准。

第一节　小学社会科教科书多元文化教育类目分析表设计

一　全球多元文化教育课程目标的层次及维度概述

詹姆斯·林奇在其多元文化教育的代表著作《全球社会的多元文化教育》一书中提出全球化的多元文化教育途径，并规划了多元文化课程的目标。他从三个层次及四个维度提出了课程目标的具体构架。表3—1是詹姆斯·林奇的多元文化教育课程目标的层次与维度。

表 3—1　　　　全球多元文化教育课程目标的层次与维度

层次 维度	民族、国家、全球
文化	跨文化交流能力；母语，民族语，外语的相互交流
社会	人权，责任与公正；社会的相互联系
经济	负责任的消费与交易；经济的相互依赖与作用
环境	可持续发展与有节制地开发；空间与生态的相互关系

资料来源：James L., *Multicultural Education in a Global Society*, Lewes: The Falmer Press, 1989, p.4.

在表3—1中，层次与维度之间是相互交织的关系。每个维度对应三个层次，每个层次也对应四个维度，而且各个层次与维度之间也是相互影响的。如经济的相互依赖在一定程度上受到环境政策、资源过度开发、环境污染的影响,甚至环境会因经济的增长或是旅游政策而发生退化①。

詹姆斯·林奇认为原有的多元文化教育存在着主题褊狭与民族中心的弊端,主张多元文化教育不是以民族为中心去设定国家的边界,而应该以人为中心。这个"人"应该推及一国之内的民族、多个国家及全球所有的人。另外多元文化教育没能从与它类似的改革运动中去学习,去吸取它们的学术传统而提高其成效;也没有与其他课程改革运动结成联盟去学校争取宝贵的课程时间与空间,从而所获甚少,也减少了多元文化教育的可信度。因此主张将多元文化教育纳入国家教育、全球教育等课程改革运动来强化自身的力量,以更好实现多元文化教育的主张。英国政府的《斯旺报告》(the Swann Report, 1985)认为,只是强调培养儿童的民族认同感而忽视培养儿童的国家认同与全球视野的教育不是真正意义上的多元文化教育。② 此报告重申詹姆斯·林奇提出的全球多元文化教育的三个层次:民族、国家与全球。

所有多元文化教育的目标均来自三个层次与四个维度的交织之中,因为这些层次与维度之间有着相互交融的关系,如经济与环境关系,国家与全球关系,国家、经济与全球、环境之间的关系等。这样一种系统的联结与相互关系正是多元文化教育的全球途径,也是学生需要掌握的重要概念。三个层次之间也相互影响。班克斯在1987年提到,只有建立在健康的个人与民族认同基础之上才有可能建立健康的国家认同,这就使我们面临一个累积但不一定是连续的过程。四个维度之间也相互影响,只有能培养出具有丰富创造力、想象力和好奇心的学生的教育过程才可能培养出好的公民、高效的劳动者及爱护环境的地球人,这样的教育过程具有社会、经济与环境等各个维度的明显特点。③

二 多元文化教育主题类目分析表设计

根据研究的需要,主要依照詹姆斯·林奇提出的全球多元文化教育课程目标的层次与维度表,进行修正与调整,得出小学社会科课程标准及教

---

① James L., *Multicultural Education in a Global Society*, Lewes: The Falmer Press, 1989, p. 3.
② Ibid., p. 2.
③ Ibid., p. 3.

科书分析的主题类目表如表3—2所示。

表3—2　　三地民族、国家（地区）、全球层次的主题类目统计表

维度		一年级		二年级		三年级		四年级		五年级		六年级	
	年级	文字	图片	文字	图片	文字	图片	文字	图片	文字	图片	文字	图片
文化	跨文化交流												
	语言交流												
	服饰、风俗等												
社会	人权												
	责任												
	公正												
	社会相互依存												
经济	理性的消费与交易												
	经济的相互依赖与作用												
环境	环境的开发与保护												
	环境的相互关系												

（一）主题类目表三层次的相关解释

1. 社区（民族）层次的解释

对于层次的分类，其中的社区（community）层次，在《全球社会的多元文化教育》一书有好几处都是用民族（ethnic）来替代的，如绪论部分 xii 页、第一章第3页即是用替代或是括号方式加以说明，这说明"社区"与"民族"可以互换。而在本书中，基本不关注社区层次，主要关注民族层次。民族是指一个微型文化的群体或集合体，他们因分享了共同的历史文化、价值、行为与其他的特质，而能使其成员拥有共同的认同。[①] 对内地而言是指 56 个民族，对香港而言是指除内地 56 个民族外香港的少数族

---

① Banks J. A., *Multicultural Education: Issues and Perspectives*, Hobken: John Wiley & Sons 2004, p. 449.

裔，对台湾而言是指除内地56个民族外台湾的少数民族。每个民族都有一些属于本民族的特有文化，但很多文化特征也是一些民族所共有的，那么如何区分各个民族呢？

少数民族相对于汉族而言，在教科书中的区分相对容易，教科书中一般会出现少数民族的名称、服饰、节庆活动、居住地等。

汉族的文化习俗也比较多，要明显依据其特征来区分反而比较困难。在三地当中，汉族人口都是90%以上，占据人口的绝大多数。汉族不同于其他民族的一些特点有：汉族有一些固定的节日食品，如春节的饺子、元宵节的元宵（汤圆）、端午节的粽子、中秋节的月饼；茶是汉族最常见的饮料，来客敬茶是汉族待客的礼节；汉族的名字多为双字或单字，习惯上同族同辈兄弟或姐妹之中有一字相同，或在字义上有关联；汉族的民间信仰中有玉皇大帝、冥王、土地爷、灶神，还有人物崇拜中的关帝等。[1]

但汉族与各少数民族也有一些共同的特点，如一些传统节日，春节就是好些民族的共同节日；一些民间信仰上也有共同的地方，如土地爷、灶神，还有人物崇拜中的关帝等是汉族与一些少数民族的共同信仰[2]；一些传统乐器方面也有一些共同的地方。因此在进行教科书统计时，在文字方面出现汉族字眼，在图片方面出现明显的汉族节日风俗等特点的内容认定为汉族；另外没有明显展示出少数民族特点的我国人物形象均认定为汉族。

在对民族进行统计时，依照詹姆斯·林奇的四个维度（文化、社会、经济、环境）来分类统计，对于不能归属于这四类的相关内容不予统计。

2. 国家（地区）层次的解释

国家（地区）层次是指以主权国家或是地区作为多元文化教育的一个层次。世界上共有220多个国家和地区，其中国家为190多个，地区为30多个。国家和地区的区别如下：国家是指居住在一定领土范围内，拥有国家主权的，具有一定数量的人口组成的共同体，也就是拥有主权、领

---

[1] 杨圣敏主编，丁宏副主编：《我国民族志》，中央民族大学出版社2003年版，第46—47页。

[2] 同上。

土和人口。地区是指未获得独立的殖民地和属地、托管地等。国家与地区的根本区别在于二者是否拥有主权。国家拥有主权,而地区没有主权,不被国际社会承认为独立的国家,但地区自主程度很高。①

国家与地区统计的依据是:在文字中出现某国家(地区)名称文字,或是一些标志性的代表国家(地区)的图片均纳入统计范畴。标志性代表国家(地区)的图片有国旗或区旗、国徽或区徽、国家(地区)地图、国歌或区歌、国家(地区)的标志性建筑(如天安门)、国家(地区)领导人、国家的图腾、国家(地区)的代表性城市、国家(地区)特有节日(如我国的国庆节)及服装(如我国的唐装)、风俗(压岁钱)、饮食(年糕、饺子)等。在对国家(地区)内容进行统计时,依照詹姆斯·林奇的四个维度(文化、社会、经济、环境)来分类统计,对于不能归属于这四类的相关内容不予统计。

3. 全球层次的解释

全球层次是指超越单一民族、国家(地区),国际社会所共同具有的,关系到整个人类的全球性事件的层次。詹姆斯·林奇认为全球层次聚焦于环境教育、道德教育、发展教育、和平教育、人权教育等。② 全球多元文化教育涉及的人权教育的主要概念有:平等、尊严、冲突、正义、自由、互惠性、团结性、责任、义务等。③ 诸如,战争与和平、南北关系、生态失衡、环境污染、人口爆炸、资源短缺、国际恐怖主义、跨国犯罪和信仰危机、国际性组织等全球性事件,均是关系到整个人类生存与发展的严峻问题。

在对全球层次内容进行统计时,依照詹姆斯·林奇的四个维度(文化、社会、经济、环境)来分类统计,对于不能归属于这四类的相关内容不予统计。

(二)主题类目表四维度的相关解释

四维度分别是文化、社会、经济、环境,每个维度都有其对应的子项,具体解释见表3—3。

---

① 百度百科:《地区》(http://baike.baidu.com/view/115777.htm)。

② James L., *Multicultural Education in a Global Society*, Lewes: The Falmer Press, 1989, p. xi.

③ Ibid., p. xv.

表 3—3　　　　　小学社会科教科书多元文化教育内容的项目注释

主题类目		注释
文化	跨文化交流	指民族、国家（地区）之间文化的相互交流，及全球社会的文化往来
	语言交流	指使用母语、民族语或外语作为交流的语言，突出语言的种类。只有当有权利去利用时，学习母语的机会才是有效的。同样地，在一个国家中当国语不同于一个人的母语时，他就有责任去学习国语并使用它*
	服饰、风俗等	指人们在服饰、风俗、居住地、饮食、宗教信仰等方面的特点
社会	人权	指人人自由、平等地生存和发展的权利。具体包括安全的权利、上学的权利、免于遭受严重的贫穷和饥饿、远离战争、获取民主权利等。如贫困不仅只是经济概念，更关乎基本的公民权利、能力，其实质是一种权利和能力的贫困**
	责任	指一个人不得不做的事或一个人必须承当的事情。分为三种：社会责任、家庭责任、学校责任。***如小学生担任班干时所承担的责任
	公正	指不偏不倚的态度，在处理事情或是分配时体现公平。如选举制度，法律条款都是公正的一种体现
	社会相互依存	指民族、国家与地区之间及全球性事件之间在文化及习俗等方面的相互依赖、渗透等，强调它们之间的同伴关系。如国家之间的友好往来、对外国的援助
经济	理性的消费与交易	指负责任的消费方式，不攀比、不奢侈、不浪费；进行双方互利的交易
	经济的相互依赖与作用	指民族间、国家（地区）间、全球范围内的经济相互依赖、相互作用的关系。如一些国际性的经济方面的合作：国际经济合作组织、国际经贸会议交流等。经济的相互依存可能会因为环境政策、甚至是旅游的目的或是强迫集中居住的政策而遭到破坏****

续表

主题类目		注释
环境	环境的开发与保护	指解决现存的环境问题，从多方面去保护环境（如多种树、减少捕捞、加强环保意识）；有节制地开发自然资源（石油、水资源、矿产的开发）
	环境的相互关系	指民族间、国家（地区）间、全球范围内环境的相互依存关系，包括空间的相互关系（不同地方、国家及全球之间的相互影响）及人与环境的相互关系

注：* James L., *Multicultural Education in a Global Society*, Lewes：The Falmer Press, 1989, p. 3.

** 百度百科：《贫困问题》(http：//baike.baidu.com/view/3225135.htmJHJsub3225135)。

*** 百度百科：《责任》(http：//baike.baidu.com/view/13792.htm)。

**** James L., *Multicultural Education in a Global Society*, Lewes：The Falmer Press, 1989, p. 3.

三 多元文化教育主角类目分析表设计

小学社会科教科书的多元文化教育内容不仅涉及主题类目，还涉及具体的主角类目，即多个民族、多个国家（地区）及多种全球性事件。

下面分别制定三地的民族、国家（地区）、全球性事件主角类目表。

（一）三地民族主角类目表的制定

1. 广州、香港民族主角类目表的制定

广州作为我国走在经济发展前列的城市之一，其人口组成包括了56个民族。而且广州市大多数学校所选用的教科书（即北师大版）中所涉及的本国民族部分即是56个民族。

而香港作为我国的特别行政区，除少数族裔（指非华裔）的5%的人口外，其余95%均是华裔人口，但并非全是汉族人口（其中的非汉族人口在其统计表中并未做分类统计，主要是因为数量极少）。[1] 对于香港人口中的非华裔人群，教科书（即朗文常识）没有特别提及也未做细致区分，没有提供特别的文字或图片清楚指称其国籍。其教科书中所涉及的华裔民族部分即对应于内地的56个民族。

---

[1] 李红杰：《关于香港的民族构成、现状和发展趋势问题》，《民族研究》1997年第3期。

第三章 多元文化教育内容分析表及评价标准设计

基于以上分析，广州与香港的民族主角类目表即依据我国56个民族的情况来制定。

我国的少数民族是指那些在历史、文化等方面具有一定特点并在人口规模上远远少于汉族的民族。新中国成立后，根据马克思主义民族理论和我国的具体国情，经过广泛的调查研究和深入征求广大干部群众的意愿，我国政府在20世纪50年代和60年代先后识别并命名了55个少数民族。[①] 其中我国内地将所有台湾少数民族均称为高山族，并把其纳入中华民族，为56个民族之一。由于我国内地方面在进行民族识别时是以较约略的方式划分，因此对台湾少数民族之间的细部差别并不强调。

根据2000年第五次人口普查数据分析，可知在55个少数民族当中，人口在100万以上的民族共有18个，其人口总数占全国少数民族总人口的94.26%，而其他37个少数民族人口总计只有601万，占少数民族总人口的5.75%。其中，20个人口在10万以下的少数民族只占全国总人口的0.03%或少数民族总人口的0.40%。下面设计的主角类目表中的民族顺序即是根据2000年普查时的人口规模排列，依据国家统计局人口和社会科技统计司、国家民族事务委员会经济发展司所统计的《我国各民族人口增长状况（1982—2000）》提供的数据确定。因为一个民族的影响力除了受到人口的质量或是历史上的特殊发展因素的影响外，很大一部分是由其人口的数量来决定的。广州、香港的民族主角类目表如表3—4。

表3—4　　　　广州、香港教科书民族主角类目统计表

民族＼年级	一年级		二年级		三年级		四年级		五年级		六年级	
	文字	图片	文字	图片	文字	图片	文字	图片	文字	图片	文字	图片
汉族												
壮族												
满族												
回族												
苗族												

---

① 菅志翔：《少数民族社会发展与就业：以西部现代化进程为背景》，社会科学文献出版社2009年版，第16—17页。

续表

年级 民族	一年级		二年级		三年级		四年级		五年级		六年级	
	文字	图片	文字	图片	文字	图片	文字	图片	文字	图片	文字	图片
维吾尔族												
土家族												
彝族												
蒙古族												
……												

2. 台湾民族主角类目表的制定

台湾人口共2317万321人（2011年4月统计），人口组成以汉族为主，占总人口的98%。主要又分为闽南、客家、外省及台湾少数民族。[①] 台湾少数民族人口总数为505159人（2010年1月）。台湾少数民族人口约占总数的2%，台湾日治时期依据居住地区分为高山的高山族及平地的平埔族。国民政府来台后，统称为山地同胞。目前台湾当局所承认的台湾少数民族依据人口数量从多到少排列依次是：阿美族、排湾族、泰雅族、布农族、鲁凯族、卑南族、邹族、赛夏族、达悟族、邵族、噶玛兰族、太鲁阁族、撒奇莱雅族、赛德克族等14个民族，台南县政府则承认西拉雅族为县定少数民族。

由以上分析可知，台湾既有大陆的民族成分，又有其特有的少数民族，因此在制定民族主角类目表时，应把二者结合在一起。且表格中台湾少数民族的排列顺序依照人口数量由多到少依次排列。翰林版教科书中呈现的民族成分主要是台湾的少数民族，大陆少数民族涉及较少。台湾的民族主角类目表如表3—5。

表3—5　　　　　　　台湾教科书民族主角类目统计表

年级 民族	一年级		二年级		三年级		四年级		五年级		六年级	
	文字	图片	文字	图片	文字	图片	文字	图片	文字	图片	文字	图片
汉族												
回族												

---

① 维基百科：《自由的百科全书. 台湾人口》（http://zh.wikipedia.org/zh-cn/%E5%8F%B0%E7%81%A3%E4%BA%BA%E5%8F%A3JHJcite_note-0JHJcite_note-0）。

续表

年级 民族	一年级 文字	一年级 图片	二年级 文字	二年级 图片	三年级 文字	三年级 图片	四年级 文字	四年级 图片	五年级 文字	五年级 图片	六年级 文字	六年级 图片
阿美族												
排湾族												
泰雅族												
布农族												
鲁凯族												
卑南族												
邹族												
赛夏族												
达悟族												
邵族												
噶玛兰族												
太鲁阁族												
撒奇莱雅族												
赛德克族												
西拉雅族												
无法识别												

(二) 三地国家 (地区) 主角类目表的设计

世界上有多少个国家，很难有一个准确的数字，因为不断地有国家被合并，也不断有新的国家在产生。因此下面提供的数据只是一个近似值。世界上共有224个国家和地区，其中国家为193个，地区为31个。其中欧洲有43个国家及1个地区、亚洲有48个国家、非洲有53个国家及6个地区、大洋洲有14个国家及10个地区、南美洲有12个国家及1个地区、北美洲有23个国家及13个地区。[1] 而南极洲目前一个国家都没有。

---

[1] 搜搜问问:《世界上一共有多少个国家?》(http://wenwen.soso.com/z/q163182273.htm)。

这里并不去追寻具体国家的数目，只是把在教科书中出现的国家名称及其次数按照所属洲别加以统计，以了解在教科书中出现的国家及其频次。因为三地涉及的国家与地区并无特殊性，所以表格一样。

特别说明：因南极洲没有国家，所以在表格中没有出现南极洲；因涉及的国家数目众多，表格在事先并不列出所有国家的名称，而是在进行内容分析统计时把出现的国家填进表格，是一个生成性的表格。三地国家（地区）主角类目表如表3—6。

表3—6　　　　三地国家（地区）主角类目统计表

洲/国家（地区）	年级	一年级		二年级		三年级		四年级		五年级		六年级	
		文字	图片	文字	图片	文字	图片	文字	图片	文字	图片	文字	图片
亚洲	中国												
	日本												
	……												
欧洲	英国												
	……												
非洲	埃及												
	……												
大洋洲	澳大利亚												
	……												
南美洲	巴西												
	……												
北美洲	美国												
	……												

（三）三地全球主角类目表的制定

全球主角类目主要是指全球范围内共同关心的事情，如全球性节日、全球性活动、全球性组织等，而全球性问题是其主要方面。

所谓全球性问题，是指当代国际社会面临的超越国家和地区的界限，关系到整个人类生存与发展的严峻问题。诸如，战争与和平、环境污染、国际恐怖主义、生态失衡、资源短缺、南北关系、人口爆炸、毒品泛滥、

第三章　多元文化教育内容分析表及评价标准设计　　81

跨国犯罪和信仰危机等。这些问题包括以下特征：全球性；综合性；挑战性。主要依据三个方面来判断是否为全球性问题：一是无论是哪种意识形态的国家，资本主义还是社会主义国家，无论是哪种经济发展程度的国家，发达国家或落后国家，都共同存在的问题；二是此问题不能解决，就会严重阻碍全球社会和经济的发展；三是此问题的解决途径，需要全球所有国家协作、全人类努力才行。①

主要依照全球性问题、国际性组织、国际性活动等来制定全球主角类目统计表，具体如表3—7。

表3—7　　　　　　　　三地全球主角类目统计表

全球性事件＼年级	一年级		二年级		三年级		四年级		五年级		六年级	
	文字	图片	文字	图片	文字	图片	文字	图片	文字	图片	文字	图片
环境保护												
贫穷问题												
战争与和平												
国际性组织												
国际性活动												
毒品、艾滋病												
人口问题												
烟草危害												
过量饮酒												
国际恐怖主义活动												

表3—7中所有条目具体解释如下：

环境保护：联合国的一项报告提出，在21世纪，全球"极端的气候现象将会增加，如洪水、水位上涨、泥石流等会增加，而暴雨和热浪发生的频率也会加快"。而且随着全球气温的持续上升，21世纪将面临干旱、洪水、饥馑和瘟疫等威胁，人类迫切需要加强对环境的保护。

---

① 百度百科：《全球性问题》（http://baike.baidu.com/view/513874.htm）。

贫穷问题：是指由于贫穷所直接导致或者衍生的一系列社会问题。贫穷问题是当今世界最尖锐的社会问题之一，主要指因分配机制不公平、生产力不发达等导致的物质匮乏。①

战争与和平：主要是指在地区或是国家之间发生的冲突或是战争，或是危及人们安全及对和平生活追求的侵略性战争等。

国际性组织：其基本功能是协调各种国际力量的利益关系，促进国际社会的和平与发展。当今世界各国政府间最大的一个国际性组织是联合国，其地位和作用无可替代。还有亚太经合组织、国际货币基金组织、世界卫生组织、绿色和平、国际红十字会组织等。

国际性活动：包括国际性的节日，如六一国际儿童节、五一国际劳动节等；还有举办的各种世界性的竞赛运动会、国际性音乐会、国际博览会等。

毒品、艾滋病：毒品是当今社会的腐蚀剂，世界毒品买卖频繁并且出现新的形势，全球黑社会组织与毒品集团正以不同形式联手，严重威胁世界的和平与安定。② 与之密切相关的艾滋病也是人类生存的重大威胁，世界卫生组织及各国政府已给予高度重视。在世界范围内艾滋病的传播速度越来越迅猛，已成为威胁人们健康的第四大杀手。③

人口问题：是指因为世界人口迅猛增长所带来的一系列问题。尤其是一些经济欠发达国家的人口极度膨胀，影响了该国的经济繁荣、社会秩序稳定和人民生活水平的提高，给整个人类生活带来许多问题。另外现代社会的少子化、人口老龄化等也是新出现的人口问题。

烟草危害：自20世纪50年代以来，大量流行病学在全球范围内研究证实，导致肺癌的首要危险因素是吸烟。2011年世界卫生组织发布的《烟草控制框架公约》，口号是"烟草致命如水火无情，控烟履约可挽救生命"。④

过量饮酒：世界卫生组织表示，酗酒是造成全世界死亡和残疾的第三大诱因。酒精对人的中枢神经系统损害最为严重。它通过神经系统从高度兴奋到高度抑制的过程来破坏神经系统的正常功能。而且过量饮酒还会损

---

① 百度百科：《贫穷问题》（http：//baike.baidu.com/view/3225135.htm）。
② 百度百科：《全球性问题》（http：//baike.baidu.com/view/513874.htm）。
③ 百度百科：《艾滋病》（http：//baike.baidu.com/view/9070.htm? subLemmaId = 9070&fromenter = % B0% AC% D7% CC）。
④ 百度百科：《世界无烟日》（http：//baike.baidu.com/view/23009.htm）。

害肝脏。长时间过量饮酒，会伤及生殖细胞从而导致后代的智力缺陷。有饮酒习惯的人更容易患喉癌及消化道癌。此外慢性酒精中毒会导致对身体多方面的损害，可引发神经炎、脑病变、心肌病变、造血功能障碍、胃炎、胰腺炎和溃疡病等，还能提高高血压病的发病率。①

国际恐怖主义活动：国际恐怖主义是当今世界上国家、民族、阶级、宗教间各种尖锐复杂矛盾的反映。自 20 世纪中期国际恐怖主义出现后，恐怖主义组织超过 1000 个，世界上每年都要发生数百起各种恐怖主义行动。"9·11"恐怖袭击事件举世震惊，标志着世界范围内的恐怖主义浪潮达到一个前所未有的阶段。②

第二节 课程标准多元文化教育主题类目分析表设计

课程标准的类目分析表即依据上面所制定的教科书类目分析表来做一些调整。因为三地的分析对象均是一本课程标准，主角类目也不突出，所以不用分年级来统计，也不用制定主角类目表。基本上是用教科书的主题类目表即可。调整的课程标准的内容分析类目统计见表3—8。

表 3—8　　　　　课程标准的内容分析类目统计表

维度	层次	民族	国家（地区）	全球
文化	跨文化交流			
	语言交流			
	服饰、风俗等			
社会	人权			
	责任			
	公正			
	社会相互依存			

---

① 百度百科：《过度酗酒》（http：//zhidao.baidu.com/question/93215882.html？an=0&si=1）。
② 百度百科：《全球性问题》（http：//baike.baidu.com/view/513874.htm）。

续表

维度 \ 层次		民族	国家（地区）	全球
经济	理性的消费与交易			
	经济的相互依赖与作用			
环境	环境的开发与保护			
	环境的相互关系			

第三节 小学社会科教科书多元文化教育内容评价标准

运用内容分析类目表进行教科书与课程标准统计与分析时，就需要一个标准来加以判断，因此很有必要研究小学社会科教科书多元文化教育内容的评价标准。多元文化教育内容的标准涉及四个方面的问题，分别是文化选择取向的共性与个性问题；民族、国家（地区）、全球三层次的内容分配问题及单一主题与交互主题内容的分配问题；民族、国家（地区）、全球三主题内部内容分配问题；文化、社会、经济、环境四维度的内容分配问题。下面分别从这四个问题来展开论述。

一 文化取向的共性与个性选择标准

有些社会学家提出，一种独立的文化之所以存在就是因为它已经适应了某种自然与社会的环境，因此世界上也就有了数量繁多的文化种类。对于不同文化的不同之处，人们往往很容易注意到，但对于文化的共同性却很少有人能加以关注。通过比较性研究可以得出这样的结论：无论哪种文化都具有共同的社会结构与文化意义的基础，这是源于人类生理上的相似点，也是因为人类社会生活的普遍需要使得不同的社会都会面临共同的问题。人们总是想当然地用自己所处的文化来评价他人的文化，从而得出自己的文化是先进的是对的，而他人的文化是落后的或是错的结论，这正反映了人类的种族中心主义。[①] 这样的观点与文化多元主义主张截然相反，

---

① ［美］戴维·波普诺:《社会学》，李强等译，中国人民大学出版社1999年第10版，第77页。

具体落实到教科书内容的选择上,就可能出现主流种族中心主义的倾向。

但在教科书内容选择方面,学校课程没办法纳入所有民族、国家及全球性事件,故教科书的内容选择范围、分量等问题,在教科书编订之前或过程中需要不断地充分讨论。①

在教科书内容选择时,必然会涉及"文化选择取向"问题,即是以选择共同文化为主还是以选择多元文化为主。文化取向的不同,教科书的内容、组织以及评价就不尽相同。

下面对丹尼斯·劳顿(A. Lawton)的公共文化取向、麦坚索(A. Magendzo)的亚文化取向、斯基尔贝克(M. Skibeck)的环境模式、詹姆斯·林奇的全球多元文化教育取向、米勒(Miller)与哈林顿(Harrington)的教育目标与社会性分类的关系、塞缪尔·亨廷顿(Samuel Huntington)强调的文化共性、班克斯和靳玉乐等对于课程内容选择的观点做综合分析,从中吸取可供借鉴的成分。

丹尼斯·劳顿等学者认为,很多文化不具有相同的价值,而学校的教育时间和课程资源只能纳入有限的内容,因此他认为,进入学校课程最可能的方式就是选择公共文化。② 以麦坚索为代表的学者则认为,重视公共文化的课程选择没有考虑到各种文化的独特性,也是很不全面的。提出课程编制除了重视公共文化以外,还要纳入亚文化(次级文化),因为课程选择从文化生成教材,包含着一系列权力的争斗与价值的取舍。因此他主张课程编制必须做大方向的调整,具体而言:从集权制到分权制;从文化变量到文化常量;从注重文化同质到注重文化异质;从精英主义到各阶层参与;重视课程编制中的冲突和矛盾。③ 而斯基尔贝克的"环境模式"即是结合了丹尼斯·劳顿和麦坚索理论的合理部分。环境模式重视共同文化,在一种文化的架构中进行课程编制,同时也纳入社会中的问题与文化冲突事件,并结合校园环境进行综合的编制与评价。④

英国多元文化教育代表人物詹姆斯·林奇认为现行的民族多元文化教育过于强调差异性(反种族教育更是这样),所以过于凸显其种族分类,而本来多元文化教育应该重点强调使人们团结的事物,如相似性与共同

---

① 靳玉乐:《多元文化课程的理论与实践》,重庆出版社 2006 年版,第 47 页。
② 吴永军:《课程社会学》,南京师范大学出版社 1999 年版,第 126—128 页。
③ 同上书,第 130—132 页。
④ 同上书,第 128 页。

性，从而达到去分类的效果。① 詹姆斯·林奇提出，尽管可以由我们自己来决定教育目标是什么，但过于强调不同点，我们将会漫不经心地增加文化特点的不同与社会分类来鼓励皮亚杰提到的"转导推理"（转导推理是以从一个具体的观察中形成一个具体的结论为基础的，它和成人的演绎推理和归纳推理形成了对比，转导推理经常会导致不准确的结论），或是过分突出分类、刻板印象与偏见。过少地关注多样性，我们将会窒息主动性、个性，伴随而来的就是拒绝社会变化与文化的适应。②

米勒与哈林顿在1988年就教育目标与社会分类特点的关系做了探讨，描述了普遍性与个别性之间的张力，具体见图3—1。警示我们过于强调与扩大差异性而不是减少分类的危险，即会鼓励刻板印象与偏见。早期的种族研究，以至今天的反种族主义都过于强调"分类"，尽管意愿很好，但结果往往背道而驰。这种举动的失败常常导致十分悲惨的结果，增加种族间的敌意与暴力行动。因此普遍价值与多样价值之间的平衡正是教育的支点。③

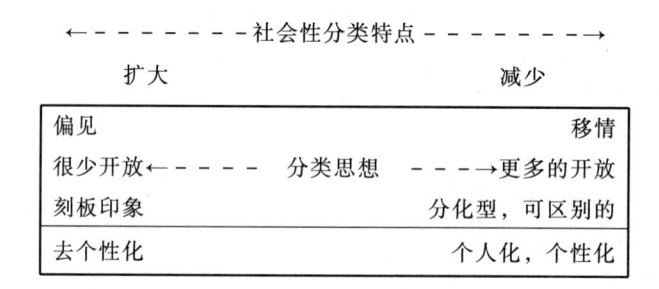

```
←------社会性分类特点------→
    扩大                        减少
┌─────────────────────────────────────┐
│ 偏见                          移情    │
│ 很少开放←----  分类思想  ----→更多的开放│
│ 刻板印象                 分化型，可区别的│
│ 去个性化                   个人化，个性化│
└─────────────────────────────────────┘
```

图3—1 教育目标与社会性分类特点

塞缪尔·亨廷顿认为文化的共性会促进人们之间的合作和凝聚力，而文化的差异却会加剧分裂和冲突。这是因为，其一，每个人都有多种认同，他们可能会互相竞争或彼此强化，如亲缘关系的认同、职业的认同等。在当代世界，文化认同与其他方面的认同相比，其重要性显著增强。全世界的人在更大的程度上根据文化界限来区分自己，意味着文化集团之

---

① James L., *Multicultural Education in a Global Society*, Lewes: The Falmer Press, 1989, pp. viii - ix.
② Ibid., pp. 10 - 11.
③ Ibid., pp. 11 - 12.

间的冲突越来越重要；文明是最广泛的文化实体。其二，文化认同的日益凸显很大程度上是个人层面上社会化的结果，个人层面上的混乱和异化造成了更有意义的认同需要；在社会层面上，非西方社会能力和力量的提高刺激了本土认同和文化的复兴。其三，任何层面上的认同（个人的、部族的、种族的和文明的）只能在与"其他"——与其他的人、部族、种族或文明——的关系中来界定。其四，不同文明国家和集团之间的冲突根源在很大程度上是那些总是产生集团之间冲突的东西：对人民、领土、财富、资源和相对权力的控制，也就是相对另一个集团对自己所能做的而言，将自己的价值、文化和体制强加于另一个集团的能力。其五，冲突的普遍性。冷战的结束并未结束冲突，反而产生了基于文化的新认同以及不同文化集团之间冲突的新模式。①

班克斯认为，在多元文化背景下课程内容的选择显得更为复杂，主要体现在以下四个方面：一是课程内容的选择要体现文化多样性，在认同国家主流文化的前提下，使学生能客观地认识本民族文化及尊重与理解他族的文化。二是课程内容选择应兼顾民族性与国际性，并把二者结合在一起。三是课程内容的选择要体现文化多样性与同一性两方面的特点。四是多元文化课程内容应渗透到学校整体的课程与活动中去。②

我国学者靳玉乐的观点与班克斯的观点有相似之处，提出在多元文化背景下，在课程的选择和开发上要充分考虑不同民族的文化差异，参考他国先进的多元文化观点，为中国培养具有世界视野的公民。在内容选择中，关注其内容来源的多种渠道及内容的多样性。也提到多元文化内容要与学校的课程融合为一整体以更好地实现多元文化教育的目标。③

丹尼斯·劳顿、斯基尔贝克、詹姆斯·林奇、米勒与哈林顿、塞缪尔·亨廷顿均强调文化选择的共同性，强调公共文化、文化的共同性、普遍价值；并认为过于强调文化的差异，只会导致民族间的偏见与刻板印象，导致群体的分化，从而使文化真正失去个性的特点。众多的事实与相关研究表明，良好的希望保护文化的独立与持续发展的愿望，只能通过发展文化的共同性而不是突出文化的差异来得以实现。基于所有不同文化天

---

① [美]塞缪尔·亨廷顿：《文明的冲突与世界秩序的重建》，周琪等译，新华出版社2002年版，第108—110页。
② 靳玉乐：《多元文化课程的理论与实践》，重庆出版社2006年版，第58—59页。
③ 同上。

然的共同性，找寻并发展文化的共同性。所以关于小学社会科教科书多元文化教育选择文化取向的个性与共性的问题，本书主张以文化的共性为主。在以民族、国家（地区）、全球性事件为主题的多元文化教育内容里，突出各民族、各国家（地区）及全球性事件的文化共同性，着重关注多种文化之间的交流与沟通。同时在全球社会大背景下，均要突出三个主题的全球多元文化教育的特点。

如我国内地民族的共性，即均属于中华民族，源于同一个文化体。20世纪80年代，费孝通先生提出"中华民族多元一体格局"的命题。"多元"是指各兄弟民族各有其起源、形成、发展的历史，因其文化、社会各具特点而区别于其他民族；"一体"是指各民族的发展相互关联、相互补充、相互依存，与整体有不可分割的内在联系。我们要突出各民族的共性，也要兼顾各民族的多元特点。

而国家（地区）的共性，可以体现在地理属性或是文化属性方面。从其地理位置来看，国家分属于世界的七大洲（南极洲没有国家）。从国家所属世界的文化体系来看，塞缪尔·亨廷顿认为当代的主要文明有：中华文明、日本文明、印度文明、东正教文明、伊斯兰文明、西方文明、拉丁美洲文明及非洲文明等。①

而全球性事件体现的即是共性，所谓全球性问题，是指超越了国家和地区的界限，影响整个人类存在与发展的一些重大问题。

二 各层次内容分配标准

在小学社会科教科书中多元文化教育内容涉及民族、国家（地区）、全球三个层次的内容应呈平衡状态。在一个全球化的社会中，一个总的原则是所有的主题（包括民族、国家或地区）都要透过全球的视域来看待。另外民族、国家（地区）、全球三层次的内容分布应总体呈平衡状态，不能过于凸显或是忽视某一个层次的内容，以体现詹姆斯·林奇所提到的教育的支点是处理好普遍价值与多样价值之间的平衡。

在小学社会科教科书中，单一主题与交互主题的内容应呈平衡分布状态，甚至要有更多的交互主题内容。费孝通先生提到要解决多元文化的共

---

① ［美］塞缪尔·亨廷顿：《文明的冲突与世界秩序的重建》，周琪等译，新华出版社2002年版，第4—26页。

性与个性的矛盾问题,需要在精神文化领域里建立起一套促进相互理解、宽容和共存的体系,并称这个体系为"跨文化交流"。因此在内容分配中,强调突出交互主题的内容。在每一层次中,都涉及文化、社会、经济与环境四个维度,在四个维度的具体细目所涉及的层次内容中,既涉及一个层次里的单一主题,也涉及一个层次里的交互主题。单一主题是指在民族、国家(地区)、全球每一层次中,只涉及某一层次的一个主题的内容,如民族水平里只是汉族的内容、或只是苗族的相关内容。交互主题是指在民族、国家(地区)、全球每一层次中,涉及某一层次的多个主题的内容,且这些主题之间有着相互的联系或关系,强调跨文化交流,如民族层次里汉族与藏族经济往来的内容,或汉族与维吾尔族文化交流的相关内容。具体来说,在民族、国家(地区)、全球三个层次中,都涉及文化、社会、经济与环境四个维度,每个维度都涉及交互主题。如经济维度涉及的交互主题有跨民族经济交流、跨国(地区)经济交流、全球性经济的多向交流等。在小学社会科教科书中,两种主题的内容应呈平衡分布,而且尤其要突出交互主题内容。因为事实上,一般的民族或是国家都没有闭关自守孤立地发展,都与其他的民族或国家有着各种或亲或疏的交往与交流,因此可以说各民族、各国家(地区)之间,都有着密切的往来及沟通,而各种全球性事件之间也都有着千丝万缕的联系。因此要真实地反映一个联系的全球世界,只呈现单一主题的内容是不客观的,偏颇的。

三 各层次内容内部分配标准

在小学社会科教科书中涉及的具体主题有民族、国家(地区)、全球性事件,在每一个主题内部,还具体涉及各个民族、各个国家(地区)与各种全球性事件的分配问题。

(一) 汉族与少数民族内容的分配

多元文化的社会中,其学校教育想通过教材来培养儿童的多元文化素养,如儿童对本族文化的认识,和异文化的儿童建立友好的朋友关系,或是培养爱家乡、爱国家的思想,培养平等、尊重、协作的世界观等,教材就必须包含各个种族的文化内容。这样,每个民族的孩子通过学习自己的文化,产生对自己种群的认同感,从而形成良好的自我概念;而且每个民族的孩子才可能有机会去学习与了解其他种族的文化,不会再以己文化的观点来评价他族的文化,也不会妄自以为自己的文化才是真正有价值的文化，从而能产生出尊重、包容与接纳的态度去认真认识他族的文化。当每个族群彼此相互了解时，才可能建立起学生的和谐族群关系及平等、合作的世界观。①

台湾陈枝烈教授就台湾少数民族的情况讨论了在小学社会科教科书中加入少数民族文化的方式。提出均衡分配各少数民族的文化，不宜突出强调汉族文化中心的内容；在教科书中，也无须在每课或是每个单元中都加入每个少数民族的文化，而是将各族的文化进行统筹分配，在每个单元中出现三四个民族的内容；并且可以充分利用教科书的封面、扉页、封底等组成部分加入少数民族的相关内容等。② 以上方式为内地分配汉族与55个少数民族的内容提供了参考，提出对内地民族内容在小学社会科教科书中的分配原则。

费孝通先生提到中华民族多元一体格局存在着一个凝聚的核心，即汉族。汉族把周围的少数民族吸进这个核心，而且渗入其他民族的聚居区，构成起着凝聚和联系作用的网络。因此，今天我国内地的民族主题涉及汉民族与其他55个民族，内容分配的总原则是以汉族为主，并兼顾各族文化的共同发展。

（1）少数民族内容在小学社会科教科书中所占的比例不能以汉族与少数民族人口所占比例作为内容分配的基本依据，每一种文化都具有出现在教科书中的资质。在与陈枝烈教授及台湾教育研究院教科书研究中心的两位教授访谈时均谈到这个问题，他们都表示不能以人口作为依据。对我国内地而言，尽管汉族占据总人口数量的92%，但也只代表了汉族一种文化；而少数民族虽然只占人口数量的8%，但他们却代表了55种文化；台湾方面，14个少数民族就代表了14种文化。文化本身没有优劣之分，所以56种或是15种文化都具有出现在教科书中的资质。在教科书篇幅允许的前提下，应尽可能多地呈现不同民族的文化。

（2）教科书篇幅所限，只能主要呈现少数民族代表并以多样化的途径展现其他少数民族。各少数民族的文化不可能都出现在小学社会科教科书中。在与台湾教育研究院教科书研究中心的两位教授访谈时，均表

---

① 陈枝烈：《排湾族文化之田野研究及其对国小社会科课程设计之启示》，博士学位论文，台湾高雄师范大学，1994年，第83页。
② 同上书，第259页。

示:"不可能要求所有的少数民族都出现在教科书中,台湾14族还好安排,而大陆55个少数民族就不可能都出现,教科书的篇幅有限,只能是选择一些族作为代表出现在教科书中。"因此,尽管各个民族都有其独特的文化,也具有出现在教科书中的资质,但由于少数民族数量过多以及教科书篇幅有限,教科书中呈现的少数民族种类只能是其中的少数,而不可能要求所有的民族都出现。学生对于自己国内的各个少数民族都有了解与学习的必要,可以通过在教科书中提供其他少数民族内容的读物目录或相关线索,或是通过其他的辅助读物的方式来课后补充这方面的知识。

(3)另外,对选入教科书中的少数民族的文化要求是比较全面且有一定深度。一方面,所呈现的少数民族内容应能全面反映少数民族的文化,说明少数民族文化的主题与意义,而不只是提供少数民族的服饰与歌舞知识等。与陈枝烈教授访谈时,他表示应全面涉及少数民族的文化,比如其家族制度及其历史等;另一方面,要比较深入地呈现几个少数民族,让学生能从对几个民族的深入了解中更好地理解其文化,从而去接受与尊重少数民族的文化;并由对几个民族文化的深度了解,推及其他民族均是具有独特文化的,都是值得去学习与尊重的。

(4)在小学六年的教科书中,分散呈现少数民族的内容,而不是集中在某一册的某个单元中。在小学社会科教科书的每个单元对少数民族的文化都应有所涉及,而不只是集中出现在整六年教科书中的一两个单元中。主张少量的集中,主要以分散的方式渗透于六年教科书中的各个单元中。

(5)在小学社会科教科书的封面、封底、扉页的设计上要涉及一些少数民族的图片及相关内容;在教科书的"前言"、"给小朋友的话"、"给家长的话"或是"给老师的话"中适当提供一些有关少数民族的提示及问题以引起各方对少数民族的重视。

(二)国家(地区)内容的分配

国家(地区)主题涉及我国内地、香港地区、台湾地区与其他200多个国家。在教科书的内容安排中,根据费孝通先生民族自觉理论,要尊重文化的多元性和差异性,要自觉反思本民族文化;同时要自觉认识自身文化的优势和弱点,懂得发扬优势,克服弱点;还要自觉认识到我们今天是作为全球的一员而存在,不可能是封闭孤立的个体。因此提出国家(地区)内容的分配原则是:在全球视域的背景下,以我国文化为主,强调置身于多国文化之中来认识我国文化的优势与不足,突出我国文化在世界多元文化新秩序中不可或缺的重要地位,并平衡呈现各洲之间的国家(地方)文化,让学生了解世界的主要文化。

具体细则如下:

(1) 在教科书中,内容呈现以我国为主,置于全球大背景中呈现其丰富的文化,突出其文化的特色优势与不足。

(2) 均衡教科书中各洲国家的比例,确保六大洲均有典型代表国家的参与。全世界224个国家(地区)的文化不可能都出现在小学社会科教科书中。全球六个洲有国家,虽然地域的区分并不完全等同于文明的区分,但不同洲也在一定程度上代表了不同的文化或文明,因此六个洲都要出现其代表性的国家,以让学生由点到面地了解全球主要国家的文化及概貌。对于教科书中未能出现或是简单提及的国家,学生可以通过课外的方式来学习。

(3) 在小学六年的教科书中,分散呈现国家(地区)的内容,而不是集中在某一册的某个单元中。在小学社会科教科书的每个单元对国家(地区)的文化都应有所涉及,而不只是集中出现在整六年教科书中的一两个单元中。主张少量的集中,主要以分散的方式渗透于六年教科书中的各个单元中。

(4) 在小学社会科教科书的封面、封底、扉页的设计上要涉及一些国家(地区)的图片及相关内容;在教科书的"前言"、"给小朋友的话"、"给家长的话"或是"给老师的话"中适当提供一些有关外国(地区)的提示及问题以引起各方对外国文化的重视。

(三) 全球性主题的内容分配

当今世界全球性主题主要有环境、人口、贫穷、恐怖主义、毒品、艾滋病、战争与和平、国际性组织、烟草危害、过量饮酒等。这些主题内容的具体分配细则如下:

(1) 在小学社会科教科书中均应涉及以上10个主题。这10个主题是全球共同关注的重要内容,是世界性大事的典型代表,要求所有的学生对这些内容都有一程度的了解。

(2) 每个主题视其对全球的影响程度来决定各种主题的出现频率,并结合学生的生理与心理特点在各个年级合理选择安排相应的主题。如环境问题就是最典型的全球主题,一地一国的环境变化就会影响全球的环境变化,因此环境问题对于全球来说,就是一个牵一发而动全身的问题,就需要在每个年级出现，而且相对其他主题来说应该在教科书中占据较多的篇幅。另外，国际性组织在今天的国际社会中扮演越来越重要的角色，对于各国的学生来说，这也是认识全球社会的一个入口，这些内容在小学各年级就应分散出现。

四 维度内容分配标准

多元文化教育内容涉及文化、社会、经济、环境四维度，很难说清楚谁比谁更重要，四者在培养小学生的多元文化素养上均有其独特的作用。詹姆斯·林奇强调多样价值之间的平衡正是教育的支点，过于凸显某种价值，往往会导致学生素质的不均衡发展，从而可能增加种族间的不和谐。所以主张在小学社会科教科书中均衡分布四维度的内容。

多元文化教育内容涉及的四个维度均渗透了相互联系的概念，这有利于培养学生对世界相互依存特性的认识，及培养学生的跨文化素质。且每个维度均反映了需要学生掌握的多元文化教育方面的知识与技能。如文化维度，来自于人们的生活创造，不同民族、不同地域的人所创造的文化具有民族性、地域性的特点。文化深刻地影响人们的交往行为和交往方式，及实践活动和思维方式。文化将很大程度上决定一个人的民族认同感及国家认同感，也决定了一个人对异文化的理解与欣赏的态度。

另外，环境维度在 21 世纪显得尤为重要。在全球变暖的今天，人们担心海水上涨淹没了自己的家园，担心变化无常的极端天气影响健康甚至生命。一方面，国家经济在飞速发展，太空漫步的梦想也已实现；另一方面人们缺乏干净饮用水，呼吸不到清新的空气。经济的飞速发展很多时候正是以破坏人们最基本的生存环境为代价，这样下去，地球将不堪重负，人们也最终自己毁灭自己。对人类生死攸关的环境问题迫使我们去正视并解决它，因此环境维度的内容不可或缺。

总之，四个维度的知识都是作为一个全球化社会的公民应兼备的素养，这四者之间不能偏颇，其内容分布应总体呈平衡状态。让学生均衡地掌握多元文化教育的多方面内容，不能只是过于突出文化或环境维度而忽视经济维度等。

第四章　小学社会科课程标准多元文化教育内容比较

三地对课程标准的称谓有所不同，广州称为课程标准，台湾称为课程纲要，香港称为课程指引。另外三地的课程名称也不一样，香港称常识科，广州称品德与生活、品德与社会，台湾称生活、社会。在行文中为了表述的方便，以上两种指称分别统称为课程标准或是社会科。另外广州没有制定地区课程标准，采用的是教育部制定的课程标准，但为了三地比较的对称性，在此文中涉及国家教育部制定的课程标准均称为广州课程标准，即广州使用的课程标准。

首先对三地课程标准的制定及相关内容做一概述，以方便三地课程标准的比较；然后对三地小学社会科课程标准多元文化教育进行定量与定性比较。

第一节　三地小学社会科课程标准内容概述

三地在小学社会科课程标准的制定、涵括内容等方面有所不同，有必要做相关阐述以方便下一步的比较。

一　广州小学社会科课程标准概述

在内地有两套课程标准，一是由上海市教育委员会制定的，二是由教育部制定的。上海市教育委员会起草制定的上海市各科的课程标准，主要适用于上海市。上海小学社会科课程标准没有分阶段制定，统一是小学《品德与社会课程标准》，适用小学一年级至五年级（上海的小学学制是五年，不同于全国的其他地区）。由教育部制定的全日制义务教育小学社会科课程标准，于2002年出版，至今还未有新修订版公开发行。主要由两部分组成：一是小学一、二年级的《品德与生活课程标准》，二是小学三年级至六年级的《品德与社会课程标准》。教育部制定的课程标准适用于全国大部分地区,广州采用此课程标准。

《品德与生活课程标准》与幼儿园课程衔接,同时又为小学中高年级的品德与社会、科学以及综合实践活动等课程打下基础。其基本框架是三条轴线和四个方面。三条轴线是:儿童与自我;儿童与社会;儿童与自然。四个方面是:健康、安全地生活;愉快、积极地生活;负责任、有爱心地生活;动脑筋、有创意地生活[1]。

品德与社会课程是一门综合课程,家庭、学校、家乡(社区)、祖国、世界是孩子们生活的不同领域;社会环境、社会活动、社会关系等是存在于这些领域中的几个主要因素。儿童品德与社会性发展是在逐步扩大的生活领域中,通过与各种社会要素的交互作用而实现的。[2]

由上可知,广州的社会科是一门综合课程,强调以儿童的生活为基础,重视促进儿童的社会性发展。内容涵括了社会学科的人类学、社会学、心理学、经济学、政治学、历史学、地理学等主要领域以及自然学科的生物学、物理学、化学、数学、天文等相关领域。

二 香港小学社会科课程标准概述

香港此门课程的名称是常识,对应于内地的课程标准,他们称为课程指引。小学常识科课程指引是由课程发展议会编订,于2002年出版,建立在2000年11月发表的《学会学习》各学习领域及小学常识科咨询文件基础之上。其相关内容与示例会根据社会及世界的转变而做一些调整,因此这里分析的课程指引是2011年的最新版本。

现在香港的小学教育分为八个学习领域及两个学习阶段。八个学习领域分别是:中文(包括语文课及普通话课)、英文、数学、科学教育(包含在常识科内)、科技教育(包括常识科及资讯科技)、个人、社会及人文学科(包含在常识科内)、艺术(包括音乐及视觉艺术)、体育科。两个学习阶段分别是:第一学习阶段:由小一至小三;第二学习阶段:由小四至小六。

---

[1] 中华人民共和国教育部:《全日制义务教育品德与生活课程标准(实验稿)》,北京师范大学出版社2002年版,第4页。

[2] 同上书,第1—2页。

小学一年级至六年级对应一份课程指引,没有分阶段制定。常识科结合个人、社会及人文教育、科学教育与科技教育三个学习领域,是跨学习领域的一门课程。常识科的课程具备开放和灵活的课程架构,并订定明确的学习目标和学习重点,让学生透过六个学习范畴来建构学科知识、发展共通能力以及培养相关的态度和价值观,六个学习范畴分别是:健康与生活、人与环境、日常生活中的科学与科技、社会与公民、国民身份认同与中华文化、了解世界与认识资讯年代等。课程应均衡地涵盖六个学习范畴。学校应在国民身份认同与中华文化的学习范畴中,让学生学习中国历史和文化。①

三 台湾小学社会科课程标准概述

台湾此门课程称作生活课程(小学一、二年级)与社会课程(小学三年级至六年级),对应于大陆的课程标准,他们称为课程纲要。于1998年公布"教育阶段九年一贯课程总纲纲要",将中小学的所有学科依据相邻关系,整合为七大学习领域(语文、健康与体育、社会、艺术与人文、数学、自然与生活科技、综合活动),目的是使学生经过系统性的学习,获得完整而非零碎的知识。小学一、二年级是将社会、自然与生活科技、艺术与人文三大领域统整为"生活课程"。而小学社会科课程属于社会学习领域,从小学三年级开始设置。社会学习领域包含了六科,用九大主题轴把它们统整起来,九大主题轴包括:时间,人与空间,演化与不变,意义与价值,自我、人际与群己,权力、规则与人权,生产、分配与消费,科学、技术和社会,全球关联。台湾九年一贯课程总纲1998年颁布,学科纲要颁布于2003年,基本上是两年一次小修改。九年一贯课程纲要生活课程(2003年公布)经过六年的推行之后,略做调整,其新版本于2008年再度颁布。"中小学九年一贯社会领域课程纲要"已于2007年经由"中小学课程纲要社会学习领域研修小组"修订完成,经教育部审查小组审议通过,在2008年公布,于2011学年开始实施。

社会科课程内容涵盖了地理学、历史学、社会学、心理学、经济学、

---

① 香港课程发展议会编订:《小学常识科课程指引(小一至小六)》(http://www.edb.gov.hk/index.aspx? nodeID=2879&langno=2)。

政治学、法律学等社会科学的基本知识，并融入资讯、性别平等、生涯发展、环境、家政、人权等重大议题。①

第二节 三地课程标准课程目标部分多元文化教育内容分析

三地小学社会科课程标准的具体分析对象为：

（1）广州地区为 2011 年出版的《品德与生活》、《品德与社会》课程标准；

（2）香港地区为 2011 年修订的《小学常识科课程指引（小一至小六）》；

（3）台湾地区为 2008 年修订的"中小学九年一贯课程纲要生活课程"、2011 年修订的"中小学九年一贯课程纲要社会学习领域（小学阶段）"。

课程标准主要由前言、课程目标、内容标准、实施建议等组成。其中课程目标是最能反映多元文化教育政策的一个指标。因此单独抽取课程目标部分进行质性分析，以找出三地是否明确提出多元文化教育的目标。对课程标准的所有组成部分（附录除外）进行定量与定性的内容分析，以找出三地课程标准在多元文化教育层次、维度等方面的特点与异同。

广州小学社会科《品德与生活》课程标准的总目标是：培养具有良好品德和行为习惯、乐于探究、热爱生活的儿童。《品德与社会》课程标准的总目标是：旨在促进学生良好品德的形成和社会性发展，为学生认识社会、参与社会、适应社会，成为具有爱心、责任心、良好的行为习惯和个性品质的社会主义合格公民奠定基础。② 在上述文字中，只出现了"社会"维度，并没有明确出现多元文化教育用词。

香港小学常识科课程指引中的课程目标是：保持健康的个人发展，成为充满自信、理性和富有责任感的公民；认识自己在家庭和社会中所担当的角色及应履行的责任，并关注本身的福祉；培养对国民身份的认同感，

---

① 谢志豪主编：《社会》，翰林出版社 2006 年版，扉页。
② 中华人民共和国教育部：《全日制义务教育品德与社会课程标准（实验稿）》，北京师范大学出版社 2002 年版，第 5 页。

并致力贡献国家和世界;培养对自然及科技世界的兴趣和好奇心,了解科学与科技发展对社会的影响;关心及爱护周遭的环境。① 在上述文字中,出现了"国家"、"世界"、"环境"、"社会"等多元文化教育的层次与维度,但并没有明确出现多元文化教育用词。

台湾"中小学九年一贯课程纲要生活课程"的课程目标是:培养探索生活的兴趣与热忱,并具备主动学习的态度;学习探究生活的方法,并养成良好的做事习惯;觉知生活中人、我、物的特性,并了解彼此间的关系与其变化现象;察觉生活中存在多元文化与各种美的形式,并养成欣赏的习惯;察觉自己生活在各种相互依存的网络中,能尊重并关怀他人与环境。② 在上述文字中,出现了"环境"多元文化教育的维度,并明确提出"多元文化"的关键用词。

台湾"中小学九年一贯课程纲要社会学习领域"的课程目标是:了解本土与他区的环境与人文特征、差异性及面对的问题;了解人与社会、文化和生态环境之多元交互关系,以及环境保育和资源开发的重要性;充实社会科学之基本知识;培养对本土与国家的认同、关怀及世界观;培养民主素质、法治观念以及负责的态度;培养了解自我与自我实现的能力;发展批判思考、价值判断及解决问题的能力;培养社会参与、做理性决定以及实践的能力;培养表达、沟通以及合作的能力;培养探究的兴趣以及研究、创造和处理资讯的能力。③ 在上述文字中,多处出现"社会"、"文化"、"环境"、"国家"、"世界"等多元文化教育的层次与维度,并明确提出了"多元交互关系"的关键用词。

由以上对三地课程目标部分多元文化教育关键词语出现次数的分析,可以发现广州出现的多元文化教育的信息最少,香港会相对多一些;而且广州与香港均没有出现多元文化教育方面的关键用词;而台湾几乎呈现了多元文化教育的所有层次与维度,并在两个课程标准中都明确提出了多元文化教育的关键用词。这说明台湾极为明显地体现了多元文化教育的课程

---

① 课程发展议会编订:《小学常识科课程指引(小一至小六)》(http://www.edb.gov.hk/index.aspx?nodeID=2879&langno=2)。

② 《中小学九年一贯课程纲要生活课程》(http://www2.npue.edu.tw/teduc/music99/2.pdf)。

③ 《中小学九年一贯课程纲要社会学习领域》(http://teach.eje.edu.tw/9CC/fields/society-source.php)。

政策，这与台湾自80年代就开始倡导多元文化教育是分不开的，其多元文化教育开展了近30年，取得一定的成果，在教育政策层面有一定的反映，而且在学校实际教育中也得到一定程度的实施。

第三节 三地课程标准多元文化教育内容定量与定性比较

下面主要通过内容分析法，对三地小学社会科课程标准中所有内容（包括课程目标在内，附录除外）进行统计，再依据相关指标进行统计数据的分析，并结合课程标准的具体内容进行定量与定性分析以揭示其多元文化教育的内涵。

运用课程标准的内容分析类目统计表对三地小学社会科课程标准的内容进行统计，可得数据统计表4—1。

表4—1　　三地小学社会科课程标准多元文化教育内容统计数据

维度		广州 民族	广州 国家（地区）	广州 全球	香港 民族	香港 国家（地区）	香港 全球	台湾 民族	台湾 国家（地区）	台湾 全球
文化	语言交流	0	0	0	0	1	0	4	0	0
文化	服饰、风俗等	9	24	7	2	89	12	15	7	10
文化	跨文化交流	0	0	1	0	16	9	13	1	10
社会	人权	4	3	5	2	21	18	7	2	3
社会	责任	1	1	3	0	14	5	0	1	2
社会	公正	4	0	0	0	16	0	13	11	0
社会	社会普遍联系	1	0	2	0	9	6	14	0	6
经济	理性的消费与交易	4	0	0	3	6	0	2	0	2
经济	经济的相互依赖与作用	1	0	1	0	4	3	1	2	12
环境	环境的开发与保护	11	0	1	3	20	10	10	6	6
环境	生态的相互关系	3	0	1	17	7	9	4	0	9

下面对以上数据进行层次取向、维度取向的分析，并结合质性分析来

得出三地小学社会科课程标准的异同之处。

一 多元文化教育层次取向比较

下面对三地小学社会科课程标准多元文化教育层次价值取向进行数据比较分析。

从图4—1可以看出，广州与台湾课程标准的多元文化教育内容的数量以民族层次的多元文化教育居多，体现了课程标准民族取向的多元文化教育价值观。香港课程标准的多元文化教育以国家（地区）层次的多元文化教育居多，体现了课程标准国家（地区）取向的多元文化教育价值观。下面根据图4—1分别论述三地在三层次上所体现的多元文化教育的价值取向。

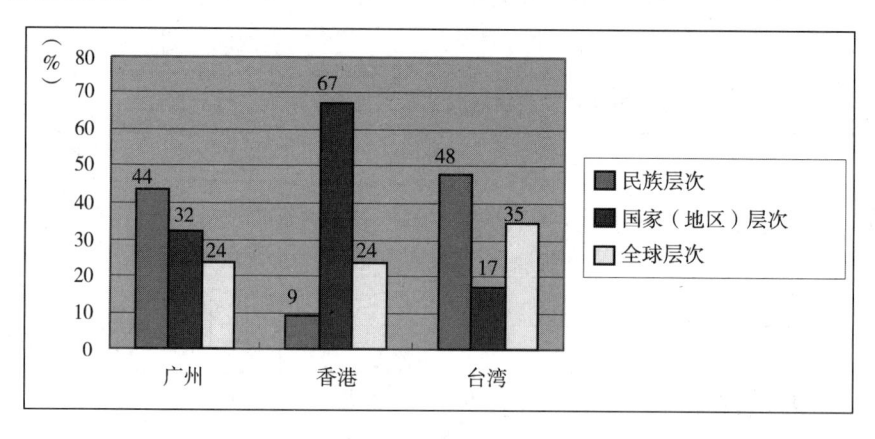

图4—1 三地小学社会科课程标准多元文化教育层次价值取向的比较

（一）广州：本民族取向的多元文化教育

在广州课程标准的三个层次内容中，还涉及汉族与少数民族的比例、国内（地区）与国外（地区）的比例、全球性事件的种类等问题。结合以下的定性分析，就可清楚地看到广州课程标准三个层次的内部比例分配情况。

明确提出少数民族的教育内容有两处（民族层次的统计总量是38处，少数民族所占比例为5%）：一是《品德与生活》课程标准（pp. 17—19）中，在实施建议的课程资源的开发与利用部分，明确从民族层次提出"学校要充分认识学校周围环境的价值，如少数民族地区的民族特色、风俗文化资源等"。二是《品德与社会》课程标准（p.14）的内容标准中，从民族层次明确提出"知道我国是一个统一的多民族国家。了解不同民族的生活习惯和风土人情，理解和尊重不同民族的文化，增进民族团结"。"选择、列举民族文化的实例（诸如传统节日、歌曲、民间传说、历史故事、服饰、建筑、饮食）"等。

明确提出外国的教育内容有三处（国家层次的统计总量是28处，外国所占比例为11%）：一是《品德与社会》课程标准（p.5），在课程目标部分从国家与全球层次出发提出："尊重不同国家和人民的文化差异，初步具有开放的国际意识。"二是《品德与社会》课程标准（p.6），在课程目标部分从国家层次出发提出："知道世界历史发展的一些重要知识和不同文化背景下人们的生活方式、风俗习惯。知道社会生活中不同群体、民族、国家之间和睦相处的重要意义。"三是《品德与社会》课程标准（p.15）在内容标准部分，从国家层次明确提出对待外国及地区不同文化的态度，"比较一些国家、地区、民族不同的生活习俗、传统节日、服饰、建筑、饮食等状况，了解多种文化的差异性和丰富性，对不同民族和不同文化的创造持尊重和欣赏的态度"。

全球层次涉及的内容主题集中在战争与和平、世界环境保护、国际性组织、毒品危害等方面，而贫穷、人口、恐怖性主题等在课程标准中均没有提及。在《品德与社会》课程标准（p.8）中，提出"知道吸毒是违法行为，远离毒品"；课程标准（p.13）中，提出和平与战争的全球性事件，如"知道近代以来列强对我国的侵略给我国人民带来的屈辱和危害……学唱抗日救亡歌曲"。课程标准（p.16）中如"体会和平的美好、战争给人类带来的苦难，热爱和平"。课程标准（p.16）中提到对国际组织的了解，如"知道我国所加入的一些国际组织，了解这些国际组织的作用"。关注世界环境问题，如"了解环境恶化、人口急剧增长、资源匮乏是当今世界面临的共同问题，理解人与自然、人与人和谐共存的重要，体会'人类只有一个地球'的含义"。

通过以上定量与定性的综合分析，可以看出广州课程标准中多元文化教育内容主要是从本民族（汉族）、本国（中国）出发的，涉及少数民族及外国的内容很少，而且全球性问题关注的类型较少。因此广州课程标准多元文化教育的价值取向是以本民族为主的，其次是以本国为主，全球取向的内容相对较少。

（二）香港：国家（地区）取向的多元文化教育

从图 4—1 可以看出，香港多元文化教育内容的数量以国家（地区）层次居多，其次是全球层次，再次是民族层次。

下面对三个层次所涉及的汉族与少数民族的比例、国内（地区）与国外（地区）的比例、全球性事件的种类等问题做进一步的分析，就可清楚地看到三个层次的内部比例分配情况。

在小学常识科的标准中，涉及汉民族以外的多元文化教育的内容较少，大约有 4 处（民族层次的统计总量是 27 处），约占民族层次总量的 15%，主要集中在社会与公民学习范畴，如"认识香港居民的多元背景"、"欣赏和尊重香港的多元文化"、"香港居民的多元背景（例如，职业、种族、宗教）"、"了解国家内不同文化背景人士的习俗"。这说明涉及香港地区内的少数民族内容较少。

在小学常识科的课程标准中，从国家（地区）层次明确提出外国的多元文化教育内容，所占篇幅较多，约有 61 处［国家（地区）层次的统计总量是 203 处］，约占国家（地区）层次总量的 30%。其中国民身份认同与中华文化学习范畴涉及较多外国的多元文化教育内容，如"观察及比较中国人与外国民族的异同"、"订定研习计划，找出更多有关国家的风俗、传统及文化特征的资料"、"我国人的特色及其与其他民族的异同（例如，肤色、面貌特征、语言、服饰、日常生活习惯）"。另一个了解世界与认识资讯年代的学习范畴也涉及较多外国的多元文化教育内容，更是从世界不同地方出发来学习与欣赏各国的文化特色，涉及很多的外国文化内容，如"认识世界不同地方的人民及文化，同时懂得欣赏他们的文化特色"、"了解我们的社区是由不同文化背景的人士所组成"、"知道不同文化背景人士的特征及不同文化群体人士的交往方式"①……这说明香港课程标准在国家（地区）层次上，较多地关注了外国的文化，没有局限于香港地区与我国内地。

在小学常识科的课程标准中，全球性事件主要关注了毒品危害、战争与和平、环境保护、国际性节日、人口、贫穷等方面，比较全面涉及全球性问题。

---

① 课程发展议会编订：《小学常识科课程指引（小一至小六）》（http：//www.edb.gov.hk/index.aspx?nodeID=2879&langno=2）。

通过以上的定性分析，可以知道香港小学常识科课程标准体现了以国家（地区）为主的多元文化教育的价值取向。不是以本国或香港地区作为其主要成分，外国（地区）的多元文化教育占据了较多的篇幅。其次是全球层次的价值取向，而且全球性事件比较全面。最后才是民族层次的价值取向。

由上分析可知，三地小学社会科课程标准在多元文化教育层次上表现出了不同的价值取向：广州与台湾体现了以民族为主的价值取向、香港体现了以国家（地区）为主的价值取向。香港因为历史的原因，一直对民族类别比较淡漠，所以其课程标准中也没有突出民族。而大陆与台湾分别拥有明确承认的 55 个与 14 个少数民族，在两地都很重视少数民族的教育，而且少数民族均享有一些特殊优惠政策。

（三）台湾：民族取向的多元文化教育

从图 4—1 可以看出，台湾多元文化教育内容的数量以民族层次居多，约占据总量的半数，然后是全球层次，最后是国家（地区）层次。

下面对三个层次所涉及的汉族与少数民族的比例、国内（地区）与国外（地区）的比例、全球性事件的种类等问题进行定性分析，以了解三个层次的内部构成。

在社会学习领域课程标准中，人与空间主题轴涉及汉民族以外的多元文化教育的内容较多，大约有 10 处；在生活课程纲要中，涉及汉民族以外的多元文化教育的内容，约 14 处。整个社会科课程标准中涉及的汉民族以外的多元文化教育的内容约有 24 处（民族层次的统计总量是 83 处），约占民族层次总量的 29%。如"描述居住地方的自然与人文特性"、"描述不同地方居民的生活方式"、"觉察聚落的形成在于适应人类聚居生活的需求"、"了解生活环境的地方差异，并能欣赏各地的不同特色"、"了解各地风俗民情的形成背景、传统的节令、礼俗的意义及其在生活中的重要性"等[1][2]。

在社会学习领域课程标准中，从国家层次明确提出外国多元文化教育的内容，所占篇幅较少，约有 4 处，[国家（地区）层次的统计总量是 30

---

[1]《中小学九年一贯课程纲要生活课程》（http://www2.npue.edu.tw/teduc/music99/2.pdf）。

[2]《中小学九年一贯课程纲要社会学习领域》（http://teach.eje.edu.tw/9CC/fields/society-source.php）。

处],约占国家(地区)层次总量的13%。如"分析国家的组成及其目的"、"探讨国际贸易与国家经济发展之关系"、"觉察并尊重不同文化间的歧异性"、"举例说明外来的文化、商品和资讯如何影响本地的文化和生活"。① 可见国家层次方面,主要体现的是我国及台湾地区的多元文化教育内容,外国的内容呈现较少。

在社会学习领域课程标准中,全球性事件主要关注了毒品危害、战争与和平、环境保护、国际性组织、人口、贫穷等方面,比较全面涉及全球性问题。

通过以上的定性分析,可以知道社会学习领域课程标准体现了以民族层次为主的多元文化教育的价值取向,少数民族内容占民族层次总量的29%,说明比较重视少数民族的多元文化教育内容。其次是全球层次的价值取向,涉及的全球性事件类型比较全面。最后是国家(地区)层次的价值取向,外国内容呈现较少,主要以我国(台湾地区)为主。

虽然广州与台湾课程标准中所呈现的都是民族为主的多元文化教育价值取向,但做细致区分时还是可以清晰地看到二者的差别。台湾课程标准中少数民族内容约占29%,而广州课程标准中少数民族内容仅占5%。这说明台湾课程标准中的原住民内容还是占据了较大的比例,而广州课程标准中的少数民族内容极少。

二 多元文化教育单一主题与交互主题比较

单一主题是指在民族、国家(地区)、全球每一层次中,只涉及某一层次的一个主题的内容,如民族层次里只是汉族的内容,或只是苗族的相关内容。所呈现的多元文化内容局限于一个民族内部、一个国家(地区)内部或是孤立对待全球性事件。

交互主题是指在民族、国家(地区)、全球每一层次中,涉及某一层次的多个主题的内容,且这些主题之间有着相互的联系或关系,如民族层次里汉族与藏族经济往来的内容、或汉族与维吾尔族文化交流的相关内容。具体来说,在民族、国家(地区)、全球三个层次中,都涉及文化、社会、经济与环境四个维度,每个维度都涉及交互主题。如文化维度涉及

---

① 《中小学九年一贯课程纲要社会学习领域》(http://teach.eje.edu.tw/9CC/fields/society-source.php)。

的交互主题有跨民族文化交流、跨国（地区）文化交流、全球性文化的多向交流等。涉及的多元文化内容注重民族与民族之间的往来、国家（地区）与国家（地区）之间的往来、全球性事件的全球关联等。

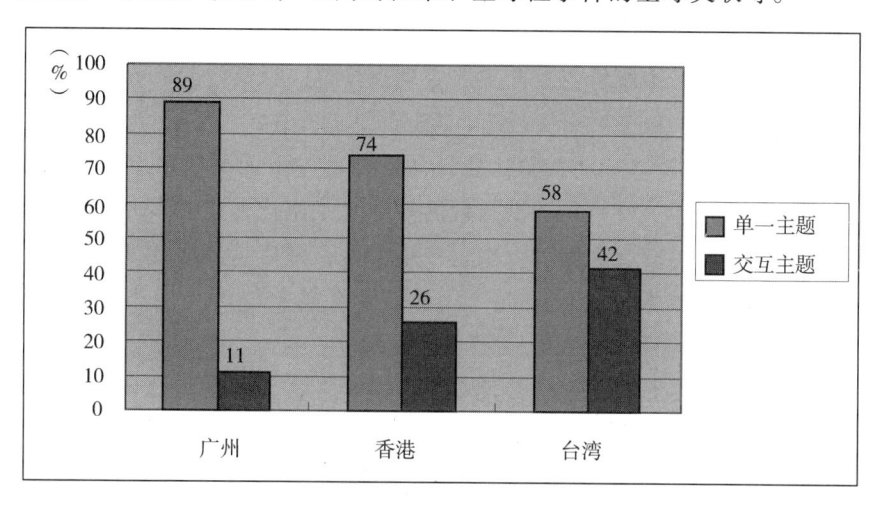

图4—2 三地小学社会科课程标准单一主题与交互主题比例

从图4—2可以看出，广州与香港以单一主题为主，交互主题所占比例分别是11%、26%，这说明两地各层次所体现出来的多元文化教育取向以关注民族内部、国家内部及孤立对待全球性问题为主，对于各民族间、国家间、全球性问题的相互关系与相互作用关注相对较少。而台湾交互主题的比例达到42%，接近总量的一半，说明单一主题与交互主题的分配基本均衡，这说明台湾小学课程标准的内容近一半注重民族间、国家间、全球性问题的相互关系与相互作用，所以其多元文化内容较强地体现了联系的观点。台湾交互主题的内容主要体现在民族与全球主题上〔其中民族、国家（地区）、全球三层次的交互主题的统计数据分别是：32：3：37〕。台湾课程标准反映出来的十分重视民族及全球性的密切交往，也正体现了台湾的社会现实。就民族相互往来而言，在近几十年中，无论是在政治地位、经济收入，还是受教育方面，台湾的原住民均受到了很大的关注。而且台湾经济比较发达，人们生活层次较高，再加上居住面积狭小，人口较少，民主选举政治的需要等，汉族都需要紧密团结原住民，所以汉族与原住民在课程标准中体现了较强的联系性。另外就全球联系而言，台湾由于地域面积狭小，致力于寻求对外发展，而且其开放的经济政策，发达的经济水平，使其能融入全球社会中，发生频繁的全球联系，这些均充分地反映在课程标准中。

三　多元文化教育维度价值取向比较

多元文化教育维度价值取向主要表现在文化、社会、经济及环境维度四方面。

由图4—3可知，三地小学社会科课程标准中多元文化教育维度价值取向特点十分趋近。广州、香港与台湾均体现了文化为主的多元文化教育价值取向，其次是社会维度，再次是环境维度，最后是经济维度；而且后三个维度的具体数据也比较接近，社会维度基本上是30%上下，环境维度基本上是20%上下，经济维度基本上是10%上下。

其中台湾在多元文化教育的四个维度上，其文化维度与社会维度的所占比例基本一致，其中文化维度比例为35%，社会维度比例为34%。

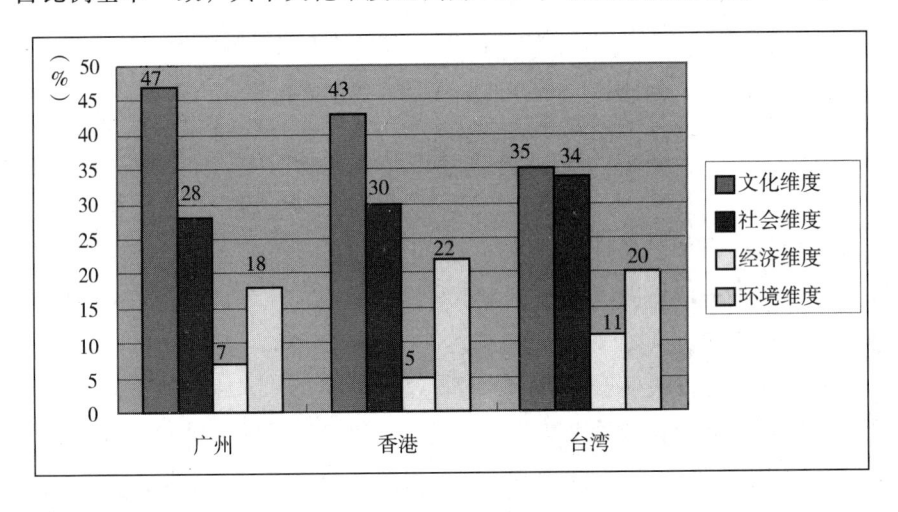

图4—3　三地小学社会科课程标准多元文化教育四维度价值取向比例

由以上分析可知，广州、香港与台湾小学社会科课程标准在多元文化教育内容的维度取向上均以文化维度为主。这是因为三地基于共同的中华民族传统文化，共同的地理、经济发展特点，自古以来的密切联系等，使得三地体现了以文化维度为主的价值取向，而且在其他三个维度上都体现出类似的发展特点。

第五章　小学社会科教科书多元文化教育内容的比较

本章对三地小学社会科教科书的多元文化教育内容进行数量的统计与比较分析，以发现三地教科书在主题类目与主角类目上的异同点。同时也进行定性分析，主要检验其是否存在多元文化教育的缺失现象，如消失不见、语言偏见、刻板印象、选择与失衡等。在综合定量与定性分析的基础上，归纳出三地小学社会科教科书多元文化教育内容的共同点及特色。

第一节　小学社会科教科书多元文化教育内容的定量比较

本书运用第三章研究设计的三地主题类目表与主角类目表，具体包括三地民族、国家（地区）、全球层次的主题类目统计表，广州、香港的民族主角类目统计表，台湾的民族主角类目统计表，三地国家（地区）主角类目统计表，三地全球主角类目统计表。

以下的定量比较分析分为两大部分：第一部分是三地主题类目表的比较；第二部分是三地主角类目表的比较。

一　三地教科书主题类目的比较

在三地教科书主题类目分析中，比较的四个方面分别是三地民族、国家（地区）、全球层次的比较，三地文化、社会、经济、环境四维度的比较，三地交互主题的比较以及三地年级比较。

（一）三地教科书民族、国家（地区）、全球层次的比较

对三地的民族层次主题类目统计表、国家（地区）层次主题类目统计表及全球主题类目统计表，共九个数据表（见附录4）分别累积汇总，并做百分比运算，就可得到表5—1、图5—1。

表 5—1　　　三地小学社会科多元文化教育内容层次比较　　　单位：个、%

层次 地区	民族 数量	民族 百分比	国家（地区）数量	国家（地区）百分比	全球 数量	全球 百分比
广州	1144	38	1278	42	604	20
香港	585	24	1301	53	564	23
台湾	937	50	437	23	498	27

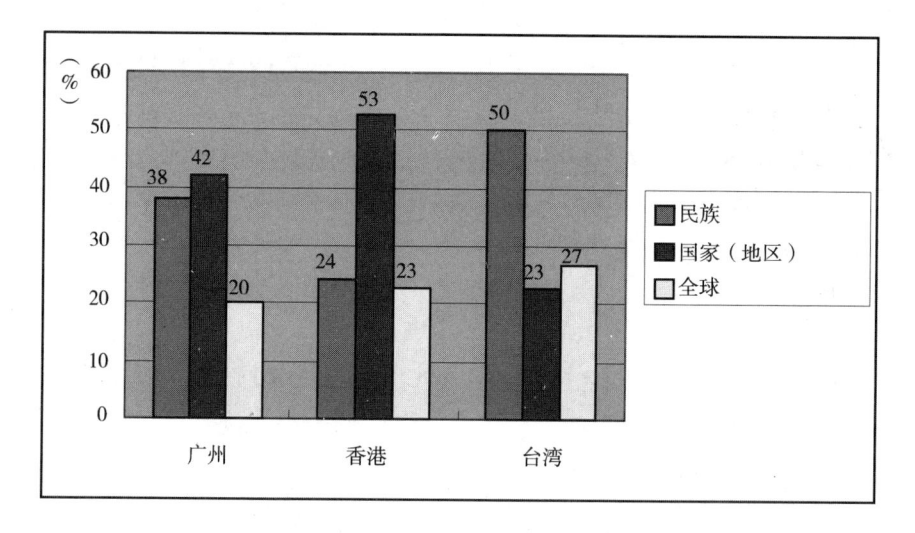

图 5—1　三地小学社会科多元文化教育内容层次比较

从图 5—1 可以看出，三地小学社会科教科书的多元文化教育内容在层次上有较大不同，且其分配比例很不均衡。

三地小学社会科多元文化教育内容三层次的不同点是三地的层次取向不一致，具体如下：广州主要以国家（地区）与民族层次为主，二者比例基本趋于一致，分别是 42%、38%；香港主要以国家（地区）层次为主，国家（地区）层次超过总量的一半，达到 53%；台湾主要以民族层次为主，民族层次占到总量的 50%。

三地小学社会科多元文化教育内容三层次的相同点有两个方面：一是每个地区的三层次分布都不均衡，层次不一致；二是三地的全球层次所占比例较接近，穗、港、台分别是 20%、23%、27%。

三地小学社会科教科书多元文化教育内容在层次上体现出来的价值取

向，与三地小学社会科课程标准在多元文化教育层次上体现出来的价值取向趋于一致，符合课程标准的要求。广州与台湾以民族层次为主是由于广州与台湾地区具有多种类的少数民族，而且在历史上政府就重视汉族与各少数民族之间的交往与融合；香港的民族层次内容比例较低，主要突出的是国家（地区）层次，这是因为香港在长达150多年英国殖民统治期间，统治当局有意或无意地淡化和抹杀民族问题，没有或很少提民族这一概念，因此在课程标准与教科书中都没有突出民族层次的内容。

（二）三地教科书交互主题的比较

主要从三个方面进行比较：一是三地交互主题内容总量的比较；二是三地交互主题的层次细目比较；三是三地交互主题的维度细目比较。

1. 三地交互主题内容总量的比较

对每个地区的民族层次主题类目统计表、国家（地区）层次主题类目统计表及全球主题类目统计表按文化维度的跨文化交流、社会维度的社会相互依存、经济维度的相互依赖、环境维度的相互依存细目进行汇总得到一个交互主题维度总量数据，然后与每个地区的三层次的类目总量做百分比运算，就可得到表5—2、图5—2。

表5—2　　　三地小学社会科教科书多元文化教育交互主题内容总量比较

单位：个、%

地区\维度	四维度总量	交互主题维度总量	百分比
广州	3026	301	10
香港	2450	300	12
台湾	1908	279	15

从图5—2可以看出，穗、港、台三地小学社会科教科书多元文化教育交互主题内容的比例依次是10%、12%、15%，可见台湾地区的交互主题内容所占比例最高。

在小学社会科课程标准中，广州与香港的多元文化教育内容以单一主题为主，交互主题内容比例较低；台湾交互主题所占比例接近总量的1/2。在小学社会科教科书中，也以台湾地区的交互主题多元文化教育内容比例为最高，与课程标准反映出的三地特点基本一致。

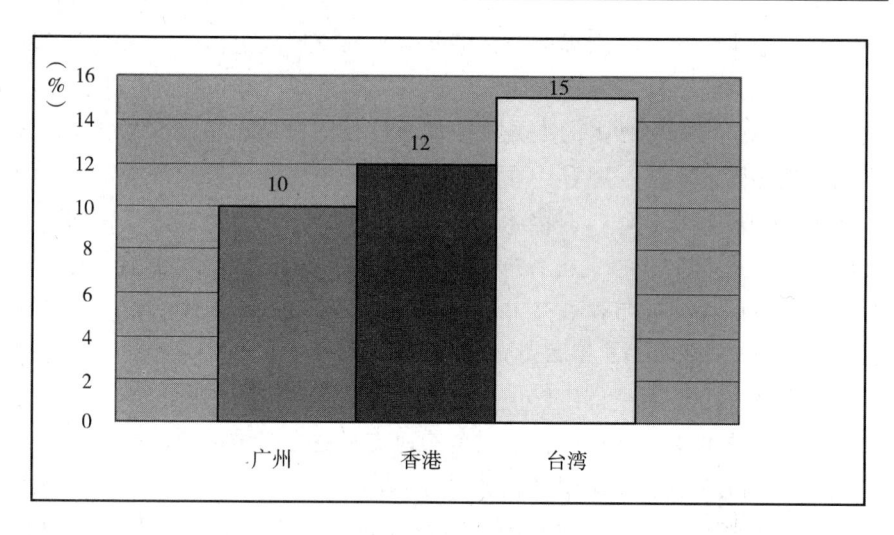

图 5—2　三地小学社会科教科书多元文化教育交互主题内容总量比较

2. 三地交互主题内容总量的层次细目比较

在每一个维度的细目中，都有一个细目的内容属于交互主题的内容，即是文化维度的跨文化交流、社会维度的社会相互依存、经济维度的相互依赖、环境维度的相互关系。对三地的民族层次主题类目统计表、国家（地区）层次主题类目统计表及全球主题类目统计表汇总文化维度的跨文化交流、社会维度的社会相互依存、经济维度的相互依赖、环境维度的相互关系细目，可得到跨民族、跨国家、全球关联的数据，分别与三地的民族层次总量、国家（地区）层次总量、全球层次总量对应进行百分比运算即可得到表 5—3、图 5—3。

表 5—3　三地小学社会科教科书多元文化教育内容交互主题层次统计

单位：个、%

交互主题 地区	跨民族		跨国家（地区）		全球关联	
	数量	百分比	数量	百分比	数量	百分比
广州	51	4	179	14	50	8
香港	30	5	95	7	175	31
台湾	54	6	73	17	152	31

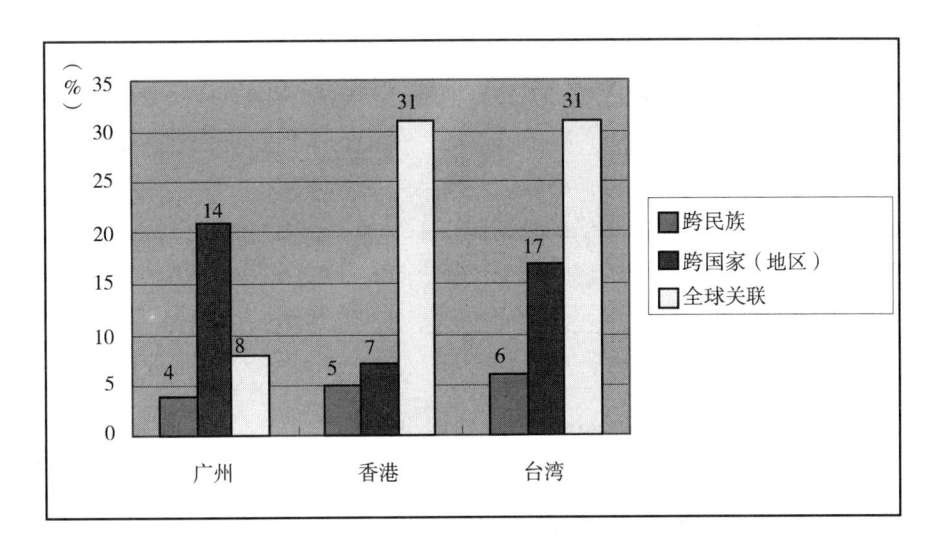

图 5—3　三地小学社会科教科书多元文化教育交互主题层次比较

从图 5—3 可以看出，三地的多元文化教育内容均是以单一主题为主，其中最高的交互主题所占比例的数据是 31%，说明至少有 69% 的内容是单一主题，即呈现的多元文化教育内容绝大部分是某一民族内部、某一国家（地区）内部及缺乏关联的全球性事件。

其中三地的跨民族内容最少，最高的不超过 6%；其次是跨国家层次，最高的是 17%；最多的是全球关联的内容，其中港台均是 31%。其中广州的跨民族、全球关联层次均是最低。港台的全球关联内容较多，说明两地很重视培养学生的全球素养，这也与两地经济发展的全球化程度很深有关；对广州而言，其经济发展的全球化程度要比港台低一些，体现在教科书中对学生全球素养的重视程度也要低一些。

3. 三地交互主题的维度细目比较

对每个地区的民族层次主题类目统计表、国家（地区）层次主题类目统计表及全球主题类目统计表按文化维度的跨文化交流、社会维度的社会相互依存、经济维度的相互依赖、环境维度的相互关系细目分别进行汇总，并分别与每个地区的三层次的类目总量做百分比运算，就可得到表 5—4、图 5—4。

表 5—4 小学社会科教科书交互主题多元文化教育的维度细目比较 单位：个、%

交互主题 地区	跨文化交流		社会相互依存		经济的依赖		生态的依赖	
	数量	百分比	数量	百分比	数量	百分比	数量	百分比
广州	150	50	21	7	80	27	29	10
香港	75	25	18	6	78	26	129	43
台湾	76	27	40	14	74	27	89	32

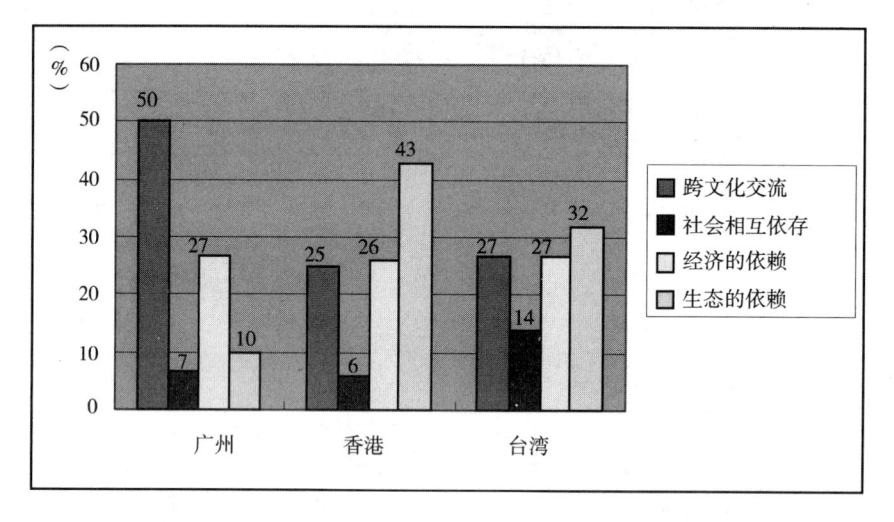

图 5—4 小学社会科教科书多元文化教育的交互主题维度比较

从图 5—4 可以看出，三地小学社会科教科书的多元文化教育内容在交互主题维度上有较大不同，且其分配比例很不均衡。

三地小学社会科教科书多元文化教育内容在交互主题上的不同点是三地交互主题取向不一致，具体如下：广州主要以跨文化交流为主，所占比例是 50%，突出文化维度之间的交互主题取向；香港、台湾主要以生态的依赖为主，所占比例分别是 43%、32%，突出环境维度的交互主题取向。

相同点有两个方面：一是每个地区的经济依赖所占比例基本趋于一致，所占比例依次是 27%、26%、27%，说明三地在经济维度方面的交互主题取向给予了同等的关注。二是三地的社会相互依存所占比例均为最低，所占比例依次是 7%、6%、14%，说明三地都在多元文化教育的社会相互依存方面给予的关注最少。

（三）三地教科书多元文化教育内容维度比较

对每个地区的民族主题类目统计表、国家（地区）主题类目统计表及全球主题类目统计表按文化维度、社会维度、经济维度、环境维度分别进行汇总，并做百分比运算，就可得到表5—5、图5—5。

表5—5　三地小学社会科教科书多元文化教育内容维度比较　　单位：个、%

维度 地区	文化 数量	文化 百分比	社会 数量	社会 百分比	经济 数量	经济 百分比	环境 数量	环境 百分比
广州	1039	34	1096	36	382	13	509	17
香港	937	38	476	19	211	9	826	34
台湾	679	36	424	22	178	9	627	33

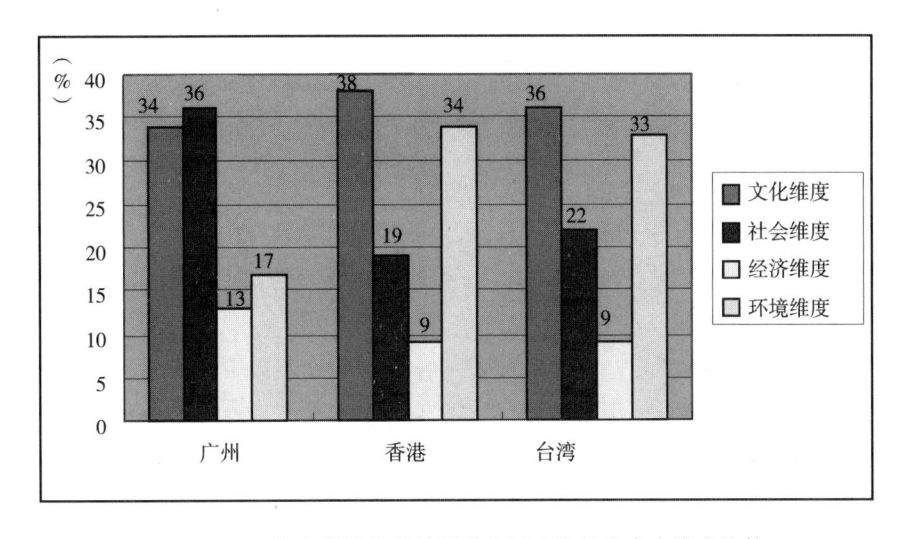

图5—5　三地小学社会科教科书多元文化教育内容维度比较

从图5—5可以看出，三地小学社会科教科书的多元文化教育内容在维度上有较大不同，且分配比例很不均衡。

三地小学社会科多元文化教育内容维度的不同点是三地的环境维度比例不一致，具体如下：香港、台湾重视多元文化教育的环境维度方面，两地比例接近，分别是34%、33%，而广州所占比例仅为17%。

三地小学社会科多元文化教育内容维度的相同点有两个方面：一是每

个地区的文化维度均占据了较高的比例,且数据接近,穗、港、台分别是34%、38%、36%,说明三地都重视多元文化教育的文化维度方面,并给予相近的重视。二是三地的经济维度均占据了最低的比例,且数据接近,穗、港、台分别是13%、9%、9%,说明三地都在多元文化教育的经济方面给予的关注最少。

三地小学社会科课程标准在多元文化教育维度价值取向上的特点是:三地以文化维度为主,其次是社会维度,再次是环境维度,最后是经济维度。这说明三地小学社会科教科书在多元文化教育维度价值取向上的特点与三地课程标准所表现的特点基本一致,符合课程标准的要求。三地均以文化维度为主,这说明三地基于共同的经济、地理环境等方面的特点,均重视培养学生的文化素养,具体包括了解各种文化中的风俗、祭祀、服饰、宗教等方面的知识,使用母语、民族语、外语的能力,跨文化交流能力等;也重视培养学生的责任与公正意识等。

另外,香港、台湾也比较重视多元文化教育的环境维度方面,比例达到30%以上,而广州比例为17%,明显低于港台地区。这是因为目前香港与台湾地区经济发展层次暂高于广州,港台由开始以环境为代价换取经济高速发展已经转换到重视经济的可持续发展,重视有节制地开发资源,保护环境,关注人与环境之间的和谐共处。而广州的经济发展正在由以环境为代价换取经济发展向可持续经济发展转变的过程中,人们观念的转变还需要较长的时间。

(四)三地教科书多元文化教育各层次总量的年级比较

分别统计每个地区的民族主题类目统计表、国家(地区)主题类目统计表及全球主题类目统计表中每个年级的数据总量,然后与从一年级到六年级进行累加的数据总量进行百分比运算,就可以得到表5—6、图5—6。

表5—6 三地小学社会科教科书多元文化教育总量的年级比较 单位:个、%

年级 地区	一年级 数量	一年级 百分比	二年级 数量	二年级 百分比	三年级 数量	三年级 百分比	四年级 数量	四年级 百分比	五年级 数量	五年级 百分比	六年级 数量	六年级 百分比
广州	328	11	347	11	371	12	366	12	727	24	887	29
香港	232	9	185	8	752	31	366	15	368	15	547	22
台湾	127	7	242	13	297	16	302	16	408	21	532	28

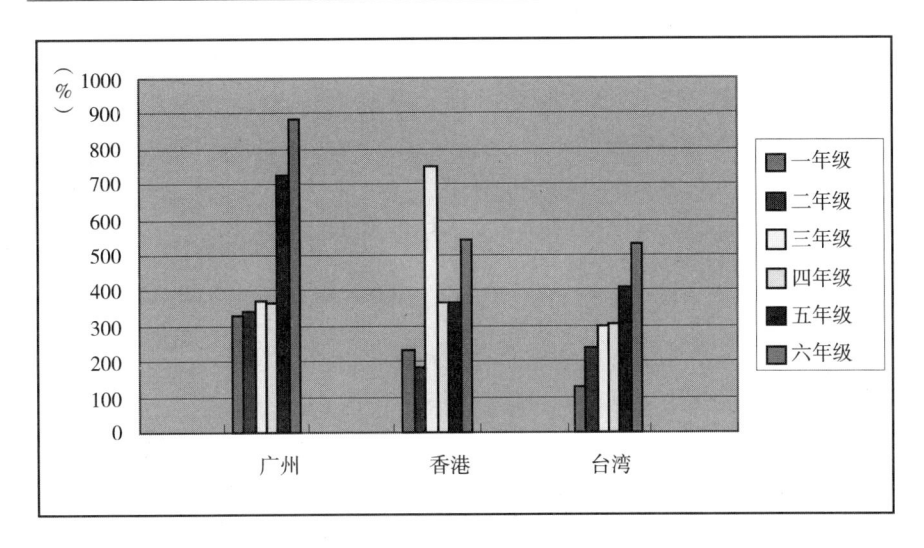

图 5—6　三地小学社会科教科书多元文化教育总量的年级比较

从图 5—6 可以看出，三地各年级的总量分布趋势很不一样。广州地区的多元文化教育内容主要集中在五、六年级，一年级至四年级所占的总量较少。香港地区的多元文化教育内容主要集中于三年级与六年级，其余年级之间的总量相对较少。台湾地区的多元文化教育内容随着年级的升高，其内容总量呈逐步上升趋势。

三地小学社会科多元文化教育内容在年级安排分配上的共同点是：三地的多元文化教育内容均以六年级较多，其余各年级不等。

不同点是：三地小学社会科多元文化教育内容在年级安排的分配上特点各不相同，其中台湾小学社会科多元文化教育内容体现出来的特点比较符合小学生的特点，既没有集中在高年级，也没有忽略低年级。而广州与香港小学社会科多元文化教育内容高度集中在某几个年级，两极分化严重，不利于小学生的学习。

二　三地教科书主角类目的比较

主要对三地的民族主角类目统计表、国家（地区）主角类目统计表及全球主角类目统计表进行相关运算，共九个数据表（见附录表5），以进行三地民族主角类目、国家（地区）主角类目、全球主角类目及三地年级的类目比较。

（一）三地教科书民族主角类目的比较

三地民族主角类目的比较主要从三个方面来进行：一是汉族与少数民族所占比例比较；二是三地民族数量前十名比较；三是各年级中少数民族的分布比较。因各年级的汉族数量差别不大，所以没有对每年级的汉族数量进行比较；而各年级出现的各少数民族的数量相差较大，所以对每年级的少数民族数量进行比较以发现三地的异同点。

1. 汉族与少数民族所占比例比较

分别统计三个地区的民族主角类目数据，计算出汉族与少数民族的数量，然后进行百分比运算，就可以得到表5—7、图5—7。

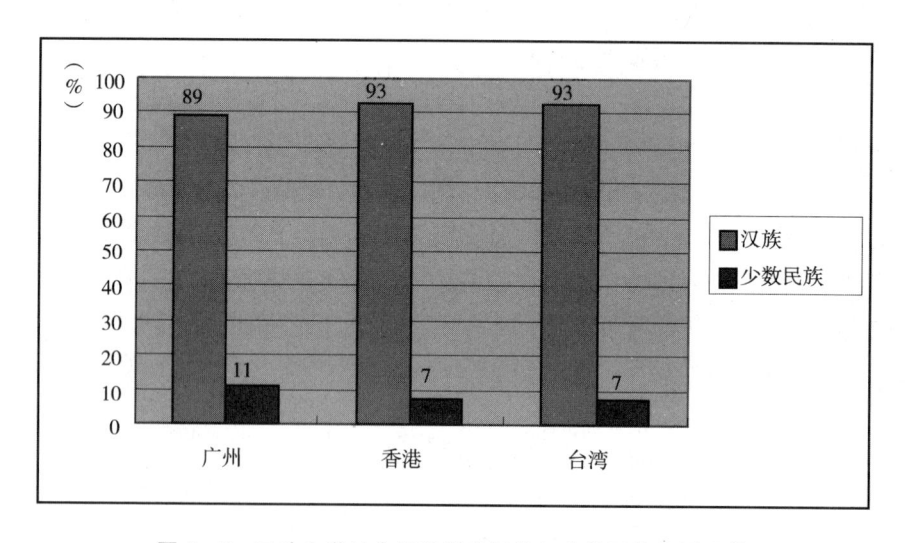

表5—7　三地小学社会科教科书汉族与少数民族总量比较　　单位：个、%

地区＼民族	汉族 数量	汉族 百分比	少数民族 数量	少数民族 百分比
广州	2241	89	288	11
香港	1777	93	137	7
台湾	1462	93	105	7

图5—7　三地小学社会科教科书汉族与少数民族总量比较

由图5—7可以清楚地看到三地少数民族所占比例最高为广州，比例为11%，香港、台湾一样，比例均为7%。这说明广州地区所使用的教科书中少数民族方面的内容最多,能提供学生更多关于少数民族方面的知识以及与少数民族交流的技能。

2. 三地民族数量前十名比较

分别统计三个地区的民族主角类目表中各民族的数量,然后进行排序,列出前十位的民族,即可以得到表5—8。

表5—8　　三地小学社会科教科书中前十位的民族比较　　单位:个、%

排名\地区	广州 民族	数量	百分比	香港 民族	数量	百分比	台湾 民族	数量	百分比
1	汉族	2241	88.6	汉族	1777	92.8	汉族	1462	93.3
2	维吾尔族	40	1.6	满族	39	2.0	泰雅族	14	0.9
3	藏族	31	1.2	蒙古族	18	0.9	排湾族	11	0.7
4	回族	14	0.6	回族	11	0.6	阿美族	10	0.6
5	蒙古族	13	0.5	藏族	6	0.3	回族	9	0.6
6	黎族	11	0.4	壮族	3	0.2	布农族	9	0.6
7	朝鲜族	9	0.4	彝族	3	0.2	达悟族	7	0.4
8	傣族	9	0.4	傣族	3	0.2	邹族	6	0.4
9	满族	8	0.3	侗族	2	0.1	鲁凯族	5	0.3
10	壮族	6	0.2	瑶族	2	0.1	赛夏族	5	0.3

从表5—8中可以看到广州与香港地区排名前十的民族,除了汉族外,主要有藏族、回族、蒙古族、壮族、满族,均是在少数民族人口中数量较多的民族,也是为汉族比较熟悉的民族。而其他的人口数量较少的民族出现较少,也不为汉族所熟悉。台湾地区排在前面的民族,除了汉族外,主要有泰雅族、排湾族、阿美族,均是少数民族人口中数量较多的民族;另外除了本土的少数民族外,还有回族的出现,也占据了一定的比例。可见三地排名前十的民族,基本是以民族人口数量的多少来进行选择的。

3. 各年级中少数民族的分布比较

统计各年级中少数民族的总量,再计算其在各个年级总量中所占比例，即可得到表 5—9、图 5—8。

表 5—9　　三地小学社会科教科书少数民族数量年级分布　　单位：个、%

年级 地区	一年级数量	一年级百分比	二年级数量	二年级百分比	三年级数量	三年级百分比	四年级数量	四年级百分比	五年级数量	五年级百分比	六年级数量	六年级百分比
广州	44	15	4	1	2	1	93	32	138	48	8	3
香港	4	3	93	68	6	4	9	7	20	15	4	3
台湾	0	0	4	4	18	17	27	26	52	50	4	4

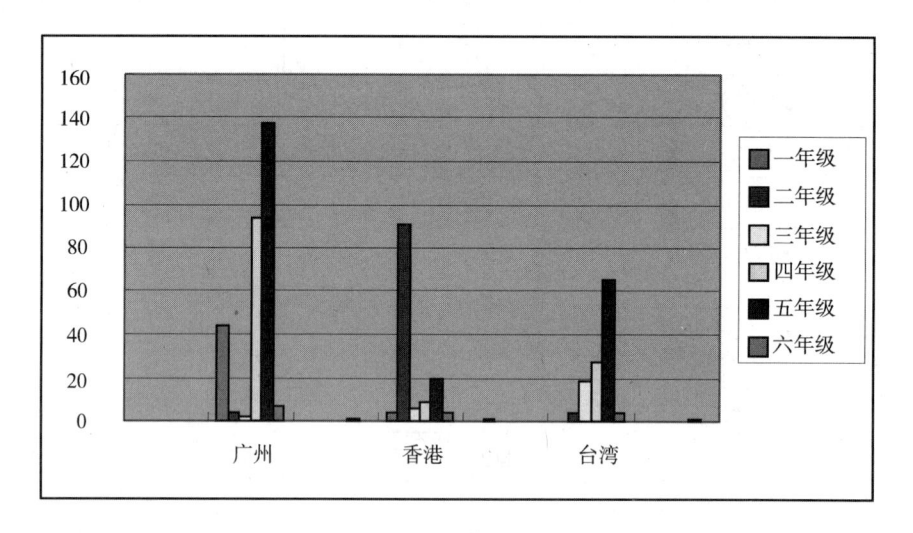

图 5—8　三地小学社会科教科书少数民族数量年级分布

从图 5—8 可以看出，三地各年级的少数民族数量分布趋势很不一样，也都很不均衡。广州地区的少数民族主要集中在一年级、四年级、五年级，二年级、三年级、六年级的少数民族内容较少。香港地区的少数民族主要集中在二年级，其余年级之间的少数民族数量较少。台湾地区的少数民族内容主要集中在五年级，一年级、二年级、六年级的少数民族内容较少。

少数民族内容在三地小学社会科教科书中所占的篇幅是 7%—11%，在内容总量中比例较低，但已接近或高于其人口比例。其中出现次数较多的少数民族即是选择出来的代表，是人口数量较多且与汉族接触较多的民族，这是比较合理的。而少数民族在各年级的分布很不均衡，不利于小学生从一年级起就逐渐学习与接受少数民族的文化。

（二）三地教科书国家（地区）主角类目的比较

三地国家（地区）主角类目的比较主要从五个方面来进行：一是三地出现的国家个数比较；二是三地中国与外国（地区）所占比例的比较；三是三地国家（地区）数量前十名的比较；四是三地各洲国家总量的比较；五是各年级外国（地区）的分布比较。因各年级的中国数量出现差别不大，所以没有对每个年级的中国数量进行比较；而各年级出现的外国（地区）数量相差较大，所以对每年级的外国（地区）数量进行比较以发现三地的异同点。

1. 三地出现的国家个数比较

分别统计三地出现的国家个数，并与三地出现的国家个数的累积总数进行百分比运算，就可以得到表5—10、图5—9。

表5—10　　　　三地小学社会科教科书国家个数比较　　　　单位：个、%

地区 \ 国家数量	国家个数	百分比
广州	102	45
香港	91	40
台湾	33	15

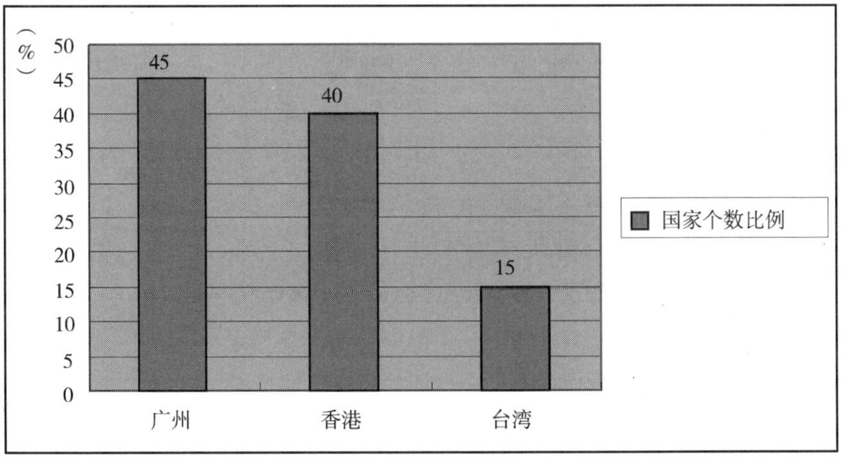

图5—9　三地小学社会科教科书国家个数比较

由图 5—9 可知，广州地区小学社会科教科书中出现的国家数量最多，有 102 个国家出现；香港地区小学社会科教科书中出现的国家数量其次，有 91 个国家出现；台湾地区小学社会科教科书中出现的国家数量最少，只有 33 个。

对于小学生来说，在教科书中呈现的国家数量越多，学生所能了解的国家数目就会相应地增加。因此广州地区的小学社会科教科书在这一方面有明显的优势，能够更好地帮助学生了解世界上更多的国家。

2. 三地中国与外国（地区）所占比例的比较

分别统计三个地区的国家主角类目表，计算出中国与外国（地区）的数量，然后进行百分比运算，就可以得到表 5—11、图 5—10。

表 5—11　三地小学社会科教科书内容中国与外国(地区)数量比较　单位：个、%

地区 \ 国家	中国 数量	中国 百分比	外国 数量	外国 百分比
广州	2324	85	425	15
香港	1547	81	353	19
台湾	1858	87	285	13

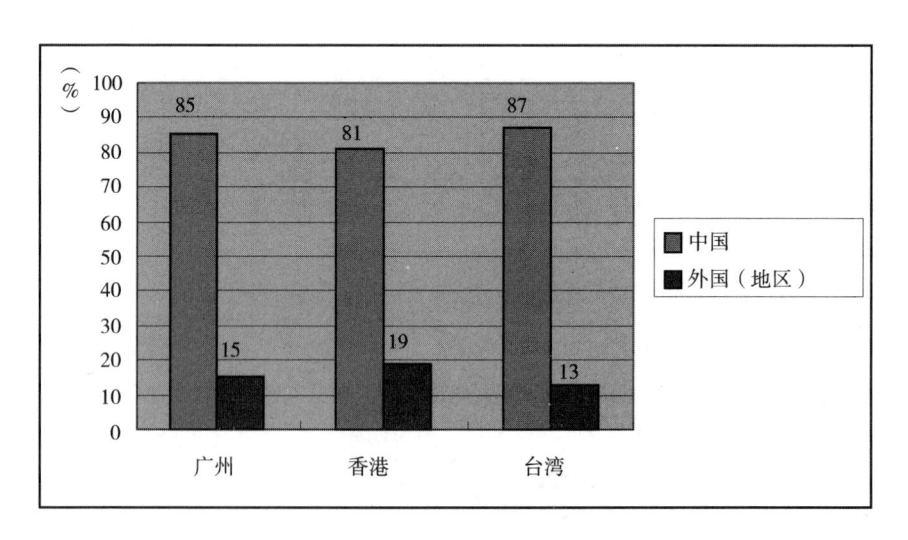

图 5—10　三地小学社会科教科书中国与外国（地区）数量比较

由图 5—10 可知，三地的外国（地区）数量的不同之处即是三地的外国数量有一定的差别,从高到低依次是广州、香港、台湾,说明广州小学社会科教科书中出现的外国(地区)最多。

三地的中外数量的共同之处,即是中外的比例差不多,上下相差很小,由穗、港、台三地外国(地区)所占比例可以看出来,依次为15%、19%、13%。

3. 三地国家(地区)数量前十名的比较

分别统计三个地区的国家(地区)主角类目表,对各个国家(地区)的统计数量进行排序,就可以得到表5—12。

表5—12　　三地小学社会科中排前十位的国家(地区)比较　　单位:个、%

排名\地区	广州 国家(地区)	数量	百分比	香港 国家(地区)	数量	百分比	台湾 国家(地区)	数量	百分比
1	中国	2324	84.5	中国(香港)*	1547	81.4	中国(台湾)**	1858	86.7
2	日本	86	3.1	英国	74	3.9	日本	109	5.1
3	美国	41	1.5	日本	54	2.8	荷兰	28	1.3
4	德国	28	1.0	美国	40	2.1	希腊	18	0.8
5	英国	22	0.8	印度	19	1	印度	13	0.6
6	俄罗斯	22	0.8	意大利	12	0.6	加拿大	13	0.6
7	加拿大	17	0.6	泰国	11	0.6	英国	10	0.5
8	澳大利亚	13	0.5	澳大利亚	8	0.4	西班牙	10	0.5
9	印度	12	0.4	韩国	7	0.4	埃及	10	0.5
10	法国	12	0.4	法国	7	0.4	美国	9	0.4

注:* 中国(香港),是指包含香港地区在内的数据,即是把香港与内地统计在一起,没有对香港做单独统计。

** 中国(台湾),是指包含台湾地区在内的数据,即是把台湾与我国大陆统计在一起,没有对台湾做单独统计。

由表5—12可以看出,三地小学社会科教科书中排名前十的国家,除了我国外,主要有日本、美国、英国、荷兰等。

除我国外,三地小学社会科教科书中排前十位的国家共同点如下:三个地区排名第一或第二的国家均是对三地有过伤害或是政治上影响最大的国家，如广州的日本、香港的英国、台湾的日本与荷兰。广州地区把日本列在第一位，是因为在历史上日本侵略过我国并且带来的伤害罄竹难书。我国长达八年的抗日战争，给人们带来了巨大的痛苦，伤害甚至延续至今，这段历史在我国教科书上是要得以彰显的内容，让中国人不忘记教训，以免重蹈覆辙。香港地区把英国列在第一位，是因为英国对香港长达150多年的殖民统治，无论现在香港人如何评论英国的功过，但英国的殖民统治已在香港人身上打下了深深的烙印，这是短期内无论如何都抹不去的印记。而台湾把日本列在第一位，出于与香港同样的原因。台湾自甲午中日战争失败，即被清廷割让给日本，至抗日战争胜利才得以光复，殖民岁月长达半个世纪之久。台湾把荷兰列在第二位，也是因为荷兰曾是台湾的殖民国。台湾荷兰统治时期为1624—1662年，当时荷兰人为汉族人建立了适合移居的环境，汉族人则提供了经济发展所需的劳动力，因此当时的荷兰统治对台湾经济的发展起到了一定的促进作用。

除我国外，三地后面的排名国家比较靠前的都不太一致，差别较大。比如美国在穗、港、台三地的排名依次是第二、第三、第九；比如印度在穗、港、台三地的排名依次是第八、第四、第四。而对于一些大国比如俄罗斯，在广州排名第五，而在另两个地区的前十中根本没有出现。所以这些排序主要是依据国家（地区）与外国（地区）各种政治、经济等相关联的疏密而有很大的不同。

4. 三地小学社会科教科书中各洲国家总量及个数的比较

分别统计三个地区各洲的国家总量，就可得到表5—13。

表5—13　　　　三地小学社会科教科书中各洲国家总量比较　　　单位：个、%

排名	广州			香港			台湾		
	洲	数量	百分比	洲	数量	百分比	洲	数量	百分比
1	亚洲	2471	89.9	亚洲	1666	87.7	亚洲	2013	93.9
2	欧洲	128	4.7	欧洲	121	6.4	欧洲	98	4.6
3	北美洲	58	2.1	北美洲	41	2.2	非洲	12	0.6
4	非洲	17	0.6	非洲	11	0.6	北美洲	9	0.4
5	大洋洲	14	0.5	大洋洲	8	0.4	大洋洲	1	0.0
6	南美洲	10	0.4	南美洲	5	0.3	南美洲	0	0
7	无法识别	51	1.9	无法识别	48	2.5	无法识别	10	0.5

由表 5—13 可知，三地小学社会科教科书中各洲国家总量呈现出基本一致的趋势，数量由高到低依次排列分别是：亚洲、欧洲、北美洲或非洲、大洋洲、南美洲。

这是因为三地均属于亚洲国家（地区），与周边邻近国家与地区的交流会更多，所以亚洲国家的数量约占 90%，其余各洲总和约占 10%。

5. 各年级外国（地区）的分布比较

通过统计三地各年级小学社会科教科书中外国（地区）的数量，即可得到表 5—14、图 5—10。

表 5—14　三地小学社会科教科书各年级外国（地区）数量比较　单位：个、%

地区 \ 年级	一年级 数量	一年级 百分比	二年级 数量	二年级 百分比	三年级 数量	三年级 百分比	四年级 数量	四年级 百分比	五年级 数量	五年级 百分比	六年级 数量	六年级 百分比
广州	5	1	5	1	50	12	17	4	152	36	196	46
香港	14	4	32	9	64	18	70	20	65	18	108	31
台湾	0	0	0	0	9	3	17	6	180	63	79	28

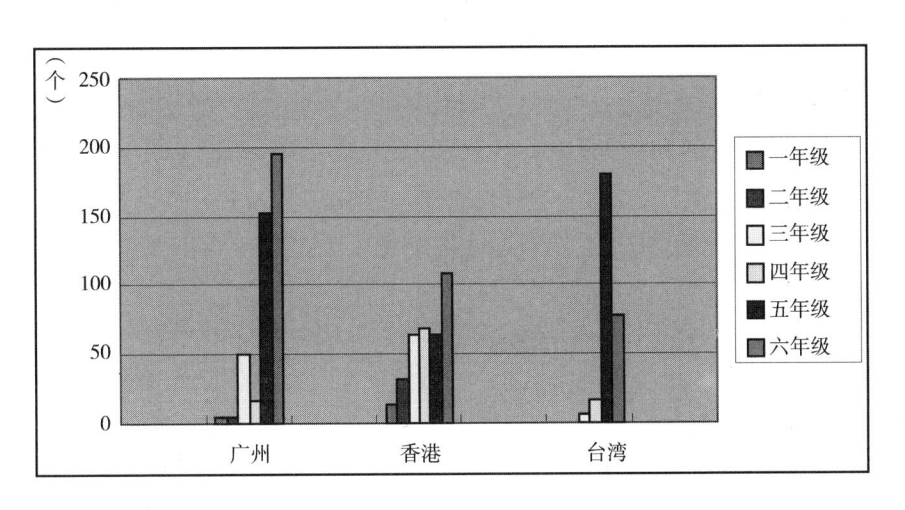

图 5—11　三地小学社会科教科书各年级外国（地区）数量比较

由图 5—11 可知，三地小学社会科教科书中的外国（地区）数量基本上随着年级的升高而升高，呈明显的上升趋势。而且香港地区各年级中，外国（地区）的数量分布相对广州与台湾要均衡些，在每一个年级均有一定数量的外国（地区）出现。外国（地区）数量主要集中在五、六年级，低年级外国（地区）数量出现较少。尤其是广州与台湾地区在低年级外国（地区）数量出现极少，基本集中在五、六年级。这不利于从小培养小学生关于地球村的观点，不利于培养小学生的全球观点。另外，三地小学社会科教科书中的外国（地区）的分布，广州与台湾呈现出明显的两极分化，而香港分布较均匀，能更好地从小培养学生的全球观点，让小学生从小就开始树立起地球村的概念。

（三）三地教科书全球主角类目的比较

小学社会科教科书的全球主角类目主要从两方面进行比较：一是三地全球性事件排名前十的比较；二是国际性组织的数量及类别比较；三是三地全球性事件的年级分布比较。

1. 三地全球性事件的排名比较

通过对三地全球性事件的排序，即可得到表5—15。

表5—15　　三地小学社会科教科书中排名前十的全球性事件　　单位：个、%

排名\地区	广州 问题	数量	百分比	香港 问题	数量	百分比	台湾 问题	数量	百分比
1	战争与和平	237	32	环境保护	430	52	环境保护	330	56
2	环境保护	226	31	战争与和平	95	12	战争与和平	93	16
3	国际性活动	89	12	人口问题	73	9	人口问题	85	14
4	国际性组织	68	9	烟草危害	60	7	国际性组织	59	10
5	人口问题	37	5	毒品、艾滋病	50	6	贫穷问题	14	2
6	烟草危害	32	4	贫穷问题	39	5	毒品、艾滋病	6	1
7	贫穷问题	25	3	过量饮酒	36	4	国际性活动	5	0.8
8	毒品、艾滋病	23	3	国际性组织	33	4	国际恐怖主义活动	2	0.3

续表

地区 排名	广州 问题	数量	百分比	香港 问题	数量	百分比	台湾 问题	数量	百分比
9	过量饮酒	1	0.1	国际性活动	5	0.6			
10				国际恐怖主义活动	1	0.1			

由表5—15可知，三地小学社会科教科书中全球性事件排名的共同点是：环境保护、战争与和平问题，排在第一或第二的位置。这说明这两项全球性事件是三地都共同关心的主题，所占比例较大。

三地小学社会科教科书中全球性事件也各有其特点：香港地区的全球性事件最为全面，十项全部都有出现；台湾地区的全球性事件中烟草危害、过量饮酒没有出现；广州地区的全球性事件中，没有出现国际恐怖主义活动。由此可见，香港地区全球性事件涉及面最广，能更好地让小学生了解更多的全球性事件，更好地具备全球性意识。

2. 国际性组织的数量及类别比较

通过统计三地国际性组织的总量及类别数量，即可得到下表。

表5—16　　三地小学社会科教科书国际性组织统计　　单位：个、%

地区 排名	广州 国际组织	数量	百分比	香港 国际组织	数量	百分比	台湾 国际组织	数量	百分比
1	联合国	29	43	联合国	17	32	联合国	32	44
2	国际奥委会	21	31	乐施会	10	19	世界贸易组织	10	14
3	国际红十字会	9	13	世界银行	7	13	世界卫生组织	7	10
4	国际志愿人员协会	8	12	世界贸易组织	4	8	国际红十字会	7	10
5	世界卫生组织	1	1	世界自然基金会	3	6	国际奥委会	6	8

续表

地区\排名	广州 国际组织	数量	百分比	香港 国际组织	数量	百分比	台湾 国际组织	数量	百分比
6	总量	68		国际红十字会	3	6	国际反地雷组织	4	6
7	组织类别数量	5		国际奥委会	3	6	国际刑警组织	2	3
8				国际绿色和平	2	4	国际绿色和平	1	1
9				世界宣明会	1	2	世界遗产协会	1	1
10				国际环保组织	1	2	欧洲联盟	1	1
11				无国界医生	1	2	国际佛光会	1	1
12				国际反地雷组织	1	2	总量	72	
				总量	53		组织类别数量	11	
				组织类别数量	12				

从表5—16可以得出：三地小学社会科教科书中国际性组织的数量，穗、港、台分别是：68、53、72，出现的频率从高到低依次是台湾、广州、香港。三地小学社会科教科书中国际性组织类别数量，穗、港、台分别是：5、12、11，出现的频率从高到低依次是香港、台湾、广州。

可见，香港地区国际性组织类别最多。广州虽然总量不低，但其类别极少，只有五种类别，且数量集中在"联合国"与"国际奥委会"上。而香港与台湾的国际组织的类别均超过十种。

3. 三地全球性事件的年级分布

通过分年级对三地全球性事件的统计，即可得到表5—17、图5—12。

表5—17　　　三地小学社会科教科书全球性事件年级分布比较　　　单位：个、%

年级 地区	一年级 数量	百分比	二年级 数量	百分比	三年级 数量	百分比	四年级 数量	百分比	五年级 数量	百分比	六年级 数量	百分比
广州	57	8	82	11	17	2	31	4	179	24	366	50
香港	1	0	19	2	134	16	7	1	38	5	623	77
台湾	23	4	42	8	55	10	22	4	189	35	207	38

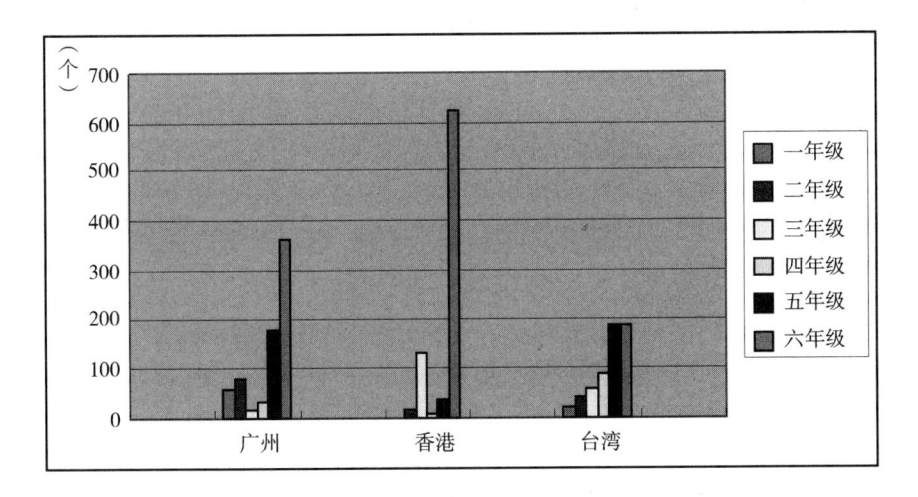

图5—12　三地小学社会科教科书全球性事件年级分布比较

由图5—12可知，三地小学社会科教科书中全球性事件的分布基本随年级增高呈上升趋势。

其中香港的全球性事件主要集中在三年级与六年级，其余年级数量总和仅占8%，一年级几乎没有涉及。广州与台湾的全球性事件在每个年级均有分布。广州主要分布在五、六年级，其余四个年级的全球性事件的总量为25%，数量较少。全球性事件应在每个年级都有分布，而且应该基本呈随年级增加的上升趋势。可以看到，台湾地区做得相当好，没有明显的两极分化。

第二节 小学社会科教科书多元文化教育内容的定性比较

本书将对三地小学社会科教科书的文字及图片做具体的定性分析,来检验教科书是否存在多元文化教育的缺失现象。教科书中多元文化教育的缺失,主要是指对民族、国家(地区)、全球性事件存在的消失不见、刻板印象、选择与失衡、不真实、零碎及孤立,以及语言偏见等六种现象。[①] 消失不见是某些群体的文化在教科书中没有出现或是出现的次数过少,不管是对特定群体文化的有意或是无意的忽视,都说明这些群体在社会生活中不重要、价值较低。刻板印象是指人们习惯用传统中的或是约定俗成的印象来认定或概括某些群体,而没有认识到这些群体文化的多样性。选择与失衡,是指内容选择时完全从社会主导群体的观点来看待问题,缺乏对问题解释的全面性,从而片面提供了事情信息,掩盖了事情的复杂性与真实性,从而有可能被灌输主流意识。不真实,是指常常对于重要的争议性议题加以掩盖,或者逃避讨论社会上既存的歧视与偏见。零碎及孤立,是指将不同群体的文化内容依附在主流群体文化之上,形成走马观花式的文化橱窗浏览。语言偏见是指以非中立的语言来描述特定的对象,如不恰当地使用褒义词或是贬义词等。[②]

在检验小学社会科教科书是否存在多元文化教育的缺失现象时,在文字方面,主要对相关文字进行摘录并加以分析,来检视课文内容是否在种族、国家(地区)或全球性事件中隐含上面提到的六种缺失现象。在图片方面,主要通过描述与分析图片内容或是呈现其中一些图片的方式,来检视其中的种族、国家(地区)、全球性事件是否隐含多元文化教育的缺失现象。

一 广州教科书多元文化教育内容缺失检视

广州地区小学社会科教科书的优点主要体现在民族层次方面,突出了民族层次的内容;而且少数民族在所有民族中所占比例为三地最高,这说明广州地区小学社会科教科书中少数民族方面的内容最多,能为学生提供

[①] 郑金洲:《多元文化教育》,天津教育出版社 2004 年版,第 86 页。
[②] 张亦正:《社会科多元文化课程分析研究:以国小教科书为例》,硕士学位论文,台湾成功大学,2006 年,第 85 页。

更多的少数民族的知识、培养学生尊重、包容的态度以及掌握与少数民族交流的技能。另外广州地区小学社会科教科书中出现的国家类别数量为三地最高，说明其国家（地区）文化是异常丰富的，能为学生学习外国文化知识提供更多的机会。广州地区小学社会教科书中文字的叙述比较严谨，观点中立，文字内容用字遣词字斟句酌，图片的引用也中规中矩。存在的多元文化教育缺失现象比较没有意识形态或价值观上的争议。以下就民族、国家（地区）、全球性事件三个主题对广州小学社会科教科书进行文字与图片方面的多元文化教育缺失现象检视。

（一）民族主题的多元文化教育内容检视

在民族主题的多元文化内容检视中，主要呈现的问题有消失不见，如模糊化处理各民族的名称，无法识别民族类别；刻板印象，如呈现的少数民族内容片面单一，基本上是服饰、节日、歌舞，强化学生的刻板印象；也存在一些不真实的情况，如对于汉族与少数民族之间的分歧与矛盾的事实，在教科书中完全没有出现，呈现的均是各民族间融洽友好的内容等。下面以文字阐述及呈现图片的方式来列举12册教科书中的相关内容。列举的方式是注重12册的均匀列举，对于以单元形式集中呈现少数民族文化的内容重点列举。

1. 消失不见的现象

在出现的各种少数民族图片中，很多没有给出图解，没有指出所属民族。这是一种模糊处理少数民族的方式，不方便小学生学习各少数民族方面的文化。小学生对于多民族的知识本来就积累不多，这就增加了学习少数民族文化的困难。

二（下）pp. 34—37 *[①]

我们都有一个家主题中，出现了八个各族小朋友拉手的画面。56个民族是一家主题中，出现了七幅少数民族的图片。

这是一个集中呈现少数民族内容的单元——"我们都有一个家"。在这些图片中，没对出现的不同民族做注解，不知道呈现的是哪些民族。

---

① "（二）下"是指二年级下册，"pp. 34—37"是指第34—37页。下面列举到的"三（上）pp. 84—85"即是指三年级上册第84—85页。其他的列举依此类推。

三（上）pp. 84—85

同一片蓝天，同一片土地主题中，呈现的图片有"比比看，谁滑得好"、"你猜，这是什么花"、"大草原，我们的家"、"瞧我的"、"品尝幸福生活"等。

其中有三幅少数民族图片，未指出是哪些民族。

四（上）pp. 66—67

扎根在家乡的传统内容中，呈现了一些反映民间乡情的图片。如"变脸可是地方戏曲中的一绝"、"唢呐声声"、"'花儿'代表了家乡人的心声"、"抒发草原人心声的马头琴"等。

但这些图片均没有对这些传统内容的出处做出明确指示。在这些图片里面，有一些是反映少数民族内容的画面，但不明确是哪些民族。

四（上）pp. 72—73

我国有56个民族，像回族、藏族、白族、傣族等都有自己的年历，过本民族的新年，而其他民族会和汉族一起过春节。并呈现了一些图片，如"各民族人民欢聚在一起，共度节日"、"窗花表达了人们的美好心愿"、"欢乐的泼水节"等。

但这些图片没有对这些欢庆的画面进行出处注释，其中好些图片里面，是反映少数民族内容的画面，未指出具体是哪个民族。

2. 刻板印象的现象

所呈现的少数民族的画面内容基本上是属于节日、歌舞、服饰内容，这些内容是属于他族对少数民族最表面最粗浅的认识。其他方面的少数民族文化很少呈现。这可能会给小学生形成一种刻板印象：少数民族就是那些穿着漂亮衣服、每天唱歌跳舞的人。

（三）下 p. 39

各民族都有自己的特色主题，呈现的图片是不同少数民族的服饰、节日、歌舞,从"我知道草原英雄小姐妹的故事!"中得知其中一幅是蒙古族的故事。

除了这一则故事是有关民族的历史内容,其余呈现的内容基本上就是他族对少数民族的最粗浅的认识,停留在歌舞与节日方面。

四(下)p. 22

寄托着希望的传统文化主题,通过各种各样的节日活动,人们还发展起了歌舞、戏剧、美术等艺术形式。呈现的图片有"藏族同胞欢庆藏历新年,藏语叫'洛萨尔',庆祝过去一年的丰收,预祝在新的一年风调雨顺"、"彝族、白族等我国西南地区的少数民族都有庆祝火把节的风俗,人们利用欢聚的机会,祝愿六畜兴旺,五谷丰登"。

少数民族的文字与图片基本呈现的就是节日活动与歌舞场面,属于少数民族文化的宗教与祭典部分,对于其他的文化很少涉及。在小学社会教科书中很片面地呈现少数民族的文化,不能让小学生全面多元地认识少数民族的文化,会形成小学生对少数民族的刻板印象。

五(上)pp. 71—75

在单元"我们同有一个家"中的其中一节内容"走进民族大家庭"中,集中出现了少数民族文化。呈现了多幅少数民族的图片,图片内容分别是回族的娱乐、朝鲜族的荡秋千、黎族的打竹舞等。

在相关的文字中介绍了各族生活的地域、人口、宗教、习俗、文字、历史等,但呈现的图片大多数是属于歌舞类的内容。

(二)国家(地区)主题的多元文化教育内容检视

国家主题的多元文化内容较为丰富,不仅有各国的民俗风情,如服饰、饮食、节日、歌舞等,还有丰富的文化内容,涉及各国的社区文化、建筑、政治经济、科技、文学作品等。主要存在的不足有消失不见,表现在对出现的外国人物或地名等未做国别说明,主要是模糊化处理,让学生无从判定是来自哪个国家。还有选择与失衡问题,在同时呈现我国与外国的内容中,可以看到内容选择的失衡问题。比如涉及中日关系的内容都以抗日战争为题材，过分突出战争主题，对于中日友好往来的内容极少涉及。关于战争的主题，很大的篇幅是关于抗日战争，这是历史事实，是中华民族生死存亡的时刻，自然需要大量笔墨。但涉及日本相关的事务基本上就是抗日战争。其实自1972年与日本恢复正常外交关系后，也有友好的发展，如毛泽东、周恩来等领导人与日本政治家的个人交往，以及日本对华提供政府开发援助贷款的情况等。又如，认为我国的孩子都是幸福的，没有饥饿，没有水源缺乏等，这些现象只存在于外国孩子身上等。

1. 消失不见的现象

主要是对外国人物或地名等未做国别说明，进行模糊化处理。

　　三（上）p.76

　　目前，世界老龄人口总数已达到6.29亿。联合国大会把每年的10月1日确定为"国际老人节"。民族不同、肤色不同，可他们都同样乐观地追求生活。呈现了六幅图片，其中四幅图片是外国图片。

所有图片均没做注解，不知道呈现的是哪些国家的人们。

　　三（上）p.85

　　同一片蓝天，不一样的家园主题，呈现了一些外国的图片："给我生命之源——水"、"我渴望……"、"有了和平的环境，我们才能安心读书"。

所呈现的外国图片没有做国别注解，不清楚呈现的是哪些国家（地区）的人们。

　　四（上）p.58

　　图片"OK！中国的丝绸"。

图中出现的外国人未指明其国别。

　　四（上）p.78

　　图片"招商引资回家乡"。

图中出现两个肤色不一的外国人,未指明其国别。

四(下)p. 41
图片"致富的路把外商引进了村庄"。

图片中出现了外商,未指明其国别。

五(上)p. 43
北京还是一座充满生机的国际化、现代化的大都市。呈现的图片"古老而美丽的北京吸引了各国游客"。

图片上有两个外国人,没有说明是哪国人士。

六(下)p. 20
给世界儿童一个家,其中呈现了 15 幅外国儿童的图片。

这些外国图片中,只有两幅图片指明是非洲国家以及阿富汗,其余均未指出是哪些国家。

六(下)p. 41
小蒂皮和她的朋友。主要给出一些文字介绍,还有三幅带注解的图片。

对于小蒂皮的国别没有做交代,只有说她出生在非洲的纳米比亚,忽略其国别。但其实她是法国人,在小女孩蒂皮 10 岁回到巴黎后写了一本书《我的野生动物朋友》,深受世界各国小朋友的喜爱。

2. 选择与失衡现象

在我国与外国的内容呈现中,可以看到内容选择的失衡问题。如认为我国的孩子都是幸福的,没有饥饿,没有水源缺乏等。

三(上)pp. 84—85

第84页，同一片蓝天，同一片土地，呈现的图片有"比比看，谁滑得好"、"你猜，这是什么花"、"大草原，我们的家"、"瞧我的"。第85页，同一片蓝天，不一样的家园，呈现的图片有"品尝幸福生活"、"给我生命之源——水"、"我渴望……"、"有了和平的环境，我们才能安心读书"。

图5—13 比比看，谁滑得好；瞧我的！

在八幅图片中，我国有五幅，其中汉族三幅、少数民族两幅。无论是汉族还是少数民族呈现的均是属于幸福快乐生活的画面。而外国图片中，呈现的是战争、缺水、饥饿的画面。想要传达的观点是：中国的孩子都是幸福的，快乐的，中国的孩子远离贫穷与饥饿。这是教材选择与失衡现象的体现，反映了教材选择时仅从主流群体的观点出发。幸福与快乐的儿童在我国有，在国外也有。不能解读为我国的儿童只有幸福而没有困境。这会使学生无法了解真实事件的复杂性，而可能被灌输主流意识。

六（下）p. 20

给世界儿童一个家。贫困、饥饿、疾病、灾害和战争会无情地夺

图 5—14　我渴望……

去成千上万人的生命，而受害最深的往往就是儿童。其中呈现了 15 幅外国儿童的图片。图片注解如下"目前，全世界有 2.46 亿童工，其中 1.7 亿儿童从事着危险性工作"、"在不发达地区，每年都有许多儿童因饥饿、疾病而死亡"、"1999—2000 年，全世界有 200 万儿童因战争丧生，600 万儿童受伤致残"。

在这 15 幅图片中，涉及很多不同的国家，但没有一幅我国的图片。会让学生认为我国没有因贫困、疾病、灾害等生活艰难的儿童，这都是国外的事情。这也是对我国弱势儿童的一种视而不见。

（三）全球性事件主题的多元文化教育内容检视

全球性事件主题的多元文化教育内容主要存在消失不见的现象。

消失不见现象主要表现在国际性事件中，出现的各国人物没有鲜明的国别指示，用的是模糊化的处理，让学生无从识别各国人物的身份或是事件的出处，不利于学生了解全球性事件。另外，国际性组织出现的类别极少，除了联合国较频繁出现外，其他的国际性组织很少出现。

三（上）pp. 82—83

我们都是同龄人主题中，"我"和小文在"六一儿童节"的时候，从报纸和杂志上收集了很多照片，我们想知道，其他地区的儿童是怎样生活的，他们正在做什么，正在想着什么。文中呈现了各种肤色、着各种不同服装的儿童的照片，但未出示其国别。

"六一儿童节"是国际性节日，全世界的孩子都是怎样生活的呢？呈现了12幅照片，但因为没有出示国别，小学生无从判断这些儿童是生活在什么地区以及过着怎样的生活，从而达不到收集照片的目的。

三（上）p. 76

联合国大会把每年的10月1日确定为"国际老人节"。呈现了六幅照片，其中四幅图片是外国老人面带笑容的照片。

国际老人节是国际性节日，是全世界老人的节日。但呈现的外国老人的照片没有做任何注解，不知道呈现的是哪些国家的老人。

另外在国际性组织主题的相关文字陈述中，主要出现的有联合国、国际奥委会、国际红十字会、世界卫生组织、国际志愿人士协会，其他的国际性组织基本没有出现。一些常见的国际性组织如世界经贸组织、北约、欧盟、世界银行等等均没有出现。这是对国际性组织一种视而不见的处理，是消失不见的处理方式。

二 香港教科书多元文化教育内容缺失检视

香港地区小学社会科教科书突出了国家（地区）层次的内容，所占比例是53%；外国国家数量为三地次高，能为学生提供更多的关于外国的文化知识；而且外国（地区）内容在六个年级的分布比较均匀，不像广州与台湾出现两极分化现象，这有利于小学生从一年级开始就循序渐进地增加外国的知识，从低年级就开始培养地球村的意识。另外，香港地区的全球性事件在三地中种类最全面，涉及面最广，而且其国际性组织的数量为三地最高，这些内容能更好地培养小学生的全球性意识。香港地区小学社会科教科书中文字的叙述观点严谨，论述比较严密，语句的使用比较精准，图片的使用也符合相关要求，没有出现意识形态与价值观方面的偏颇内容。下面以文字阐述及呈现图片的方式来列举 24 册教科书中的相关内容。

（一）民族主题的多元文化教育内容检视

在民族主题的多元文化内容检视中，主要呈现的问题是消失不见。

消失不见现象主要是模糊处理民族类别，或是很少出现少数族裔的内容。[①]

  2C p.32 民族之间的交流主题中，我国各民族可以通过什么方式互相认识？这些交流对民族之间的关系有什么影响？下面出现了四幅图片，其主题分别是：学习其他民族的语言文字、欣赏其他民族的音乐歌舞、使用其他民族的手工艺制品、参加其他民族的传统节日。

四幅图中都出现了不同的少数民族人物，但没对民族做具体注解。而且教科书中重点介绍的只有四个民族而已，学生对其他民族了解甚少。这些图片中呈现的少数民族可以扩充学生对民族的了解，因此所呈现的少数民族图片应明确加以标注。在香港整 24 册书中，所出现的少数民族的种类很少，出现次数超过两次的民族只有 10 个，超过三次的只有满族、蒙古族、回族、藏族四个民族。这是因为香港的人口统计没有纳入民族类别，而且香港在历史上就漠视民族的分类所致。

在香港，有 5% 的少数族裔。但在整 24 册教科书中，少数族裔出现的文字与图片都很少，而且出现的图片均未指示其族裔类别，这说明编辑者对少数族裔的存在视而不见，体现了多元文化教育内容消失不见的问题。1997 年回归的是完整的领土，而香港人的观念、意识等心理上的回归却要经历一个漫长的过程。因此，教科书中对于香港各少数族裔的忽视或是模糊处理就不难理解，这种情况的出现是因为香港地区不重视族裔的划分（少数族裔的人口统计分类是从 2001 年开始，之前都没有），而且

[①] "2C p.32" 是指二年级 C 册第 32 页。香港的教科书一个年级分成四本（大陆与台湾一般一个年级是两册，根据学期分为上、下册），如一年级的教科书即为 1A、1B、1C、1D。以下的列举依此类推。

这是历史原因使然。可以期待，在香港教育的不断改革与发展中，少数族裔的内容在教科书中所占分量会日益增加，成为一个显性的多元文化教育的部分。

（二）国家（地区）主题的多元文化教育内容检视

在国家（地区）主题的多元文化内容检视中，主要呈现的问题是消失不见。主要模糊化处理各国人物的国别。

  4D p. 43
   参加学生交流团主题中，出示的图片里有四个来自不同国家的学生。

图片上的四个不同国家的学生其国别没有明确指出。

  4D p. 44
   四海一家主题中，在街上、学校里，你会接触到不同文化背景的人士。下面有两幅在街上、在学校的图片。

在街上的图片中出现了三位外国女士，没有指明其国别。在学校里出现的是一名外籍教师，没有指明其国别。

（三）全球主题的多元文化教育内容检视

全球性事件主题的多元文化教育内容检视主要有刻板印象及消失不见的现象。

1. 刻板印象现象

主要体现在列举较少出现的交往礼仪以及静态对待环境问题。

  4D p. 35
   不同国家的传统风俗主题：下面给出了日本、美国及泰国人打招呼的三幅照片。美国人打招呼的图片是一男一女贴脸颊的方式，日本是一男一女在鞠躬，泰国是一位男士双手合十。

拥抱贴脸颊其实并不是美国人常用的打招呼方式，在教科书中这种方式的出现极易造成学生的刻板印象。美国人在人际交往方面比较随意，朋友之间通常是随便招呼一声"Hello",即使第一次见面,也不一定握手,说声"Hello"、笑一笑就可以。在正式的场合下,就要讲究礼节,握手是最普通的见面礼。拥抱与亲吻主要用于母亲与爱人。

6B p.5

空气污染问题的加剧。讨论广东省城市的急速发展怎样造成跨地区空气污染,影响香港的空气质量。下面出示三幅图,其中一幅图是"广东省的发电厂",并就此图片提出了问题"为什么广东省发电厂排出的废气愈来愈多?这怎样影响空气质量?"

图5—15 广东省的发电厂

广东省的发电厂曾经是"排出的废气在日益增多",但并不一直都如此。这样说过于绝对。广东省这几年节能减排取得了较大的成绩,发电厂积极开展环保设施的建设和改造,特别在烟气排放方面,努力减少二氧化硫的排放。发电厂的废气应该呈下降趋势。

2. 消失不见

在图片中未明确指出人物所属国家名称,或是地区所属国家名称。

6D p.13

国际性组织的扶贫行动:提供了三幅图片,出现了对三个国家与地区群众的扶贫帮助,分别是捐助物资、教导农民耕种及养殖技术、助养儿童。

这三幅图片均是不同国家的人民，对其国别没有标明，不利于学生了解世界上有哪些贫穷的国家。

6D p. 13

一则新闻的文字报道：不少发达国家均向贫穷国家提供借贷。为免穷国大部分财政收入用于还债，八大工业国决定免除 18 个穷国 400 亿美元债务。

关于贫穷问题，文字报道中提到了 18 个穷国，但未指出是哪些国家，不利于学生了解世界上有哪些穷国。

6D p. 21、p. 23

第 21 页，战争与冲突的主题，呈现了战争后的废墟照片。第 23 页，战争给人类社会造成什么影响？呈现了三幅图片，分别是"战后的颓垣败瓦"、"战后误触地雷的儿童"、"庞大的军费开支"。

以上四幅照片均没有指明是哪个国家发生的战争状况，除了一幅图片出现韩国的国旗能加以识别外。

三 台湾教科书多元文化教育内容缺失检视

台湾地区小学社会科教科书突出了民族层次的内容，所占比例是 50%。另外在小学社会科教科书中，无法识别的国家出现的数量很少，仅为"10"，在三地中数量最低，这说明小学生可以从明确指称国家的相关文字或图片中了解到更多清晰的国家知识。在课文文字内容方面用字遣词造句的斟酌都很严谨，但在图片的说明、图片与课文的搭配，以及图画中人物的对话方面有疏忽的地方。有些用语不甚恰当或传达的概念模糊不清。台湾地区小学社会科教科书中，多元文化内容的缺失包括未顾及少数民族观点以及一些编辑上的瑕疵。主要是均匀检视 12 册教科书，并以文字阐述与图片呈现的方式加以列举。

（一）民族主题的多元文化教育内容检视

民族主题呈现的内容主要以节庆祭典为主，并多方面呈现台湾少数民族的文化，包括台湾少数民族的历史介绍、服饰、文字、建筑、手工艺（雕刻、编织）等。存在的多元文化教育内容缺失现象有刻板印象与消失不见。

1. 刻板印象的现象

认为汉族会同化台湾少数民族，忽视台湾少数民族也可能同化汉族。

五（下）p. 51

汉人男子与平埔族女子结婚，两族的通婚有助于台湾族群和文化的融合。提出的讨论问题：如果你是平埔族女子，在与汉人结婚后，你要如何维持原有的文化？

对于五年级的小学生（约10岁）提出这样的问题，似乎不合适。一方面学生对平埔族的文化了解有多少呢？是否具有维持原有文化的观念？另一方面，学生对结婚概念的理解有多少呢？问题的设置对于10岁的孩子不合适。尤其重要的是，在问题中，说到维持原住民的文化，那是一种大汉观念的体现，因为文化整合也可能是对汉族的同化，这是一种刻板印象的体现。

四（下）p. 43

山地居民散居各地，生活不便，但是生性乐观，整日与大自然为伴，乐而忘忧。

山地居民就一定生性乐观吗？这只是对山地居民的刻板印象吧！尤其台湾近年来自然灾害不断，许多山地部落的环境都遭到一定的破坏，受影响的山地居民恐怕难以乐观面对。

五（上）p. 62

标题：后山日先照。过去有人以山脉为界，分为：前山与后山。

前山、后山的称呼，是从汉族人开垦的观点，认为东部是较落后偏远的地区，有汉族人中心主义之嫌，有不妥之处。

2. 消失不见现象

对人物的民族或国籍未加以说明。

三（下）pp. 28—29

社区居民中，有些来自不同的地区或国家，各有不同的生活方式。他们的饮食、语言、风俗习惯、宗教信仰等，都不尽相同。相应的图片中配的文字有"谢谢！你爸爸做的竹筒饭也很好吃。""虽然我不太懂你妈妈说的话，但是她的泰式虾球很好吃。""隔壁阿姨从韩国带回来的泡菜特别好吃。"图片里面，有原住民打扮的人物，其他人的服饰没有特别之处。

从以上的文字以及人物对话中可以看出，这是集中了不同民族、不同国籍的人群。但在文字中没有显示出相应的民族类别，在图片中也没有对人物的民族或国籍加以指示。

（二）国家（地方）主题的多元文化教育内容检视

国家（地方）主题的内容比较丰富，涉及各国（地区）的文艺、建筑、饮食、服饰、宗教、经贸往来、战争等内容。但对于我们易于理解与接受的各国的节日风俗倒很少出现，而且对于饮食与服饰方面的内容也呈现不多。但也还存在一些多元文化教育的缺失现象，如语言偏见。

五（下）p. 60

西元1871年，一群琉球渔民在航海时遭遇台风，漂流到台湾南端，被牡丹社的原住民杀害。不久，日本就以此为借口，派兵登陆台湾南部，攻打原住民。

"杀害"一词的使用，似乎是站在日本人的立场在同情日本人，而说明原住民的野蛮。而后又用"借口"一词来描述日本，是站在原住民的立场来表明日本人的侵略意图。这样的描述表明了语言使用的偏见，而且立场又不坚定。

五（下）p. 68

层出不穷的武力反抗事件。罗福星是组织"同盟会"的会员，西元1911年革命成功之后，隔年来台湾秘密组织革命党，最后组织被日本人破获，壮烈成仁。

"破获"一词的使用,似乎是站在日本人的立场来说明这些革命党是不正当的。而后又用"壮烈成仁",又是站在革命志士的立场。语言的使用前后褒贬不一致,立场不坚定。

(三) 全球主题的多元文化教育内容检视

台湾地区国际性组织类别较多,且出现次数较高。具体出现了11个国际性组织,按照其次数的多少依次是:联合国、世界贸易组织、国际红十字会、世界卫生组织、国际奥委会、国际反地雷组织、国际刑警组织、世界遗产协会、国际绿色和平组织、欧洲联盟、国际佛光会。但课文的内容也还存在着一些语言偏见及语言不当的现象。

四(下)p.10

家乡人口组成主题中,其中青壮年是具备工作能力的人口,而老年人与幼年人则代表需被扶养的人口。(老年期为65岁以上)

现在人的寿命在增长,身体的素质也在提高。许多65岁以上的老年人被返聘回社会继续为社会做贡献;退休在家的老年人能帮忙抚养孙儿,减轻子女的负担等。很多身体好的老年人不需要他人的扶养,而在继续为社会做贡献、为他人提供帮助。因此这样的语言表达是对老年人的偏见,不符合客观事实。

四(下)p.17

人口的移入、移出,也会影响人口的素质,例如青壮年人口移入愈多,生产力、消费力愈强;老幼人口移入愈多,则可能会降低生产力及消费力。

青壮年人口的生产力、消费力比老幼人口高是事实,但这种表述方式存在对老幼弱势群体的歧视意味,表达方式欠妥。

六(上)p.39

出生率的持续下降,虽然暂缓了人口的成长,但因出生婴儿数的减少,人口平均年龄会逐渐上升,同时也可能在未来产生人口递减的现象。下面给出了出生于1964年与1994年的两组图。其中1964年的小学生两幅图是,"我们班上有35位同学,希望班级人数还能更少些"。"我是独生子,没有兄弟姐妹,虽然我可以独享,但有时也会觉得孤单,不知长大以后……"

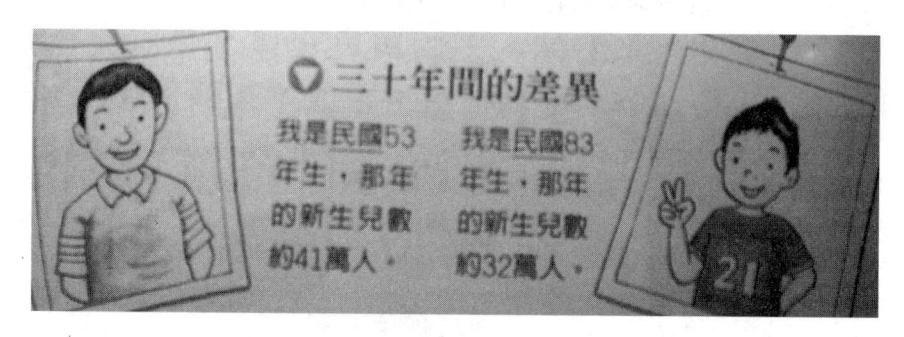

图5—16 30年间的差异(一)

图5—17 30年间的差异(二)

1994年的图片的注解说明这个图片呈示的内容与政府所希望的相反。因为政府希望提高人口出生率，而图片中的孩子却希望孩子再少些。第二个注解说明这个孩子其实也担心自己的独生情况，也希望能有兄弟姐妹的陪伴。所以呈现的内容有矛盾的现象。

四 三地教科书多元文化教育内容定性分析比较

（一）三地民族主题方面的定性比较

穗港两地共同呈现的问题有消失不见，广州表现在对出现的各民族图片的民族类别的不注解、不解释，让小学生很难去猜测具体对应的是哪些民族；香港一方面未对出现的民族图片做民族类别的注解，另一方面是很少呈现少数民族（族裔）的内容，尤其是少数族裔的内容。

穗台两地共同呈现的问题有刻板印象，但两地表现的方式不一样。广州对于少数民族内容的呈现片面单一，主要是少数民族的服饰、节日与歌舞内容，对于少数民族的其他文化呈现很少，易给学生一种少数民族就是穿着鲜艳、爱好歌舞的群体的印象；而台湾在少数民族的文化呈现方面比较丰富，涉及少数民族的多种文化层面，但存在一定的汉族中心主义的思想，如担心汉族对少数民族的同化，对少数民族的不当的称呼方式等。香港民族主题方面很少出现刻板印象，虽然呈现的少数民族（族裔）的内容不多，但也兼顾到少数民族文化的多方面内容。

广州民族主题方面还存在一些不真实的情况，如教科书中完全没有呈现汉族与少数民族之间的分歧与矛盾的内容，教科书中呈现的均是各民族间融洽友好的内容。而台湾教科书，有呈现汉族与台湾少数民族之间的分歧事实，有助于小学生了解真实的民族关系。

（二）三地国家（地区）主题方面的定性比较

穗港两地共同呈现的问题有消失不见，主要表现在对出现的外国人物或地名等未做国别说明，模糊化处理，让学生无从判定是来自哪个国家。台湾国家（地区）主题方面的消失不见现象出现较少。

广州在国家（地区）主题方面存在一些选择与失衡问题，主要表现在呈现中外内容对比时，我国呈现的内容都是美好幸福的，没有贫穷和不幸，而外国呈现的内容往往负面的居多，这样的内容选择显然是失衡的。

台湾在国家（地区）主题方面存在着一些语言偏见的问题，一些词语的使用褒贬不分，观点立场不明确，如"杀害"、"破获"等词的使用。

（三）三地全球主题方面的定性比较

穗港两地共同呈现的问题有消失不见，主要表现在国际性事件中，对出现的外国（地区）人物没有鲜明的国别指示，让学生无从识别各国人物的身份或是事件的出处，不利于学生了解全球性事件。另外广州国际性组织出现的类别极少，除了联合国较频繁出现外，其他的国际性组织很少出现。

香港在全球主题方面存在着一定的刻板印象，如美国人日常打招呼的方式、广东省发电厂排出的废气等。

台湾在全球主题方面存在着一定的语言偏见，如人口问题中认为65岁以上的老年人都是需要扶养的，对弱势群体有歧视意味。

第三节 三地小学社会科教科书多元文化教育内容共同点分析

一 文化价值取向突出

三地小学社会科教科书的多元文化教育内容均体现出以文化取向为主的特点，在图5—5三地小学社会科教科书多元文化教育维度比较中，文化维度的比例分别是34%、38%、36%，都高于社会、经济与环境三个维度。这说明三地都重视文化的继承与流传。一方面同作为中华民族的子民，都强调中华文化的继承与流传；另一方面港台作为长期受殖民的地区，也在不自觉地受殖民文化的影响。中华民族五千年文化源远流长，中国固有的以儒家为代表的传统文化在三地都得到一定的保存并流传下来，内地经历了"五四"与"文革"，传统文化虽然受到重创但其根基深厚，生命力依然顽强；儒家文化在香港与西方文化和谐交织共存，呈现出中西交融的状态；而台湾因未遭到"文化大革命"的破坏，中华文化得到了较好的保存，其殖民国日本的大和文化与儒家文化有着共通基础的相融性，因此台湾是两种文化并存的社会。

二 全球价值取向相对薄弱

在三地小学社会科教科书多元文化教育内容的民族、国家（地区）、全球层次分析中，在图5—1三地小学社会科多元文化教育内容层次比较中，可以清楚看到穗、港、台三地全球层次所占比例依次是20%、23%、

27%，相对于民族、国家（地区）层次所占比例要低，不到总量的1/3，而且广州为最低。说明三地的全球价值取向比较薄弱，还未引起相关部门的足够重视。三地不是重视民族取向、国家（地区）取向，就是二者并重，这说明三地更重视培养学生的民族认同抑或国家（地区）认同。也反映了三地教育当局的政治出发点，更多地把多元文化教育作为一种工具来塑造适合国家（地区）的民众，培养他们热爱中华民族、热爱自己的国家（地区）。也进一步说明三地的教育视野比较狭隘，育人目标比较少立足于地球村的背景以及世界公民培养的角度，这是教育的薄弱环节，迫切需要加强从而使三地顺应世界全球化的潮流而不落人后。

三　经济价值取向薄弱

在三地小学社会科教科书多元文化教育内容的文化、社会、经济、环境维度分析中，在图5—5 三地小学社会科教科书多元文化教育维度比较中，可以清楚看到穗、港、台三地经济维度所占比例依次是13%、9%、9%，相对于其他三个维度所占比例要低，远低于总量的1/3。说明三地的经济价值取向十分薄弱，基本上没有得到相关部门的关注。三地主要重视文化、社会的价值取向，说明三地重视对下一代的文化的传承与社会化的培养。这也反映了三地背后的传统教育观念，教育主要是进行文化传承与促进人的社会化的发展。教育观念对于今天的市场经济、全球经济没有充分的回应，作为学生最重要的课程资源——教科书上也没有充分反映21世纪经济发展的新要求。三地的经济均走在全国前列，更要率先重视培养小学生的经济素养。在全球化经济频繁贸易的环境下，生活的各个方面都充斥着经济往来，可以说全球贸易、市场经济深刻地影响着每个人的生活。若要主动适应全球化社会发展的要求，我们就迫切需要加强这个薄弱环节，在教育中重视学生全球经济素养的培养。

四　跨文化交流内容少

在三地小学社会科教科书交互主题分析中，从图5—2 三地小学社会科教科书多元文化教育交互主题内容总量比较中，可以看到穗、港、台三地教科书多元文化教育交互主题内容的比例依次是10%、12%、15%，其中台湾地区的交互主题内容所占比例最高，但其比例也只是15%，说明至少还有85%的内容是单一主题。因此可以看到三地的多元文化教育内容绝大部分是单一主题，交互主题数量极少。

在多元文化教育的每个层次中，都涉及文化、社会、经济与环境四个维度，交互主题是指在民族、国家（地区）、全球每一层次中，涉及某一层次的多个主题的内容，且这些主题之间有着相互的联系或关系，强调跨文化交流。具体来说，在民族、国家（地区）、全球三个层次中，都涉及文化、社会、经济与环境四个维度，每个维度都涉及交互主题，即跨文化交流。如经济维度涉及的交互主题有跨民族经济交流、跨国（地区）经济交流、全球性经济的多向交流等。

在小学社会科教科书中，单一主题与交互主题的内容应呈平衡分布，而且尤其要突出交互主题内容。费孝通先生也特别强调在解决多元文化问题时，需要在精神文化领域里建立起一套促进相互理解、宽容和共存的体系，并称这个体系为"跨文化交流"。"跨文化交流"牵涉人对人、人对社会、人对自然的基本关系，而与文化的自觉和文化的相互尊重有着更为密切的关联。因为事实上，很少有民族或是国家（地区）孤立地发展，他们均是在与其他民族或国家（地区）或多或少的互动交流中发展，因此几乎所有的民族、国家（地区）之间都有着紧密的往来与沟通，而且全球性事件之间也有着剪不断的联系。因此，要如实地反映一个真实的全球社会，在教科书中就应以交互主题内容为主。

另外，三地也还存在着多元文化教育年级分布不均衡，甚至两极分化的现象；同时也存在着不同程度的消失不见、刻板印象等多元文化教育的缺失现象。

第四节　三地小学社会科教科书多元文化教育内容不同点分析

因三地社会的人口组成、政治与经济上的不同及殖民历史等方面的不同，三地小学社会科教科书多元文化教育内容也就各自形成了自己的发展特点。

一　广州强调爱国主义与中华民族文化认同

在三地小学社会科教科书民族、国家（地区）、全球层次分析中，通过图5—1 三地小学社会科多元文化教育内容层次比较，可以清楚看到广州三层次的比例依次是：38%、42%、20%，说明广州同时重视国家与民族主题，即说明广州教科书既强调国家认同又重视民族认同。

在国家主题类目分析中，广州教科书中国家类别数量出现最多。穗港台三地小学社会科教科书中国家出现的类别数分别为 102、91、33，可见广州出现的国别数最多，占三地国别总量的 45%，具体见表 5—10 三地小学社会科教科书国家个数比较。香港出现的国别数占三地国别总数的 40%，位居第二，数量较多。只有台湾所占的比例为 15%，数量较少。国别数量出现的多少，对于小学生了解国际事务意义重大。教科书作为小学生的重要读本，其内容在很大程度上影响了学生知识面的广度与深度。小学社会科教科书中呈现的国家类别数越多，学生所能了解的国家类别数就会相应增加，就会扩大学生的国际知识广度，使学生视野开阔。因此广州地区的小学社会科教科书在这一方面有明显的优势，有利于学生了解世界上更多的国家。但在所有的国家数量中，其中中国所占比例为 85%，具体见图 5—10 三地小学社会科教科书中国与外国（地区）数量比较，因此可以知道广州小学社会科教科书虽然在一定程度上开阔了学生的国际视野，但其主要体现的依然是对本国的认同。

在《品德与社会》课程标准的目标中提到，"将爱国主义、集体主义和社会主义教育，国情、历史和文化教育等有机融合……为学生成为社会主义合格公民奠定基础"[①]。《公民道德建设实施纲要》具体回答了社会主义合格公民所包含的内容，"爱祖国、爱人民、爱劳动、爱科学、爱社会主义作为公民道德建设的基本要求，是每个公民都应当承担的法律义务和道德责任"。[②] 另外在 2010 年国家颁布的《国家中长期教育改革和发展规划纲要（2010—2020 年）》中又明确提出"培养社会主义合格公民"的教育目标。所以在社会主义的内地，爱国主义始终是教育政策的首要之义。而在广州教科书中所体现的国家认同正是爱国主义的表现。

另外，教科书强调民族认同，这是因为我国是 56 个民族的大家庭，民族众多，文化呈现多种样态，若是缺乏共同的民族认同感，将会影响社会的安定与和谐。在这里，各个民族的认同即是对中华民族的认同，是同

---

① 中华人民共和国教育部：《全日制义务教育品德与社会课程标准（实验稿）》，北京师范大学出版社 2002 年版，第 1 页。

② 《公民道德建设实施纲要》，2001 年 10 月 24 日，新华社（http://www.xinhua.org）。

一文化的认同,而不是多元文化的认同。我国目前得以认定的 56 个民族,均源自于中国疆域里具有民族认同的人民,50 多个民族单位是多元,中华民族是一体。[①] 汉族与少数民族在中国交融历史漫长,拥有很多的共同性,具体表现在拥有共同的语言、共同的神话（或祖先）、共同的节日等;他们之间是平等、团结、互助的关系,极少有对立与偏见;而且自古以来的大一统传统思想在他们中间流传延续、一直不变,使得汉族与少数民族一直紧密团结在一起。因此广州教科书中所体现的民族认同感是对中华民族文化的认同。

所以广州小学社会科教科书中所凸显的国家认同与民族认同,反映了教科书对爱国主义与中华民族文化精神的宣扬。

二　香港强调地区认同兼顾全球教育

在三地小学社会科教科书民族、国家（地区）、全球层次分析中,通过图 5—1 三地小学社会科多元文化教育内容层次比较,可以清楚看到香港三层次的比例依次是：24%、53%、23%。说明香港重视国家（地区）主题的内容,超过总量的一半。这里的国家（地区）数据是包含中国内地与香港在内的,其中中国内地的数据为"558",香港的数据为"989"（见附录 5—5）。因此可以看到中国内地与香港在教科书中总量的比例大约是 1∶2,香港数量是中国内地数量的 2 倍。因此香港教科书体现的是地区的认同感,强调的是对香港的认同与热爱。

香港特区政府特别重视培养香港学生的国家认同感,在教育方面采取了很多措施并取得了一些成效。2001 年,特区政府在《学会学习：课程发展路向》这份关系香港未来十年课程发展的文件中,强调要培养学生国民身份认同等重要价值观,希望学生除了认同从古至今优秀的中国文化外,还要意识到自己是中国公民,建立对中国人的身份认同。[②] 2006 年,香港成立了国民教育中心,专门负责推动中小学生的国家民族意识教育,进一步推进国家认同教育的普及和深化。希望加深学生对国家的了解,并提升他们对国家的认同和自豪感,同时也能帮助他们了解国民身份及对社

[①] 费孝通：《中华民族多元一体格局》,中央民族学院出版社 1989 年版,第 1 页。
[②] 杨艳、张鸿燕：《新加坡国家认同教育特色及对香港教育的启示》,《现代中小学教育》2010 年第 7 期。

会以至国家承担精神的重要性，以充满自信、不卑不亢的态度与不同国家的人交往。① 根据香港国民教育中心公布的一项调查，于 2007 年 9 月至 2009 年 4 月对每日来参观国民教育中心的 3.4 万多小学至初中学生进行的调查显示，95.41% 的受访者表示"我关心香港的人与事"，而"我关心中国内地的人与事"的比率则为 89.17%。与回归前的状况相比，单一"香港人"身份认同大幅减少，现在香港人对国家的认同感已经明显提高。这要归因于特区政府致力于培养香港同胞的国家认同感，更是重视青少年的国家认同感的培养。在回归后的十年中，公民教育的重点一直都是民族情感和国家情怀的培养，并且制定了一系列政策和活动促进其开展。

而且 2011 年香港特区政府教育局与香港课程发展议会于 5 月 5 日推出咨询文件，提出 2012 年在本地中小学推出"德育及国民教育科"课程。课程目标在于培养个人的品德和国民素质，强调对家庭、社会、国家和世界做贡献。② 再一次强调培养学生的国民身份认同及全球公民身份定位的重要价值观。可见，香港政府推行的国家认同教育是富有成效的。

毕竟经历 150 多英国的殖民统治，香港人受到的殖民影响十分深刻，人们的思想观念不可能随着 1997 年国土的回归而马上回归，可能需要一个漫长的过程。因此香港小学社会科教科书所体现出来的明显地区取向，也正说明今后需要进一步把教育工作细化，把国家认同感落实到教育的每一个环节。

在对三地小学社会科教科书文化、社会、经济、环境维度分析中，通过图 5—5 三地小学社会科教科书多元文化教育维度比较，可以清楚看到穗、港、台三地的环境维度比例依次是：17%、34%、33%，香港的环境维度所占比例最高，与台湾的比例 33% 接近，而广州比例很低。这说明香港十分重视环境保护，其高速的经济发展建立在环境可持续发展原则之上。环境问题在香港的全球性事件总量中排名第一，而这正是世界各国最重视的全球性问题，因此香港对环境的重视也说明其教育与国际接轨密切。

另外，在三地小学社会科教科书全球性事件分析中，其全球性事件的

---

① 张永雄：《德育及公民教育在香港课程改革中的理念、策略和实践经验》，《中国德育》2006 年第 3 期。

② 《香港拟在中小学推出德育及国民教育课程》，2011 年 5 月 5 日，新华网（http：//news.xinhuanet.com/gangao/2011 - 05/05/c_ 121383653.htm）。

种类最多，国际性组织的种类最多。在表5—15三地小学社会科教科书中排名前十的全球性事件中，可以看到香港出现了统计表中所有的十件全球性事件。广州与台湾出现的数量是分别"9"与"8"，均没有全面涉及十件全球性事件。在表5—16三地小学社会科教科书国际性组织统计表中，可以看到香港国际性组织的总量最高，而且类别数最多，有12类，广州与台湾出现的类别数分别是5类与11类，香港与台湾数量基本接近。

因此香港对环境内容及全球性事件的重视，均表明香港多元文化教育的全球性特点，很值得广州学习与借鉴。

三 台湾强调中华民族认同兼顾全球教育

在三地小学社会科教科书民族、国家（地区）、全球层次分析中，通过图5—1三地小学社会科多元文化教育内容层次比较，可以清楚看到台湾三层次的比例依次是：50%、23%、27%。说明台湾重视民族主题的内容，民族主题数量达到总量的一半。所出现的少数民族几乎全是台湾地区的十四族（大陆地区仅出现回族一个少数民族，次数也少），即是大陆统称的高山族。这些都说明台湾地区十分强调民族认同感的培养。

在三地多元文化社会背景的分析部分中，比较分析了三地多元文化教育的共同点，其中一点就是三地都源自于中华文化。台湾除了本地原住民外，绝大多数的汉族人都来自于大陆，大陆人带去了丰富的中华文化，因此台湾后来虽然受到荷兰统治以及日本的殖民统治，但由于中华文化强大的生命力，台湾文化始终是以中华文化为主轴。在中国疆域内的各民族都源自中华民族，台湾自古就是中国不可分割的一部分，自然台湾境内的所有民族都是中华民族的一部分。因此教科书强调民族认同感的培养，即可理解为台湾地区强调中华民族文化认同。

在对三地小学社会科教科书文化、社会、经济、环境维度分析中，通过图5—5三地小学社会科教科书多元文化教育维度比较，可以清楚看到穗、港、台三地的环境维度比例依次是：17%、34%、33%，台湾的环境维度所占比例仅次于香港，且与香港所占比例接近，超过1/3；而广州所占比例不到总量的1/5。这说明台湾与香港一样十分重视环境保护，其经济的高速发展是建立在环境可持续发展原则之上。台湾环境问题在全球性事件总量中排名第一，这也正是世界各国最重视的全球性问题，因此台湾对环境内容的高度重视也说明其教育与国际接轨密切。

另外，在三地小学社会科教科书全球性事件分析中，台湾的国际性组织的种类出现比较多，仅次于香港，数量只差"1"。在表5—16三地小学社会科教科书国际性组织统计表中，可以看到台湾的国际性组织的类别数为11，仅次于香港的12类，而广州出现的类别数是5。

因此台湾对环境内容及全球性事件的重视，均表明台湾多元文化教育的全球性特点，很值得广州去学习与借鉴。

第六章 小学社会科多元文化教育实施主体的调查

前面对教科书进行静态的文本分析以检视教科书中多元文化教育内容的特点，建立在文本分析基础上。这一章要对教科书的多元文化教育内容进行动态实证检视，以了解教科书中多元文化教育内容的实施效果，并分析文本结论与实证调查结论之间的关系，更确切地发现教科书存在的问题，以方便后面提出恰当的解决策略。本章主要对小学社会科教科书的使用效果做调查与访谈，分为两部分：一是对三地小学生多元文化素养的问卷调查；二是对三地小学教师及相关人员的调查与访谈，以了解其对教科书中多元文化教育内容的反馈意见。

第一节 三地小学生多元文化素养问卷调查

一 三地小学生多元文化素养调查问卷设计

下面就小学生全球多元文化知识、态度与价值观、技能的调查问卷设计（自三年级起）的相关原理、思路做具体的介绍，并设计三地小学生调查问卷。因三地的民族成分有所不同，所以民族层次内容三地设计各不相同；而国家（地区）与全球层次的内容基本一致。

（一）小学生全球多元文化素养内容分析

多元文化教育是指包括至少一种文化在内的教育过程或策略，它的具体内容可以根据语言、性别、宗教、阶层、年龄、民族、国家（地区）、全球标准等来界定，致力于在地球村的背景中培养儿童的民族认同感、国家认同感与全球视野，使学生具有丰富的多元文化知识、与异文化人民良好的交往沟通能力，以及形成对多元文化无偏见的理解与包容态度。其研究主题已经超出了一个国家（地区）内部的民族，扩充到了国家（地区）与国家（地区）之间，以及视地球为地球村的全球维度。要检验小学全球多元文化教育的效果，就得从分析小学生是否达成全球多元文化教育的各项课程目标来加以判断。这就要求我们先弄清楚全球多元文化教育事先设定了哪些需要小学生去达成的课程目标。

全球多元文化教育与以往多元文化教育不同的地方是增加了全球视域的视角。这正如詹姆斯·林奇所说，不仅要思考为哪个社会培养孩子，更要考虑是在为哪个世界培养孩子。①

很多西方国家具有多元文化社会的特征，如美国、加拿大、澳大利亚、英国等，在一定程度上也开展了多元文化教育。如美国社会科教育学会（NCSS）早在1976年制定的《多元文化教育课程纲要》（*Curriculum Guidelines for Multicultural Education*）是属于全国性的多元文化课程原则，是多元文化教育的重要文件。② 加拿大的"双语双文化"的多元文化教育模式在世界民族教育史上有过重要影响，随着世界变化和发展的潮流，逐渐扩展到"多元文化教育"，并与世界的多元文化教育合流。③ 澳大利亚于1977年提出了一项在多元文化发展中非常有影响的启发性文件《澳大利亚：一个多元文化的社会》，重点在于语言领域，还包括为所有的孩子、教师教育与教学材料设定的民族研究方案。在这些国家的多元文化教育的举措里，主要是基于语言、种族或是宗教的主题，很少涉及全球主题。

与多元文化教育研究相关的研究有跨国研究（International Studies）、跨文化研究（Intercultural Studies）、全球教育（Global Education）、世界研究（World Studies）等。这些研究的共同点就是关注民族主题以外的国家研究、全球研究等。这些研究也提出它们的教育目标（课程目标）。如全球课程（教育）主要致力于培养学生七种情感：理解人类的基本需求；理解全球的变化；理解国家安全；理解世界经济的运作方式；理解全球合作与支持；理解文化的多样性与政治的多元化；理解领导的本质。④

---

① James L., *Multicultural Education in a Global Society*, Lewes: The Falmer Press, 1989, pp. viii – ix.
② 谭光鼎、刘美慧、游美惠：《多元文化教育》，台湾空中大学2000年版，第13页。
③ 滕星主编：《多元文化教育：全球多元文化社会的政策与实践》，民族出版社2010年版，第47页。
④ Fred Stopsky, Sharon Shockley Lee. *social studies in a global society*, New York: Dlemar Publishers Inc, 1994, p. 60.

世界研究目标体现在表6—1：

表6—1　　　　　　　　世界研究的目标：纲要

知识目标	态度目标	技能目标
我们与他人	人类尊严	咨询技能
富裕与贫穷	好奇心	交流技能
和平与战争	同情心	把握概念的技能
我们的环境	公正与公平	批判性思考的技能
明天的世界	欣赏他人的文化	政治技能

资料来源：James L., *Multicultural Education in a Global Society*, Lewes: The Falmer Press, 1989, p.18.

另外詹姆斯·林奇在其著作《全球社会的多元文化教育》中提出了较具体的小学生的全球多元文化教育的课程目标的构想。

（1）知识课程目标：提供小学生对于各种人群的价值观、居住地、语言、信仰、生活方式与政治体制等存在共同性与差异性的观念；帮助学生了解刻板印象的产生及其难以消除的原因，以及刻板印象对族群关系与国家的影响；培养小学生的经济意识与权力动机；让小学生了解居住地及自然环境的多样性；帮助小学生了解全球背景下人与环境的相互依赖关系；帮助小学生理解发达国家与第三世界国家市场的不同形式及生产的不同模式；了解发展中国家的问题、南北方经济与文化的主从关系；理解全球间的相互依赖关系，比如国际性机构与组织；理解科技对人类及生态的影响。

（2）态度与价值观课程目标：培养学生对多元民主、公民与人权的价值观；培养对人类及生态的责任感；欣赏人类文化的多元文化价值；培养学生分享共同的人类价值与理想；培养对发展中国家的同情感；培养学生作为世界公民的社会、经济及环境责任；培养学生作为世界公民的角色与责任，如爱护和平、治理环境污染。

（3）技能课程目标：参与支持公平、正义与人类尊严的行动；培养学生的正直与诚实；培养对各种不同文化的审美、视觉及语言表达能力；鼓励培养全球的读写能力，练习问题解决的政治技能；加强与扩大基本的学习技能与培养认知组织技能；培养反馈能力，培养批判性思维能力；培养做决定、合作及参与技能；培养判断国家历史的能力，尤其是与发展中国家的关系。①

(二) 三地小学生全球多元文化素养调查问卷设计

学生调查问卷主要是按照詹姆斯·林奇关于全球多元文化课程目标的层次及维度,以及上文提到詹姆斯·林奇的全球多元文化教育、全球教育以及世界研究关于小学生在全球多元文化课程中应达到的知识、态度与价值观、技能方面的具体目标。把层次及维度与具体目标结合起来,即成为一个三层次、三维度(把经济维度并入社会维度,即由之前的四个维度变成三个维度,以更好设计与控制问卷具体问题的数量)、三目标的立体式构架表,由此出发来设计相应的调查问题。

三个层次:民族、国家(地区)、全球;

三个维度:文化、社会(经济)、环境;

三个目标:知识、态度与价值观、技能。

根据詹姆斯·林奇关于全球多元文化课程目标的层次及维度生成表6—2的框架,结合层次与维度的组合,在表中一共生成九项内容;这样再把三项目标加进来,就可以得到知识目标方面九项内容;态度与价值观目标方面九项内容;技能目标方面九项内容。一共是27项内容。

表6—2　　　　简化的全球多元文化课程目标的层次与维度

维度＼层次	民族	国家(地区)	全球
文化	1	4	7
社会(经济)	2	5	8
环境	3	6	9

根据小学中高年级学生的特点,问卷题目不宜过多,每项内容设置一个问题,即是27个问题。正式的三地问卷见附录6。

二　三地小学生多元文化素养异同比较分析

以下就小学生问卷的调查对象、统计方法与比较维度做一个简述。

---

① James L., *Multicultural Education in a Global Society*, Lewes: The Falmer Press, 1989, pp. 25 – 26.

从 2011 年 10—11 月,在广州市调查了五所小学,其中省一级学校一所,市一级学校四所;每所学校随机抽样,三年级到六年级各抽取一个班,广州的小学班级人数一般不超过 44 人。问卷的发放方式为当场发放,做完后现场回收。共发出问卷 804 份,回收的问卷为 804 份,有效问卷为 779 份。具体小学名称以学校所在区(市或县)的方式加以表述,香港与台湾学校的表述也遵照这种方式。

表 6—3　　　　　广州地区问卷发放与回收数据

学校名称＼问卷情况	发出问卷份数	回收问卷份数	有效问卷份数
天河区某小学	164	164	159
越秀区某小学	165	165	159
荔湾区小学一	174	174	174
荔湾区小学二	159	159	155
海珠区某小学	142	142	132
试卷总量	804	804	779

2011 年 12 月份,在台湾调查了四所小学,其中高雄市三所,嘉义县一所;每所学校随机抽样,三年级到六年级各抽取一个班,台湾的小学班级人数一般不超过 29 人。问卷的发放方式为委托各班级导师代为发放,在课堂上当场完成后立即回收。共发出问卷 375 份,回收的问卷为 375 份,有效问卷为 368 份。

表 6—4　　　　　台湾地区问卷发放与回收数据

学校名称＼问卷情况	发出问卷份数	回收问卷份数	有效问卷份数
高雄市小学一	97	97	95
高雄市小学二	91	91	90
高雄市小学三	93	93	92
嘉义县某小学	94	94	91
试卷总量	375	375	368

2012年1月，在香港九龙区调查了一所小学，是乐善堂团体办学下的一所小学，有60年办学历史。在三年级到六年级各抽取一个班级，其中五年级抽取两个班，班级人数一般是25人左右。问卷的发放方式为委托各班导师代为发放，在课堂上当场完成后立即回收。共发出问卷100份，回收的问卷为100份，有效问卷为100份。

统计方法：学生问卷共27道题，每道题的权重一致。问卷设有正确答案，对应正确答案，每答对一题，计一分；答错或不作答计零分。其中第1、4、7题的给分原则是：第1题，广州问卷答对6个民族或以上即得一分，少于6个民族计零分；台湾与香港问卷答对2个民族或以上即得一分，少于2个民族计零分（这是因为内地有55个少数民族，而台湾的原住民只有14族，香港的少数族裔也只有十几种，因此在得分办法上有所不同）。第4题与第7题，三地问卷给分原则一致，因为三地学生面对的国家与国际性组织是一致的，没有不同。第4题，答对5个国家或以上，即得一分，少于5个国家计零分；第7题，答对一个国际性组织或以上，即得一分，答错或不答计零分。

三地小学生多元文化素养方面的具体比较内容如下：

（1）三地学生在综合多元文化素养方面的异同；

（2）三地学生在民族层次、国家（地区）层次、全球层次方面的多元文化素养的异同；

（3）三地学生在文化维度、社会（经济）维度、环境维度方面的多元文化素养的异同。

在数据处理中，以频数列举的方式呈现以上三个方面的比较；对于比较接近的数据，再运用显著性检验来看三地学生在多元文化素养方面的差异。

显著性检验就是事先对总体（随机变量）的参数或总体分布形式做出一个假设，然后利用样本信息来判断这个假设（原假设）是否合理，即判断总体的真实情况与原假设是否显著地有差异。或者说，显著性检验要判断样本与我们对总体所做的假设之间的差异是纯属机会变异，还是由我们所做的假设与总体真实情况之间不一致所引起的。显著性检验是针对我们对总体所做的假设做检验，其原理就是"小概率事件实际不可能性原理"来接受或否定假设。

t检验，亦称student t检验（Student's t test），主要用于样本含量较小

(例如 n < 30)，总体标准差 σ 未知的正态分布资料。F 检验又叫方差齐性检验，主要通过比较两组数据的方差，以确定它们的精密度是否有显著性差异。显著性检验的顺序应该为先进行 F 检验，确认两组数据没有显著性差异之后，再进行两组数据均值是否存在系统误差的 t 检验。本书涉及的样本较大，适合于 F 检验。

其中在显著性检验中用到的双尾测验是测了 0.05 和 0.01 两个层次上的差异，单尾测验只测试了 0.05 层次上的差异。0.05 上有差异说明这种差异是不同于误差的差异，而是真实存在的差异；而在 0.01 上有差异即差异显著，说明这种因子对实验有极大的影响。

（一）三地小学生多元文化素养分析概况

统计三地小学生调查问卷，分别对三地每份问卷的总分进行平均运算，即可得到三地小学生综合多元文化素养的平均分数，以及占总分的百分比；再按照三类目标、三种层次及三种维度对问卷分别进行统计，以及占总分的百分比，即可以得到表6—5。

表6—5　　　　三地小学生多元文化素养得分情况数据　　　　单位：%

得分内容	地区	广州 得分	广州 百分比	香港 得分	香港 百分比	台湾 得分	台湾 百分比
综合素养		19.14	71	16.85	62	19.30	72
三目标	知识	5.17	57	5.28	59	6.10	68
三目标	态度	7.05	78	6.43	71	7.56	84
三目标	技能	7.24	80	5.55	62	6.23	69
三层次	民族	6.31	70	4.77	53	5.78	64
三层次	国家（地区）	5.93	66	6.67	74	7.01	78
三层次	全球	6.89	77	5.41	60	6.11	68
三维度	文化	5.14	57	6.21	69	6.27	70
三维度	社经	6.85	76	4.76	53	6.35	71
三维度	环境	7.18	80	6.14	68	7.17	80

从表6—5中可以看出，广州地区小学生的综合多元文化素养调查问卷的平均得分是19.14分，而问卷总分是27分，因此广州学生得分与总

分的比率是71%，可知广州小学生的多元文化素养属于基本合格，离优秀水平还有一定距离。香港与台湾地区小学生的综合多元文化素养调查问卷的平均得分分别是16.85分、19.30分，以台湾地区得分最高，但相差的分数就是2分左右，是否存在显著差异，要做显著性检验后方能得知。

另外各分项得分情况中，广州地区知识类平均得分是5.17分，总分是9分，知识类得分与总分的比率是57%，其他类别的计算方式同上。其中知识类试题的得分较低，还不到总分的60%，还未达到合格水平，态度与技能类试题的平均得分，基本达到中等水平；三层次的得分中，民族、国家（地区）、全球层次的平均得分，基本上是合格水平；三维度的得分中，文化维度试题的平均得分较低，还不到总分的60%，还未达到合格水平，社会（经济）维度与环境维度试题的平均得分，基本达到中等水平。其中香港地区的知识类、民族类与社经维度类试题平均得分较低，还不到总分的60%，未达到合格水平；其余各项得分均超过60%以上，达到合格水平。台湾地区的各项得分均超过60%，均达到合格水平。从数据上看三地的各项数据差距不是十分明显，至于三地在层次与维度方面是否存在显著性差异，需要做相关检验后方能得知。

所以，由以上分析可知三地小学生综合多元文化素养均达到合格的水平，其中广州地区小学生的知识类目标以及文化维度方面比较薄弱，还未达到合格水平；香港地区小学生的知识类目标、民族目标以及社经维度方面比较薄弱，还未达到合格水平；台湾地区小学生的各项目标均达到合格水平。

（二）三地小学生在综合多元文化素养方面的异同

三地学生的综合多元文化素养是指学生在多元文化知识、态度与技能三方面的素养，即是通过累积调查问卷27题的分数来进行相关运算。

下面检验三地学生在多元文化综合素养方面是否存在显著性差异，主要通过F检验与t检验来进行。分别检验广州与香港、广州与台湾在多元文化综合素养方面是否存在显著性差异。三地学生在综合多元文化素养的内容具体落实在广州、香港与台湾三地学生问卷1—27题的学生得分数据。

1. 穗港学生的综合多元文化素养检验

（1）F检验。H_0：假设穗港学生的综合多元文化素养得分方差齐性；

进行 F 检验：双样本方差分析。

可以得到如下数据分析结果：

表 6—6　　　　穗港学生综合多元文化素养的 F 检验结果

参数	广州综合	香港综合
平均	19.14196	16.85
方差	7.090544	12.2096
观测值	779	100
df	778	99
F	0.580735	
P（F≤f）单尾	0.000226	
F 单尾临界	0.772585	

$P = 0.000226 < 0.05$，拒绝原假设，说明穗港小学生综合多元文化素养的得分方差不齐性，宜用异方差 t 检验。

（2）t 检验。H_0：假设穗港小学生综合多元文化素养得分差异不显著。

可以得到如下数据分析结果：

表 6—7　　　　穗港学生综合多元文化素养的 t 检验结果

参数	广州综合	香港综合
平均	19.14196	16.85
方差	7.090544	12.2096
观测值	779	100
假设平均差	0	
df	137	
t Stat	6.030135	
P（T≤t）单尾	7.19E−09	
t 单尾临界	1.656052	
P（T≤t）双尾	1.44E−08	
t 双尾临界	1.977431	

从双样本的异方差检验中,可以看出 P = 1.44E − 08 < 0.05,拒绝原假设,接受备择假设,即穗港小学生在综合多元文化素养方面存在显著性差异,广州学生的综合多元文化素养明显高于香港学生。

2. 穗台学生的综合多元文化素养检验

(1) F 检验。H_0:假设穗台学生的综合多元文化素养得分方差齐性;进行 F 检验;双样本方差分析。

可以得到如下数据分析结果:

表 6—8　　　　穗台学生综合多元文化素养的 F 检验结果

参数	广州综合	台湾综合
平均	19.14196	19.30707
方差	7.090544	15.61935
观测值	779	368
df	778	367
F	0.453959	
P (F≤f) 单尾	5.78E − 13	
F 单尾临界	0.835723	

P = 5.78E − 13 < 0.05,拒绝原假设,说明两地学生多元文化素养的得分方差不齐性,宜用异方差 t 检验。

(2) t 检验。H_0:假设两地学生多元文化素养得分差异不显著;分析结果如下:

表 6—9　　　　穗台学生综合多元文化素养的 t 检验结果

参数	广州综合	台湾综合
平均	19.14196	19.30707
方差	7.090544	15.61935
观测值	779	368
假设平均差	0	
df	647	
t Stat	− 0.64855	

续表

参数	广州综合	台湾综合
P（T≤t）单尾	0.258429	
t 单尾临界	1.647212	
P（T≤t）双尾	0.516857	
t 双尾临界	1.963637	

从双样本的异方差检验中，可以看出 P=0.516857>0.05，接受原假设，即穗台小学生在多元文化综合素养方面不存在显著性差异。

（三）三地小学生在层次方面的多元文化素养异同

即对三地学生问卷中三类层次的数据分别进行统计，再进行 F 检验与 t 检验，方法同上，就可看出其是否存在显著性差异。

1. 三地学生在民族层次方面的多元文化素养异同

首先穗港学生在民族层次方面的多元文化素养异同。

（1）F 检验。H_0：假设穗港学生的民族层次素养得分方差齐性；

进行 F 检验；双样本方差分析。

可以得到如下数据分析结果：

表 6—10　　　　穗港学生民族层次素养的 F 检验结果

F - 检验　双样本方差分析

	广州民族	香港民族
平均	6.312303	4.77
方差	2.247095	1.896061
观测值	779	100
df	778	99
F	1.185139	
P（F≤f）单尾	0.1593	
F 单尾临界	1.322989	

P=0.1593>0.05，接受原假设，说明两地学生的民族层次素养得分方差齐性，宜用双样本等方差 t 检验。

（2）t 检验。H_0：假设穗港学生的民族层次素养差异不显著；

可以得到如下数据分析结果:

表 6—11　　　　穗港学生民族层次素养的 t 检验结果

参数	广州民族	香港民族
平均	6.312303	4.77
方差	2.247095	1.896061
观测值	779	100
合并方差	2.163354	
假设平均差	0	
df	415	
t Stat	9.142552	
P (T≤t) 单尾	1.37E-18	
t 单尾临界	1.648534	
P (T≤t) 双尾	2.75E-18	
t 双尾临界	1.965697	

从双样本的异方差检验中,可以看出 P = 2.75E-18 < 0.05,拒绝原假设,接受备择假设,即穗港小学生在民族素养方面存在显著性差异,广州学生的民族素养明显高于香港学生。

其次,多元文化素养异同。

(1) F 检验。H_0:假设穗台学生的民族层次素养得分方差齐性;

进行 F 检验;双样本方差分析。

可以得到如下数据分析结果:

表 6—12　　　　穗台学生民族层次素养的 F 检验结果

参数	广州民族	台湾民族
平均	6.312302839	5.779891304
方差	2.247094997	2.706188544
观测值	779	368
df	778	367
F	0.83035419	
P (F≤f) 单尾	0.044209132	
F 单尾临界	0.835722774	

$P = 0.044209132 < 0.05$，拒绝原假设，说明穗台学生的民族层次素养得分方差不齐性，宜用异方差 t 检验。

（2）t 检验。H_0：假设穗台学生的民族层次素养差异不显著；可得到如下数据分析结果：

表6—13　　　　穗台学生民族层次素养的 t 检验结果

参数	广州民族	台湾民族
平均	6.312302839	5.779891304
方差	2.247094997	2.706188544
观测值	779	368
假设平均差	\multicolumn{2}{c}{0}
df	\multicolumn{2}{c}{681}
t Stat	\multicolumn{2}{c}{4.43024513}
P（T≤t）单尾	\multicolumn{2}{c}{5.48276E－06}
t 单尾临界	\multicolumn{2}{c}{1.647094239}
P（T≤t）双尾	\multicolumn{2}{c}{1.09655E－05}
t 双尾临界	\multicolumn{2}{c}{1.96345355}

从双样本的等方差检验中，可以看出 $P = 1.09655E－05 < 0.05$，拒绝原假设，接受备择假设，即穗台小学生在民族素养方面存在显著性差异，广州学生的民族素养明显高于台湾学生。

2. 三地学生在国家（地区）层次方面的多元文化素养异同

首先，穗港学生在国家（地区）层次方面的多元文化素养异同。

（1）F 检验。H_0：假设穗港学生的国家（地区）层次素养得分方差齐性；

进行 F 检验；双样本方差分析。

可以得到如下数据分析结果：

表6—14　　　　穗港学生国家（地区）层次素养的 F 检验结果

参数	广州国家（地区）	香港国家（地区）
平均	5.936909	6.67
方差	1.033982	3.01121212

续表

参数	广州国家（地区）	香港国家（地区）
观测值	779	100
df	778	99
F	\multicolumn{2}{c}{0.343377}
P（F≤f）单尾	\multicolumn{2}{c}{6.27E−13}
F单尾临界	\multicolumn{2}{c}{0.772585}

P=6.27E−13<0.05，拒绝原假设，说明穗港学生的国家（地区）层次素养得分方差不齐性，宜用异方差 t 检验。

（2）t 检验。H_0：假设穗港学生的国家（地区）层次素养差异不显著；

进行 t 检验，可得到如下数据分析结果：

表6—15　　穗港学生国家（地区）层次素养的 t 检验结果

参数	广州国家（地区）	香港国家（地区）
平均	5.936909	6.67
方差	1.033982	3.01121212
观测值	779	100
假设平均差	\multicolumn{2}{c}{0}
df	\multicolumn{2}{c}{121}
t Stat	\multicolumn{2}{c}{−4.01287}
P（T≤t）单尾	\multicolumn{2}{c}{5.22E−05}
t 单尾临界	\multicolumn{2}{c}{1.657544}
P（T≤t）双尾	\multicolumn{2}{c}{0.000104}
t 双尾临界	\multicolumn{2}{c}{1.979764}

从双样本的异方差检验中，可以看出 P=0.000104<0.05，拒绝原假设，接受备择假设，即穗港小学生在国家（地区）素养方面存在显著性差异，香港学生的国家（地区）素养明显高于广州学生。

其次，穗台学生在国家（地区）层次方面的多元文化素养异同。

（1）F 检验。H_0：假设穗台学生的国家（地区）层次素养得分方差齐性；

进行 F 检验；双样本方差分析。

可以得到如下数据分析结果：

表 6—16　　穗台学生国家（地区）层次素养的 F 检验结果

参数	广州国家（地区）	台湾国家（地区）
平均	5.936908517	7.008152174
方差	1.033981552	2.607562789
观测值	779	368
df	778	367
F	\multicolumn{2}{c}{0.396531794}
P（F≤f）单尾	\multicolumn{2}{c}{1.11022E-16}
F 单尾临界	\multicolumn{2}{c}{0.835722774}

P=1.11022E-16＜0.05，拒绝原假设，说明穗台学生的国家（地区）层次素养得分方差不齐性，宜用异方差 t 检验。

（2）t 检验。H_0：假设穗台学生的国家（地区）层次素养差异不显著；进行 t 检验，可以得到如下数据分析结果：

表 6—17　　穗台学生国家（地区）层次素养的 t 检验结果

参数	广州国家（地区）	台湾国家（地区）
平均	5.936908517	7.008152174
方差	1.033981552	2.607562789
观测值	779	368
假设平均差	\multicolumn{2}{c}{0}
df	\multicolumn{2}{c}{628}
t Stat	\multicolumn{2}{c}{-10.5310023}
P（T≤t）单尾	\multicolumn{2}{c}{2.70906E-24}
t 单尾临界	\multicolumn{2}{c}{1.647283616}
P（T≤t）双尾	\multicolumn{2}{c}{5.41813E-24}
t 双尾临界	\multicolumn{2}{c}{1.963748563}

从双样本的异方差检验中,可以看出 P = 5.41813E − 24 < 0.05,拒绝原假设,接受备择假设,即穗台小学生在国家(地区)素养方面存在显著性差异,台湾学生的国家(地区)素养明显高于广州学生。

3. 三地学生在全球层次方面的多元文化素养异同

首先,穗港学生在全球层次方面的多元文化素养异同。

(1) F 检验。H_0:假设穗港学生的全球层次素养得分方差齐性;

进行 F 检验;双样本方差分析。

可以得到如下数据分析结果:

表 6—18　　　　　穗港学生全球层次素养的 F 检验结果

参数	广州全球	香港全球
平均	6.892744	5.41
方差	0.950485	2.062525
观测值	779	100
df	778	99
F	\multicolumn{2}{c}{0.460836}
P(F≤f) 单尾	\multicolumn{2}{c}{2.02E − 07}
F 单尾临界	\multicolumn{2}{c}{0.772585}

P = 2.02E − 07 < 0.05,拒绝原假设,说明穗港学生的全球层次素养得分方差不齐性,宜用异方差 t 检验。

(2) t 检验。H_0:假设穗港学生的全球层次素养差异不显著;

进行 t 检验,可以得到如下数据分析结果:

表 6—19　　　　穗港两地学生全球层次素养的 t 检验结果

参数	广州全球	香港全球
平均	6.892744	5.41
方差	0.950485	2.062525
观测值	779	100
假设平均差	\multicolumn{2}{c}{0}
df	\multicolumn{2}{c}{129}

续表

参数	广州全球	香港全球
t Stat	9.647016	
P（T≤t）单尾	3.27E－17	
t 单尾临界	1.656752	
P（T≤t）双尾	6.54E－17	
t 双尾临界	1.978524	

从双样本的异方差检验中，可以看出 P = 6.54E－17 < 0.05，拒绝原假设，接受备择假设，即穗港小学生在全球素养方面存在显著性差异，广州学生的全球素养明显高于香港学生。

其次，穗台学生在全球层次方面的多元文化素养异同。

（1）F 检验。H_0：假设穗台学生的全球层次素养得分方差齐性；进行 F 检验；双样本方差分析。

可以得到如下数据分析结果：

表 6—20　　穗台学生全球层次素养的 F 检验结果

参数	广州全球	台湾全球
平均	6.892744	6.105978
方差	0.950485	2.285741
观测值	779	368
df	778	367
F	0.415832	
P（F≤f）单尾	1.78E－15	
F 单尾临界	0.835723	

P = 1.78E－15 < 0.05，拒绝原假设，说明穗台学生的全球层次素养得分方差不齐性，宜用异方差 t 检验。

（2）t 检验。H_0：假设穗台学生的全球层次素养差异不显著；进行 t 检验，可以得到如下数据分析结果：

表 6—21　穗台两地学生全球层次素养的 t 检验结果

参数	广州全球	台湾全球
平均	6.892744	6.105978
方差	0.950485	2.285741
观测值	779	368
假设平均差	\multicolumn{2}{c}{0}
df	\multicolumn{2}{c}{635}
t Stat	\multicolumn{2}{c}{8.198316}
P（T≤t）单尾	\multicolumn{2}{c}{6.75E-16}
t 单尾临界	\multicolumn{2}{c}{1.647257}
P（T≤t）双尾	\multicolumn{2}{c}{1.35E-15}
t 双尾临界	\multicolumn{2}{c}{1.963707}

从双样本的异方差检验中，可以看出 $P=1.35E-15<0.05$，拒绝原假设，接受备择假设，即穗台小学生在全球素养方面存在显著性差异，广州学生的全球素养明显高于台湾学生。

（四）三地小学生维度方面的多元文化素养异同

即对三地学生问卷中三类维度的数据分别进行总和统计，再进行 F 检验与 t 检验，就可看出三地学生在这些方面是否存在显著性差异。

1. 三地学生在文化维度方面的多元文化素养异同

首先，穗港学生在文化维度方面的多元文化素养异同。

（1）F 检验。H_0：假设穗港学生的文化维度素养得分方差齐性；

进行 F 检验；双样本方差分析。

可以得到如下数据分析结果：

表 6—22　穗港学生文化维度素养的 F 检验结果

参数	广州文化	香港文化
平均	5.141956	6.21
方差	2.293076	2.288788
观测值	779	100

续表

参数	广州文化	香港文化
df	778	99
F	1.001873	
P（F≤f）单尾	0.506759	
F 单尾临界	1.322989	

$P = 0.506759 > 0.05$，接受原假设，说明穗港学生的文化维度素养得分方差齐性，宜用等方差 t 检验。

（2）t 检验。H_0：假设穗港学生的文化维度素养差异不显著：

进行 t 检验，可以得到如下数据分析结果：

表 6—23　　穗港学生文化维度素养的 t 检验结果

参数	广州文化	香港文化
平均	5.141956	6.21
方差	2.293076	2.288788
观测值	779	100
合并方差	2.292053	
假设平均差	0	
df	415	
t Stat	-6.1509	
P（T≤t）单尾	9.07E-10	
t 单尾临界	1.648534	
P（T≤t）双尾	1.81E-09	
t 双尾临界	1.965697	

从双样本的等方差检验中，可以看出 $P = 1.81E - 09 < 0.05$，拒绝原假设，接受备择假设，即穗港小学生在文化维度素养方面存在显著性差异，广州学生的文化维度明显低于香港学生。

其次，穗台学生在文化维度方面的多元文化素养异同。

（1）F 检验。H_0：假设穗台学生的文化维度素养得分方差齐性；

进行 F 检验；双样本方差分析。

可以得到如下数据分析结果:

表6—24　　　　　穗台学生文化维度素养的F检验结果

参数	广州文化维度	台湾文化维度
平均	5.141956	6.684783
方差	2.293076	2.407179
观测值	779	368
df	778	367
F	\multicolumn{2}{c}{0.952599}
P（F≤f）单尾	\multicolumn{2}{c}{0.328476}
F 单尾临界	\multicolumn{2}{c}{0.835723}

$P=0.328476>0.05$，接受原假设，说明穗台学生的文化维度素养得分方差齐性，宜用等方差 t 检验。

（2）t 检验。H_0：假设穗台学生的文化维度素养差异不显著；进行 t 检验，可以得到如下数据分析结果：

表6—25　　　　　穗台学生文化维度素养的 t 检验结果

参数	广州文化维度	台湾文化维度
平均	5.141956	6.684783
方差	2.293076	2.407179
观测值	779	368
合并方差	\multicolumn{2}{c}{2.354388}
假设平均差	\multicolumn{2}{c}{0}
df	\multicolumn{2}{c}{683}
t Stat	\multicolumn{2}{c}{−13.1216}
P（T≤t）单尾	\multicolumn{2}{c}{1.54E−35}
t 单尾临界	\multicolumn{2}{c}{1.647088}
P（T≤t）双尾	\multicolumn{2}{c}{3.07E−35}
t 双尾临界	\multicolumn{2}{c}{1.963443}

从双样本的等方差检验中，可以看出 $P=3.07E-35<0.05$，拒绝原假设，接受备择假设，即穗台小学生在文化维度素养方面存在显著性差

异,广州学生的文化维度明显低于台湾学生。

2. 三地学生在社会(经济)维度方面的多元文化素养的异同

首先,穗港学生在社会(经济)维度方面的多元文化素养异同。

(1) F 检验。H_0:假设穗港学生的社会(经济)维度素养得分方差齐性;

进行 F 检验;双样本方差分析。

可以得到如下数据分析结果:

表 6—26　穗港学生社会(经济)维度素养的 F 检验结果

参数	广州社会(经济)维度	香港社会(经济)维度
平均	6.85489	4.76
方差	1.744699	2.16404
观测值	779	100
df	778	99
F	0.806223	
P($F \leq f$)单尾	0.084846	
F 单尾临界	0.772585	

$P = 0.084846 > 0.05$,接受原假设,说明穗港学生的社会(经济)维度素养得分方差齐性,宜用等方差 t 检验。

(2) t 检验。H_0:假设穗港学生的社会(经济)维度素养差异不显著;

进行 t 检验,可以得到如下数据分析结果:

表 6—27　穗港学生社会(经济)维度素养的 t 检验结果

参数	广州社会(经济)维度	香港社会(经济)维度
平均	6.85489	4.76
方差	1.744699	2.16404
观测值	779	100
合并方差	1.844735	
假设平均差	0	
df	415	

续表

参数	广州社会（经济）维度	香港社会（经济）维度
t Stat	13.44794	
P（T≤t）单尾	8.97E−35	
t 单尾临界	1.648534	
P（T≤t）双尾	1.79E−34	
t 双尾临界	1.965697	

从双样本的异方差检验中，可以看出 P=1.79E−34<0.05，拒绝原假设，接受备择假设，即穗港小学生在社会（经济）素养方面存在显著性差异，广州学生的社会（经济）素养明显高于香港学生。

其次，穗台学生在社会（经济）维度方面的多元文化素养的异同。

（1）F 检验。H_0：假设穗台学生的社会（经济）维度素养得分方差齐性；

进行 F 检验；双样本方差分析。

可以得到如下数据分析结果：

表6—28　　穗台学生社会（经济）维度素养的 F 检验结果

参数	广州社会（经济）维度	台湾社会（经济）维度
平均	6.85489	6.353261
方差	1.744699	2.621461
观测值	779	368
df	778	367
F	0.665545	
P（F≤f）单尾	0.000102	
F 单尾临界	0.835723	

P=0.000102<0.05，拒绝原假设，说明穗台学生的社会（经济）维度素养得分方差不齐性，宜用异方差 t 检验。

（2）t 检验。H_0：假设穗台学生的社会（经济）维度素养差异不显著；进行 t 检验，可以得到如下数据分析结果：

表6—29　　　　穗台学生社会（经济）维度素养的 t 检验结果

参数	广州社会（经济）维度	台湾社会（经济）维度
平均	6.85489	6.353261
方差	1.744699	2.621461
观测值	779	368
假设平均差	0	
df	681	
t Stat	4.464027	
P（T≤t）单尾	4.71E-06	
t 单尾临界	1.647094	
P（T≤t）双尾	9.41E-06	
t 双尾临界	1.963454	

从双样本的异方差检验中，可以看出 P=9.41E-06<0.05，拒绝原假设，接受备择假设，即穗台小学生在社会（经济）素养方面存在显著性差异，广州学生的社会（经济）素养明显高于台湾学生。

3. 三地学生在环境维度方面的多元文化素养的异同

首先，穗港学生在环境维度方面的多元文化素养异同。

（1）F 检验。H_0：假设穗港学生的环境维度素养得分方差齐性；

进行 F 检验；双样本方差分析。

可以得到如下数据分析结果：

表6—30　　　　穗港学生环境维度素养的 F 检验结果

参数	广州环境	香港环境
平均	7.18612	6.14
方差	0.803857	3.111515
观测值	779	100
df	778	99
F	0.258349	
P（F≤f）单尾	0	
F 单尾临界	0.772585	

P=0<0.05,拒绝原假设,说明穗港学生的环境维度素养得分方差不齐性,宜用异方差 t 检验。

(2) t 检验。H_0:假设穗港学生的环境维度素养差异不显著;进行 t 检验,可以得到如下分析结果:

表 6—31　　　　　穗港学生环境维度素养的 t 检验结果

参数	广州环境	香港环境
平均	7.18612	6.14
方差	0.803857	3.111515
观测值	779	100
假设平均差	\multicolumn{2}{c}{0}
df	\multicolumn{2}{c}{116}
t Stat	\multicolumn{2}{c}{5.702727}
P(T≤t)单尾	\multicolumn{2}{c}{4.57E-08}
t 单尾临界	\multicolumn{2}{c}{1.658096}
P(T≤t)双尾	\multicolumn{2}{c}{9.14E-08}
t 双尾临界	\multicolumn{2}{c}{1.980626}

从双样本的异方差检验中,可以看出 P=9.14E-08<0.05,拒绝原假设。即穗港小学生在环境素养方面存在显著性差异,说明广州学生的环境素养明显高于香港学生。

其次,穗台学生在环境维度方面的多元文化素养异同。

(1) F 检验。H_0:假设穗台学生的环境维度素养得分方差齐性;进行 F 检验;双样本方差分析。

可以得到如下数据分析结果:

表 6—32　　　　　穗台学生环境维度素养的 F 检验结果

参数	广州环境维度	台湾环境维度
平均	7.18612	7.168478
方差	0.803857	2.538295

续表

参数	广州环境维度	台湾环境维度
观测值	779	368
df	778	367
F	0.316692	
P（F≤f）单尾	0	
F 单尾临界	0.835723	

$P = 0 < 0.05$，拒绝原假设，说明穗台学生的环境维度素养得分方差不齐性，宜用异方差 t 检验。

（2）t 检验。H_0：假设穗台学生的文化维度素养差异不显著；进行 t 检验，可以得到如下数据分析结果：

表6—33　　穗台学生环境维度素养的 t 检验结果

参数	广州环境维度	台湾环境维度
平均	7.18612	7.168478
方差	0.803857	2.538295
观测值	779	368
假设平均差	0	
df	593	
t Stat	0.181637	
P（T≤t）单尾	0.427965	
t 单尾临界	1.647427	
P（T≤t）双尾	0.855929	
t 双尾临界	1.963972	

从双样本的异方差检验中，可以看出 $P = 0.855929 > 0.05$，接受原假设。即穗台小学生在环境素养方面不存在显著性差异。

（五）三地小学生的多元文化素养异同比较

根据对三地小学生调查问卷的分析，可以发现广州小学生的多元文化综合素养明显高于香港小学生，而与台湾小学生不存在显著性差异。另外在层次与维度素养方面，三地小学生多元文化素养各有其优势：广州小学生在民族素养、全球素养、社会（经济）素养方面明显高于香港与台湾小学生；广州小学生的环境素养明显高于香港小学生，而与台湾小学生不存在显著性差异；但是广州小学生在国家（地区）素养方面、文化素养方面明显低于香港与台湾学生。

广州小学生的民族素养高于港台小学生，与三地教科书在民族层次方面的差异有直接关系。广州教科书中民族层次的比例为38%，而且在三地教科书的民族主角类目表中，少数民族所占比例最高的是广州，比例为11%。香港教科书中民族层次的比例是24%，其少数民族所占比例是7%；台湾教科书中民族层次的比例虽然高达50%，但其少数民族所占比例为7%，低于广州。这说明广州教科书中少数民族的内容比港台教科书所占比例高。

广州小学生的全球素养高于港台小学生，但广州教科书中全球层次与全球主角类目的比例并没有明显高于甚至还低于港台地区。广州教科书中全球层次的比例为20%，港台分别为23%、27%，可见港台教科书的全球层次略高于广州。其中，三地小学社会科教科书中国际性组织的数量，穗港台分别是：68、72、53，出现的频率从高到低依次是香港、广州、台湾。而且三地小学社会科教科书中国际性组织类别数量，穗港台分别是：5、12、11，出现的频率从高到低依次是香港、台湾、广州。但广州小学生的全球素养高于港台小学生，可能与调查中学生的答卷态度有关。在港台地区进行的调查中，填充题部分很多学生都留空白，对于"你知道世界上有哪些国家"的题目，有些学生也留空白，可见这是调查的问题，而不是知识素养的问题。当然也很可能是教科书以外的其他因素在起作用，如教师的教育方式、家长的影响等。

广州小学生的社会（经济）素养方面高于港台学生，与两地教科书中社会（经济）内容的比例有直接关系。广州教科书中社会与经济维度的内容的比例为49%，港台的比例分别为28%、31%，可见广州教科书中社会与经济维度的内容比例明显比港台高。

另外广州小学生的国家（地区）素养、文化素养方面明显低于港台小学生。

港台小学生的国家（地区）素养高于广州小学生，在教科书中并没有直接的反映。国家（地区）内容在穗港台三地教科书中所占比例分别是42%、53%、23%，广州所占比例明显比台湾高，可见广州在教科书中所占比例并不是最低。而港台小学生的国家（地区）素养均高于广州，可能与问卷中涉及外国题目较多有关系，台湾小学生调查问卷中有6道关于日本的试题，其中国家（地区）层次的题一共是9道。因为台湾受到日本殖民统治50多年，至今在台湾的大街小巷依然还能看到日治的痕迹，自然孩子会有更多机会了解日本，比起广州的孩子来说，这方面会有更多的背景知识。而香港小学生也因为香港社会150多年的殖民统治的影响，比起广州的孩子有更多的国外背景知识。

港台小学生的文化素养高于广州小学生，一方面与教科书的比例有关，另一方面与港台对中华传统文化的保存有关。穗港台三地教科书中呈现出的文化维度的内容比例分别是34%、38%、36%，港台均略高于广州。另外在现实生活中，香港与台湾在中华文化的保存方面，有些地方比广州做得要好，比如繁体字的使用、对国学的重视、中华传统美德的继承等方面。

通过以上的分析，可以清楚地发现三地学生多元文化素养的差异并不与三地教科书多元文化教育内容的差异完全一致，有一定的出入。其中调查结果与文本分析基本一致的结论有：三地调查中显示出广州小学生的民族素养、社会（经济）素养高于香港；而国家（地区）素养、环境素养、文化素养则低于香港；广州小学生的经济素养高于台湾，而环境素养、文化素养则低于台湾，这些特点与三地教科书比较分析的结果呈一致的特点。另外调查结果与文本分析结论相反的有：在广州与台湾比较中，调查显示的小学生民族素养、国家素养、全球素养与三地教科书比较的结论相反；在广州与香港比较中，调查显示的小学生的全球素养、环境素养与三地教科书比较的结论相反。可以说调查结果与文本分析中一致与相反的结论情况基本平分秋色，这也说明教科书本身的内容并不是决定学生素养的唯一因素，但文本分析与调查结果有一半的结论是一致的，这也说明教科书对学生素养的重要影响。

第二节 三地教师多元文化教育内容调查

对三地教师的调查主要通过问卷、访谈以及听课的方式来进行。问卷与访谈主要围绕教师对课程标准以及教科书中多元文化教育内容的看法设置相应的问题。

主要的问题如下：

（1）小学社会科课程标准中的多元文化教育内容主要体现在哪些方面？

（2）小学社会科教科书中的多元文化教育内容主要体现在哪些方面？

（3）小学社会科教科书中的多元文化教育内容分量恰当吗？

（4）小学社会科教科书内容存在汉民族主流文化倾向吗？

（5）小学社会科教科书的多元文化内容存在歪曲、忽略、肢解、刻板化理解的现象吗？

问卷调查对象：

从2011年10—11月，广州市共调查了五所小学担任社会科教学的教师，其中省一级学校一所，市一级学校四所。全面调查每所学校担任小学社会科的教师。问卷的发放方式为当场发放，做完后现场回收。共发出问卷107份，回收的问卷为107份，有效问卷为103份。

表6—34　　　　　广州教师问卷发放与回收数据

学校名称 \ 问卷情况	发出问卷份数	回收问卷份数	有效问卷
天河区某小学	29	29	27
越秀区某小学	25	25	25
荔湾区小学一	15	15	14
荔湾区小学二	18	18	18
海珠区某小学	20	20	19
试卷总量	107	107	103

于2011年12月份在台湾共调查了四所小学担任社会科教学的教师，其中高雄市三所，嘉义县一所。每所学校抽取八名担任小学社会科的教师做调查。问卷的发放方式为当场发放，做完后现场回收。共发出问卷32份，回收的问卷为32份，有效问卷为32份。

表 6—35　　　　　　　　台湾教师问卷发放与回收数据

问卷情况 学校名称	发出问卷份数	回收问卷份数	有效问卷
高雄市小学一	8	8	8
高雄市小学二	8	8	8
高雄市小学三	8	8	8
嘉义县某小学	8	8	8
试卷总量	32	32	32

对香港小学教师的调查是在广州进行的，2011年10月20日，值广州朝天小学接待香港小学教师访问团体之际，征得校长同意，做简短的问卷说明之后，在会场发放问卷，做完后现场回收。共发出问卷50份，回收的问卷为50份。因为这些教师是各个学科的小学教师，统计后发现担任社会科教学的有12位，均是有效问卷，具体学校名称如表6—36。

表 6—36　　　　　　　　香港教师问卷调查的小学

学校名称	
新界区小学一	九龙区小学三
新界区小学二	港岛区小学二
港岛区小学一	九龙区小学四
九龙区小学一	四所学校未具名
九龙区小学二	

访谈调查对象：

广州的访谈主要在小学进行问卷调查的同时，约定相关的教师做一些访谈；另外在多元文化教育方面有特色的小学，约校长做一些访谈。香港方面进行的访谈主要是借师生问卷调查之际，与校长及一些教师进行访谈。台湾方面，因为论文研究的需要，于2011年12月7日至12月22日专程赴台湾进行了相关的调研与访谈。访谈了几所小学的校长、主任与教师；访谈了大学多元文化教育的研究专家；访谈了台湾教育研究院课程与教学中心、教科书研究中心的相关负责人（其中包括小学社会科教科书的编辑）。

表6—37 三地访谈人员情况一览

编号	性别	身份	单位	访谈日期
1	女	小学教师	广州荔湾区小学二	2011/10/14
2	女	小学教师	广州荔湾区小学二	2011/10/14
3	男	公务员	香港政府教育局	2011/10/19
4	女	小学教师	香港九龙区小学二	2011/10/20
5	女	小学教师	香港九龙区小学一	2011/10/20
6	男	小学校长	广州天河区小学一	2011/10/21
7	女	小学教师	广州海珠区某小学	2011/10/25
8	女	小学教师	广州天河区小学二	2011/10/26
9	女	小学教师	广州天河区小学三	2011/10/26
10	女	小学教师	广州海珠区某小学	2011/11/9
11	男	小学校长	台湾高雄小学四	2011/12/9
12	男	大学教授	台湾屏东某大学	2011/12/10
13	男	多元文化教育教授	台湾屏东某大学	2011/12/13
14	男	教科书中心研究员	台北山峡教育研究院	2011/12/20
15	男	课程与教学中心研究员	台北院区教育研究院	2011/12/21
16	男	院长秘书	台湾教育研究院	2011/12/21
17	女	小学教师	台湾屏东县某小学	2011/12/22
18	女	小学教师	台湾屏东县某小学	2011/12/22
19	男	小学校长	台湾高雄小学一	2011/12/22
20	女	小学教师	台湾高雄小学一	2011/12/22
21	女	小学教师	台湾高雄小学一	2011/12/22
22	男	小学校长	香港九龙区某小学	2012/01/07

听课安排：

广州去了四所小学听课，香港去了一所小学听课；台湾去了两所小学听课。

表 6—38　　　　　　　三地小学听课情况一览

编号	性别	任课内容	单位	日期
1	女	小学四年级	广州海珠区某小学	2011/10/25
2	男	小学三年级	广州天河区小学二	2011/10/26
3	女	小学五年级	广州天河区小学二	2011/10/26
4	女	小学二年级	广州天河区某小学	2011/10/27
5	女	小学三年级	香港九龙区某小学	2012/01/07
6	女	小学六年级	台湾屏东县某小学	2011/12/22
7	女	小学一年级	台湾高雄市小学一	2011/12/22

下面结合访谈的内容及听课的情况，对三地教师的问卷调查进行数据的统计与分析。

一　三地教师对课程标准中多元文化教育内容的观点比较

问卷问题：您认为小学社会科课程标准的多元文化教育内容主要体现在哪些方面？（可多选）

A. 没有体现　B. 外国文化　C. 全球性事件　D. 少数民族文化　E. 其他

三地的答题情况统计如表 6—39。

表 6—39　三地教师对于课程标准中多元文化教育内容的看法结果　单位：个、%

三地选择情况	选项	A	ABCD	B	BC	BCD	BD	C	CD	D	E	X
广州	个数	7	1	0	4	34	12	16	5	20	3	1
	百分比	6.8	1.0	0	3.9	33.0	11.7	15.5	4.9	19.4	2.9	1.0
香港	个数	2	0	1	1	4	0	4	0	0	0	0
	百分比	16.7	0	8.3	8.3	33.3	0	33.3	0	0	0	0
台湾	个数	0	0	5	0	10	9	2	1	4	1	
	百分比	0	0	15.6	0	31.3	28.1	6.3	3.1	12.5	3.1	

注："X"表示此题未做。

根据表6—39，生成图6—1。

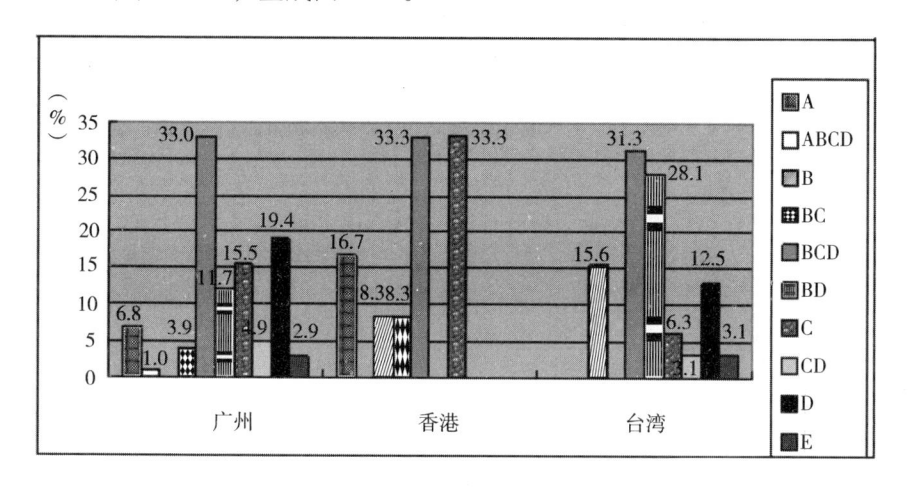

图6—1　三地教师对小学社会科课程标准中多元文化教育内容的看法

从图6—1可以看出，三地选BCD选项为最多，比例超过30%，这说明三地有近30%的教师认为小学社会科课程标准的多元文化教育内容体现在少数民族文化、外国文化及全球性事件三方面。另外香港有超过30%的教师认为小学社会科课程标准的多元文化教育内容体现在全球性事件；台湾有28.1%的教师认为小学社会科课程标准的多元文化教育内容体现在外国文化与原住民文化。

二　三地教师对教科书中多元文化教育内容的观点比较

调查主要是围绕教科书中多元文化教育内容的体现、汉民族主流文化倾向、缺失现象、分量等问题进行。

（一）教科书中多元文化教育内容主要体现

问卷问题：您认为小学社会科教科书中的多元文化教育内容主要体现在哪些方面？（可多选）

A. 没有体现　B. 外国文化　C. 全球性事件

D. 少数民族文化　E. 其他

三地答题情况统计如表6—40。

表 6—40　三地教师对于教科书中多元文化教育内容的看法结果　单位：个、%

三地选择情况	选项	A	B	ABC	BC	BCD	BD	C	CD	D	E	X
广州	个数	7	0	1	5	26	22	18	5	14	4	1
	百分比	6.8	0	1.0	4.9	25.2	21.4	17.5	4.9	13.6	3.9	1.0
香港	个数	2	1	0	1	3	0	4	1	0	0	
	百分比	16.7	8.3	0	8.3	25	0	33.3	8.3	0	0	
台湾	个数	0	2	0	5	5	7	2	11	0	0	
	百分比	0	6.3	0	15.6	15.6	21.9	6.3	34.4	0	0	

注："X"表示此题未做。

根据表 6—40，生成图 6—2。

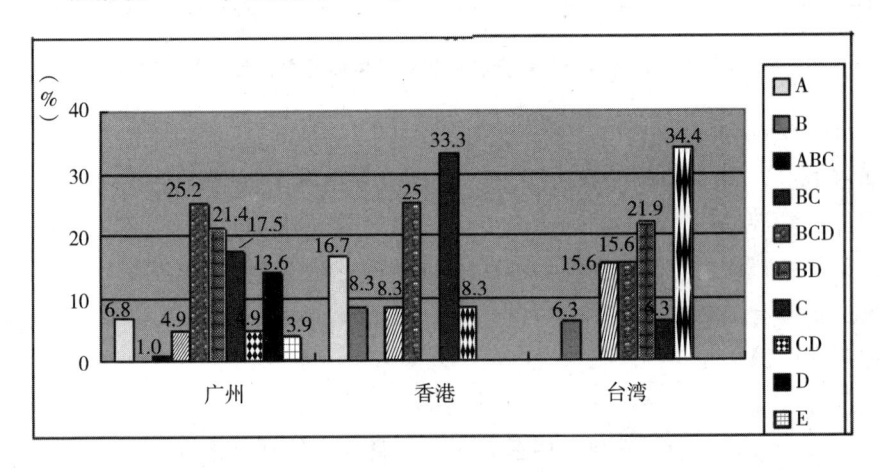

图 6—2　三地教师对小学社会科教科书中多元文化教育内容的看法

从图 6—2 可以看出，广州与香港有约 25%，台湾有 15.6% 的教师认为小学社会科教科书的多元文化教育内容体现在少数民族文化、外国文化及全球性事件方面；香港有 33.3% 的教师认为小学社会科教科书的多元文化教育内容体现在全球性事件方面，台湾有 34.4% 的教师认为小学社会科教科书的多元文化教育内容体现在原住民文化及全球性事件方面。

（二）教科书内容是否存在汉民族主流文化倾向

问卷问题：您认为小学社会教科书内容存在汉民族主流文化倾向吗？

A．存在　B．不存在

三地的答题情况统计如表6—41。

表6—41 三地教师对小学社会科教科书是否存在汉民族主流文化倾向的结果

单位：个、%

三地选择情况	选项	A	B
广州	个数	56	46
	百分比	54.9	45.1
香港	个数	6	6
	百分比	50	50
台湾	个数	24	8
	百分比	75	25

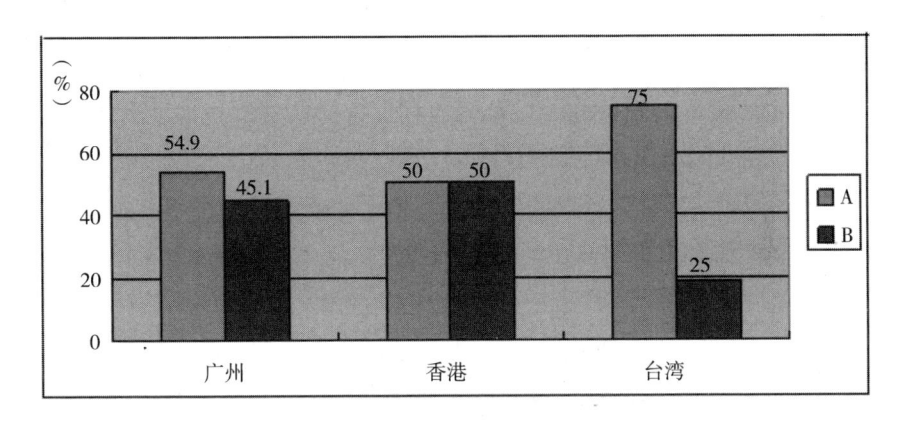

图6—3 三地教师对小学社会科教科书内容的汉民族主流倾向的看法

由图6—3可知，台湾教师认为小学社会科教科书存在汉民族主流倾向的比例最高为75%，广州为54.9%，香港为50%。三地教师有一半以上认为小学社会科教科书存在汉民族主流文化倾向。

（三）教科书中的少数民族内容存在哪些缺失现象

问卷问题：您认为小学社会教科书的少数民族文化内容存在以下哪些现象？（可多选）

A. 歪曲少数民族文化　B. 忽略少数民族文化
C. 肢解少数民族文化　D. 刻板化理解少数民族文化

E. 没有前四种现象

三地的答题情况统计如表 6—42：

表 6—42　　三地教师对小学社会科教科书中少数民族内容的看法结果

单位：个、%

三地选择情况	选项	ABD	B	BCD	BD	C	BC	CD	D	DE	E
广州	个数	1	11	6	1	2	0	1	12	1	68
	百分比	1.0	10.7	5.8	1.0	1.9	0	1.0	11.7	1.0	66.0
香港	个数	0	5	0	1	0	1	0	1	0	4
	百分比	0	41.7	0	8.3	0	8.3	0	8.3	0	33.3
台湾	个数	0	4	0	0	0	0	0	1	0	27
	百分比	0	12.5	0	0	0	0	0	3.1	0	84.4

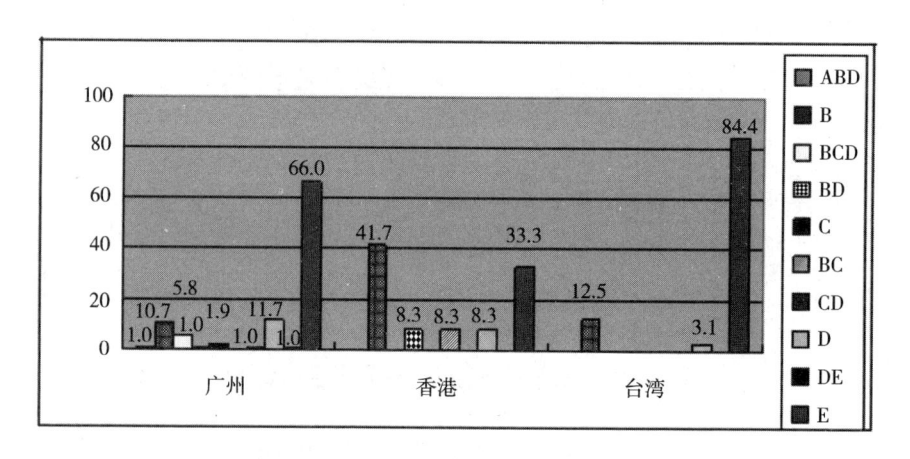

图 6—4　三地教师对小学社会科教科书少数民族文化内容的看法

从图 6—4 可以看出，广州有 34% 的教师认为小学社会科教科书中的少数民族文化存在偏差现象，台湾的比例达 15.6%。香港高达 66.7%。台湾的比例最低，说明教师认为台湾小学社会科教科书中的少数民族文化内容存在的偏差较少。

（四）教科书中的外国文化内容存在哪些缺失现象

问卷问题：您认为小学社会教科书的外国文化内容存在以下哪些现

象？（可多选）

A．歪曲外国文化　B．忽略外国文化　C．肢解外国文化
D．刻板化理解外国文化　E．没有前四种现象

表6—43　三地教师对小学社会科教科书中外国文化内容的看法结果

单位：个、%

三地选择情况	选项	AB	B	BD	C	CD	D	DE	E	X
广州	个数	1	14	2	4	5	9	1	65	2
	百分比	1.0	13.6	1.9	3.9	4.9	8.7	1.0	63.1	1.9
香港	个数	0	1	0	0	0	4	0	7	0
	百分比	0	8.3	0	0	0	33.3	0	58.3	0
台湾	个数	0	7	0	0	0	3	0	22	0
	百分比	0	21.9	0	0	0	9.4	0	68.8	0

注："X"表示此题未做。

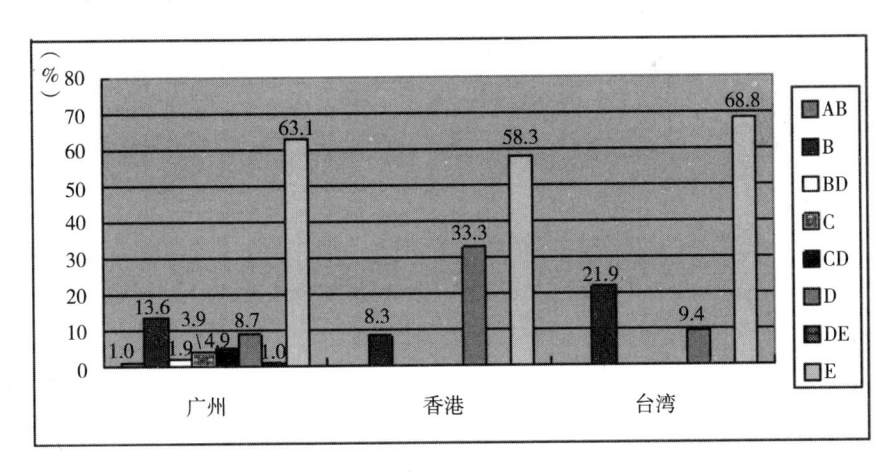

图6—5　三地教师对小学社会科教科书外国文化内容的看法

由图6—5可知，三地教师认为小学社会科教科书的外国文化内容存在偏见现象的比例均超过30%，广州约为35%，香港约为41%，台湾约为31%。

（五）教科书中全球性事件内容存在哪些缺失现象

问卷问题：您认为小学社会教科书的全球性事件内容存在以下哪些现

象？（可多选）

A. 歪曲全球性事件　B. 忽略全球性事件　C. 肢解全球性事件
D. 刻板化理解全球性事件　E. 没有前四种现象

表6—44　三地教师对小学社会科教科书中全球性事件内容的看法结果

单位：个、%

三地选择情况	选项	B	BD	CD	D	DE	E
广州	个数	18	1	2	12	1	69
	百分比	17.5	1.0	1.9	11.7	1.0	67.0
香港	个数	3	0	0	3	0	6
	百分比	25	0	0	25	0	50
台湾	个数	17	0	0	0	0	15
	百分比	53.1	0	0	0	0	46.9

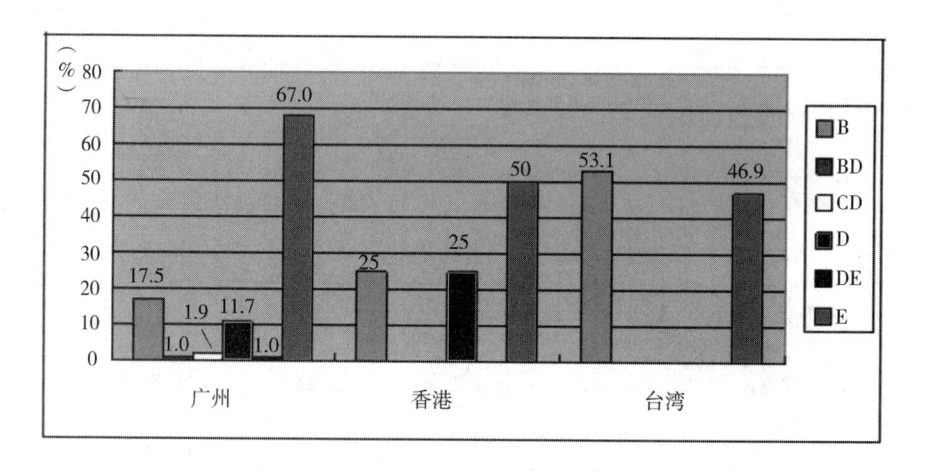

图6—6　三地教师对小学社会科教科书全球性事件的看法

由图6—6可以看出，广州有32%的教师认为小学社会科教科书的全球性事件存在偏差现象，香港的比例是50%。台湾的比例是53.1%。

（六）教科书中多元文化教育内容分量是否恰当

问卷问题：您认为小学社会科教科书中的多元文化教育内容分量恰当吗？

A. 分量太少　B. 分量合适　C. 分量过多

表 6—45　三地教师对小学社会科教科书中多元文化教育内容分量的看法结果

单位：个、%

三地选择情况	选项	A	B	C
广州	个数	58	41	4
	百分比	56.3	39.8	3.9
香港	个数	6	6	0
	百分比	50	50	0
台湾	个数	9	23	0
	百分比	28.1	71.9	0

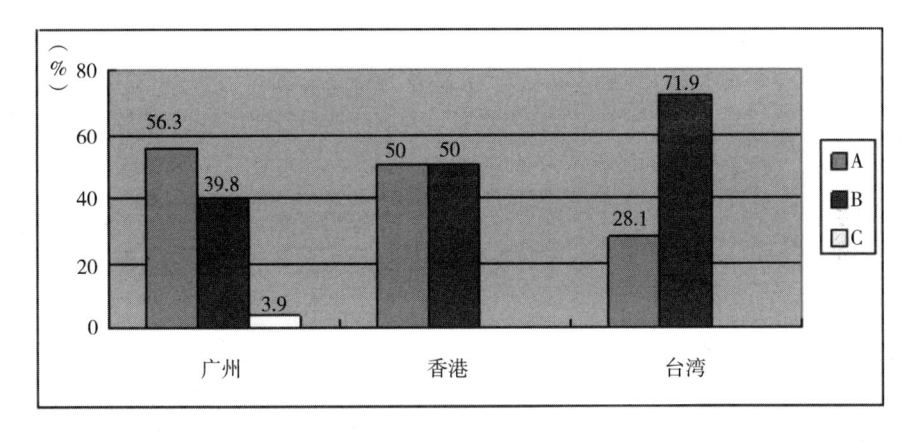

图 6—7　三地教师对小学社会科多元文化教育内容分量的看法

由图 6—7 可以看出，台湾有 28.1% 的教师认为小学社会科教科书的分量设置偏少，71.9% 的台湾教师认为其教科书在多元文化教育的分量设置上是合理的。香港有 50% 的教师认为小学社会科教科书多元文化教育内容的分量设置偏少。广州有约 60% 的教师认为小学社会科教科书多元文化教育内容的分量偏少。

第七章　小学社会科教科书多元文化教育内容优化策略

通过对三地课程标准及教科书的静态文本分析，及对教科书实施的动态研究（小学生的多元文化素养调查、教师及相关研究人员的调查），结合三地教科书多元文化教育内容差异特色，在清楚认识广州教科书多元文化教育内容优势与不足的基础上，有针对性地借鉴港台两地的成功经验，从而提出沿海开放城市小学社会科多元文化教育内容的优化策略。穗港台三地作为沿海开放地区或城市的代表，往往外来人口众多，中西文化交织，文化环境多元且复杂程度高，全球化程度高。因此对三地小学社会科多元文化教育内容的研究会对其他沿海开放城市的多元文化教育具有较强的借鉴意义。

沿海开放城市小学社会科教科书多元文化教育内容的优化策略主要从两方面展开：一是对小学社会科课程标准的优化策略；二是对小学社会科教科书的优化策略。

第一节　小学社会科课程标准优化策略

课程标准作为教科书的指导纲领与编写的核心依据，对教科书的编写起着牵一发而动全身的作用。教科书的内容要做根本的调整关键是看课程标准有没有做新的调整。因此要想根本调整教科书的内容，必须从调整课程标准开始。

根据前面对小学社会科课程标准的分析，可知：

广州与香港没有明确提出多元文化教育目标，而台湾虽没有明确提出但却明确显示出多元文化教育的目标。

三地小学社会科课程标准在多元文化教育层次上体现出了不同的价值取向：广州与台湾以民族为主；香港以国家（地区）为主。

三地小学社会科课程标准在多元文化教育维度价值取向上的特点十分趋近：三地以文化维度为主，其次是社会维度，再次是环境维度，最后是经济维度。

广州与香港的多元文化教育内容以单一主题为主，交互主题内容比例较低；台湾交互主题所占比例接近总量的1/2，与单一主题的内容基本均衡。

根据以上对三地课程标准的定量及定性分析得到的结论，可以借鉴港台两地的有益经验，从而得出以下对沿海开放城市小学社会科课程标准内容调整的建议。

一 在课程标准中提出多元文化教育目标

台湾的多元文化教育有许多值得我们去借鉴的地方：开展得早而且注重理论研究与实践的结合。虽然台湾没有旗帜鲜明地提出多元文化教育的明确目标，但在课程目标的表述中出现了明显的多元文化的用语，所以在一定程度上也表明了官方对多元文化教育的重视，也使得多元文化教育的研究与实践活动顺利开展并能得到各方的关注。美国的社会科十分重视多元文化教育，在社会科课程标准的目标部分也比较明确显示出多元文化教育的目标，"社会科的首要目标是帮助年青一代提高能力，以使他们作为多元文化、民主社会的公民，能够在这个相互依存的世界中，为公众利益作出明智的、理性的决定"[1]。因此，在我国沿海开放城市想要更好地开展多元文化教育，很有必要从明确提出多元文化教育目标或是明显呈现多元文化教育目标开始。在小学社会科课程标准中明确提出多元文化教育的目标，有了官方明确的目标导向，多元文化教育就会受到来自从上到下的各方面的关注与支持，从而使得多元文化教育在各个方面以各种方式实施。这样才会落实教科书中多元文化教育内容的设置，为学生多元文化素养的培养提供资源保证。

二 在课程标准中提高全球性事件的比例

三地小学社会科课程标准在多元文化教育层次上分别体现了民族或是

---

[1] NCSS, *Curriculum Standards for Social Studies*: *Expectations of Excellence*. 1994, National Council for the Social Studies (http://www.ncss.org/standard/1.1.html)。

国家（地区）的价值取向，三地在全球主题方面都相对薄弱。其中广州地区的民族、国家（地区）、全球内容的比例依次为44%、32%、24%。全球性事件内容所占比例还不到1/4，比例偏低。这反映了一种以本国本民族为视域的教育观，视野狭隘，没有关注到全球化对我国的深刻影响。在全球社会的世界中，无论是民族主题还是国家（地区）主题的教育活动都离不开全球背景，否则就会失去现实依托，导致培养出来的人才与现实世界脱节；而全球性事件正是全球视域的根本体现，在多元文化教育内容呈现中，要充分呈现全球性事件，以顺应全球化社会对人才的要求。因此至少三个层次的内容应呈均衡分布状态。而全球主题作为世界共同发展的新趋势，更是要给予充分的重视，以突出全球多元文化教育的特点。

三 在课程标准中均衡分配四维度内容

在小学社会科课程标准的内容标准设置中均衡分配文化、社会、经济、环境各维度的内容比例。三地在维度方面体现了相同的特点，都注重文化与社会维度，环境维度与经济维度比例较低。其中广州地区的文化、社会、经济、环境维度的比例依次是47%、28%、7%、18%，可以看到四者的分配极不均衡，经济维度与环境维度比例偏低。经济维度所占比例较低，这不利于培养小学生的经济意识，不利于学生适应市场经济社会，要补齐经济维度的差距，以体现多元文化的现实性。环境更是世界性论题，影响人类社会的生死存亡，要给予格外的关注与重视，因此也要补齐环境维度存在的差距。学生多元文化素养的培养涉及各个维度，缺一不可，很难说哪个更重要，因此主张在多元文化教育内容中基本做到文化、社会、经济、环境四维度的均衡分布，以综合性地培养学生的多元文化素质。

四 在课程标准中提高交互主题的比例

在小学社会科课程标准的内容标准设置中要侧重跨民族、跨国家（地区）以及相互联系的全球性事件等交互主题内容，因为交互主题最能反映一个真实相互联系的多元世界。在课程标准的分析中，可以发现三地的多元文化内容均以单一主题为主，交互主题内容比例较低；其中台湾交互主题所占比例为42%，接近总量的1/2。但广州地区的交互主题只占到所有内容的11%。这反映了一种静态孤立的教育观，只关注单一民族内部、一个国家内部事物的关系或是孤立看待全球性事件如环境问题等，人为割裂万物之间的联系，呈现的只是一个片面的世界。交互主题内容的缺少，将会影响学生对世界的真实及完整看法，也会影响学生跨文化沟通能力的培养。而事实上，我国各民族之间、与他国（地区）之间都有着密切的往来及沟通，而全球性事件之间更是存在着千丝万缕的联系。要真实地反映一个联系的世界，只呈现单一主题的内容是不客观的、是偏颇的。因此要大幅度提高课程标准中多元文化教育内容的交互主题比例，至少要做到单一主题与交互主题的平衡分配，以体现多元文化教育内容的真实性。

第二节　小学社会科教科书多元文化教育内容优化策略

根据小学社会科教科书内容分析的结果以及师生问卷调查及相关人员访谈的结果，可以发现三地小学社会科教科书都十分重视文化价值取向，文化层次内容较多，强调文化的继承与传递，这是三地教科书的共同优点；而且广州小学社会科教科书十分强调爱国主义与中华民族认同感的培养，重视学生对他国知识的了解。在小学生实地调查中发现，三地小学生的多元文化素养只是达到合格水平，这与教科书中多元文化教育内容的不足有很大关系。在教师实地调查中发现，三地有1/3的教师认为课程标准与教科书没有很好地体现多元文化教育的内容，分量偏少，且存在多元文化教育的缺失现象；三地有一半的教师认为教科书存在汉民族主流文化倾向等问题。同时在教科书文本分析中，也发现三地教科书在多元文化教育内容方面存在一些不足：全球教育内容相对单薄、经济教育内容十分缺乏、交互主题很少、多元文化教育内容在年级分布不均衡，而且都不同程度地存在消失不见与刻板印象等多元文化教育缺失现象。另外，三地在小学社会科多元文化教育内容方面也展现出了自己的特色，其中港台除了重视文化内容外，在一定程度上也十分强调全球教育的内容，如分量较多的环境内容、种类全面的全球性事件等。广州在全球教育方面较为缺乏，可以从港台的有益经验中加以借鉴。

下面主要针对上面提到广州存在的一些不足，并从借鉴港台的角度从全球多元文化教育与交互主题、环境内容与经济内容、多元文化教育内容在年级的分布及多元文化教育的缺失现象等四个方面提出沿海开放城市小学社会科教科书多元文化教育内容优化的相关策略。

一 增加全球多元文化教育内容及交互主题内容

在教科书的分析中,发现广州社会科教科书全球层次的多元文化内容过少,不利于培养小学生的全球化素质;而且三层次的内容基本以单一主题为主,交互主题的内容比例过低。下面就这些问题提出相关建议。

(一) 增加全球多元文化教育内容

詹姆斯·林奇提倡全球主义的多元文化课程,以纠正当前造成文化和地理无知以及不关心世界其他人命运的课程中的地方主义。强调团结(solidarity)、利益互惠(reciprocity)[①] 等重要概念对学生获取多元文化知识或技能有重要作用;而且强调人类的相似性与共同性,而不是差异性特点。

社会科教科书的内容要以全球社会背景作为内容编制的出发点。不能孤立地呈现某个国家或是某个民族的知识,要考虑到在全球社会中这些知识不再是单一的国家或是民族知识,而与他国与他民族的知识紧密相连;教科书内容涉及具体事物的态度时,要避免狭隘的国家或是民族主义,而要以全球全局的观点进行充分考虑与处理;教科书内容涉及具体问题的处理办法时,要参照问题所处的文化背景,不能以我们固有的价值观判断其合理性。

社会科教科书要强调团结、利益互惠的概念。地球村居住着不同国家、不同民族、多文化的人们,矛盾与差异一定会存在。只有各种文化的人们都崇尚和平,反对武力,彼此接纳与尊重,即所谓天地之大德曰生,君子以厚德载物,具有悲天悯人的淑世情怀和容纳异己的开放怀抱[②],全球社会才会和谐共存,各种文化才能可持续发展。如环境问题是全球性事件,人类具有共同的责任与权利来保护我们生存的地球,但多年来共识的获得举步维艰。一位联合国官员说:"过去的15年,联合国气候会议上几乎什么都发生过,哭泣、沮丧、对峙、骂人、游行、欢笑,实在是太多了。"[③] 各国要权衡利弊,追求最大的利益互惠。

[①] James L., *Multicultural Education in a Global Society*, Lewes: The Falmer Press, 1989, p. xv.

[②] 代金平、戴明玺:《论儒释道三宗的和谐理念》,《管子学刊》2007年第4期。

[③] WWF官员点评历次气候大会:《流泪场面成经典时刻》,2009年2月27日,《外滩画报》(http://www.sina.com.cn)。

社会科教科书要强调人类的相似点与共同点。多元文化教育与其说是向跨种族和跨民族的方向发展，倒不如说是向人类的统一与和谐延伸。事实上，在全球化中，社会在经济和技术方面趋同，在社会关系方面趋异，而且从某种特定意义上说，还有一些在维持原样。① 我们要以各种文化中趋同的方面作为共同发展的基础，只有基于一定程度认同的价值观，各种文化之间才能进行真诚合作，才能使各种文化享有和平、安定与繁荣。那些试图追寻原汁原味本土文化的观点在今天不仅是幼稚的，而且是危险的。全球化背景下的文化发展不可能保持同一和不变，任何民族不可能为了追求文化相对主义而成为深居洞穴、尊崇雷电和野兽的小型的、原始的群落。②

具体要增加的全球内容如下。

1. 增加全球层次的多元文化教育内容比重

虽然在小学生问卷调查中发现广州小学生的全球素养明显高于港台小学生，但这主要是源于教科书之外的其他因素的影响，因为在教科书的文本分析中，广州教科书的全球层次内容所占比例为三地最低。在教科书分析中，可以发现广州主要以国家（地区）与民族层次为主，所占比例分别是42%、38%，全球层次所占比例是20%。而港台的全球层次内容所占比例都要高于广州。

根据前面提到的多元文化教育内容三层次的分配原则，即所有的主题[包括民族、国家（地区）]都要透过全球视域来看待。另外民族、国家（地区）、全球三层次的内容分布应总体呈平衡状态，不能过于凸显或是忽视某一个层次的内容。因此为了适应全球社会的需求，全球主题作为三大多元文化主题之一，至少要占到1/3的比重；而广州的全球多元文化教育内容只有20%，仅占1/5。另外民族、国家（地区）主题其实也应置于全球化背景之下来加以表述，这样才能顺应全球多元文化社会的需求。

2. 适当增加"国际恐怖主义活动"事件的相关内容

在教科书分析中，发现广州小学社会科教科书的全球性事件中缺少"国际恐怖主义活动"，这是小学社会科教科书中应涉及的十个主题之一，

---

① 罗伯森·罗兰：《全球化：社会理论和全球文化》，梁光严译，上海人民出版社2000年版，第16页。

② 马里奥·瓦尔哥斯·略萨：《全球化、民族主义与文化认同》，《当代世界与社会主义》2002年第4期。

不可或缺。香港小学社会科教科书中所有的全球性事件都有出现,而且数量最多,值得我们借鉴。"恐怖主义"一词最早出现在18世纪法国大革命时期,到19世纪60年代末,恐怖手段日趋多样,劫机、爆炸、绑架与劫持人质都有,袭击目标和活动范围已经超出国界,越来越具有国际性,逐渐形成了国际恐怖活动。从联合国发表的一份关于"全球恐怖活动状况"的报告中获悉,1997年全球恐怖活动再次增多,高达560起,死亡420人。报告称:"国际恐怖主义活动中死亡的人数增加了。因为恐怖活动日趋残酷地袭击无辜平民并使用爆炸力更大的炸药或炸弹。"① 随着美国纽约世贸中心摩天大楼的轰然倒塌,"国际恐怖主义"这一人们知之甚少的历史新名词,逐渐走进了人们的视野。现在,国际恐怖主义已成为世界政治的头号话题,由此所引发的争端与论战也从未停止,甚至有着愈演愈烈的态势。在我国,也同样存在着国际恐怖主义活动,因此小学生很有必要了解这样重要的全球性事件,懂得正义和平的重要性,也增加保护自己生命的意识。

(二) 增加多元文化教育内容的交互主题

在小学社会科教科书的分析中,可以发现三地的多元文化教育内容均以单一主题为主,从图5—2 三地小学社会科教科书多元文化教育交互主题内容总量比较中,可以看出穗港台三地小学社会科教科书多元文化教育交互主题内容的比例依次是10%、12%、15%,可见三地均以单一主题为主,其中广州地区的交互主题内容总量所占比例最低。另根据表5—3三地小学社会科教科书多元文化教育交互主题层次比较,其中广州民族、国家(地区)与全球主题的交互主题比例依次是:4%、14%、8%,可见三层次内容均以单一主题为主,即呈现的多元文化内容绝大部分是某一民族内部、某一国家(地区)内部及缺乏关联的全球性事件,而且跨民族交流的内容比例最低。就广州与港台相比较而言,除去其跨国家(地区)主题比例是三地最高外,其跨民族、全球关联主题比例均最低。在每一层次所涉及的文化、社会、经济与环境四个维度中,除了涉及单一主题的内容外,每个维度都涉及交互主题的内容。根据前面提到的多元文化教育内容交互主题的分配原则,在小学社会科教科书中,单一主题与交互主题的内容应呈平衡分布状态,甚至要有更多的交互主题内容。因为事实

---

① 《国际恐怖主义活动》(http://zhidao.baidu.com/question/23170498.html)。

上，各民族、各国家（地区）之间都有着密切的往来及沟通，而全球性事件之间也都有着千丝万缕的联系。因此要真实地反映一个联系的世界，只呈现单一主题的内容是不客观的，是偏颇的。

费孝通于1988年提出的中华民族多元一体格局理论，适用于解释和建构我国多元文化教育体系，另费孝通先生不局限于中华民族的共处，进一步提出人类在21世纪和平共处的问题，并提出建立起一套促进相互理解、宽容和共存的体系，并称这个体系为"跨文化交流"[①]。广州小学社会科教科书多元文化教育内容的交互主题所占比例很低，而且与港台也有一定的差距，因此广州的跨民族、跨国家（地区）、全球关联三个方面均需要大力加强，大幅度增加民族与民族之间交往、国家（地区）与国家（地区）往来的内容以及联系性呈现全球性事件。

在社会科教科书内容中增加民族间的交互内容。首先，要恰当呈现汉族与少数民族往来的内容，呈现出汉族在各民族网络关系中的骨架特点，因此各民族内容的出现不能排除汉族。其次，各少数民族之间的内容应该是一种你中有我、我中有你的相互联系、相互沟通的关系。最后，尤其是少数民族内容的呈现要考虑到作为一个完整民族的各方面特点，不要只局限于服饰与歌舞的内容。

在社会科教科书中增加国家（地区）与国家（地区）之间的交互内容。在教科书中，国家（地区）层面主题的出现，不要孤立呈现某个国家（地区），而要以交互的方式呈现。一方面，在呈现本国内容为主的同时不能忽视对我国产生重大影响的他国相关内容；另一方面，在呈现他国内容时，必定是立足于与我国某种关系基础之上的，而不能脱离我国孤立呈现，要呈现各国之间的友好、合作、争论、分歧等内容。

在社会科教科书中增加交互性的全球性事件。全球性事件主要是指全球范围内共同关心的事情，如全球性问题、全球性节日、全球性活动、全球性组织等，其中全球性问题是其主要方面。在教科书内容中，局限于一个地区或是一个国家单独来讨论与解决全球性事件脱离问题的真实性，教学效果甚微，如国际恐怖主义。既然是全球共同面对的问题，就要把问题置于与之有关的综合的多元文化背景下，发动各个国家与地区在团结合作

[①] 费孝通：《文化自觉和而不同——在"二十一世纪人类的生存与发展国际人类学学术研讨会"上的演讲》，《民俗研究》2000年第3期。

基础上遵循利益互惠原则有效地提出解决方案。

二　增加环境、经济维度的内容及社会维度的交互主题

在教科书分析中，广州在多元文化教育内容维度方面存在分配不均衡的问题，经济、环境维度的内容过少；另外交互主题的内容中，社会相互依存的内容过少。下面就这两个问题提出相关建议。

（一）增加环境、经济维度的多元文化教育内容

根据表5—5三地小学社会科教科书多元文化教育内容维度比较，可以发现广州文化、社会、经济、环境四维度所占比例依次是：34%、36%、13%、17%，体现了广州文化、社会取向的特点，比较不重视经济与环境维度的内容。在经济维度上，三地的经济维度均占据了最低的比例，且数据接近，穗港台分别是13%、9%、9%。广州的环境维度所占比例为17%，而香港、台湾在重视多元文化教育的环境维度方面，两地比例接近，约占总量的1/3，值得借鉴。

费孝通在1997年提出文化自觉的概念，表达了世界各地多种文化接触所引起的人类心态变化，文化自觉就是要对本民族文化有自知之明，明白它的来历、形成的过程，所具有的特色和它的发展趋向。[①] 而且台湾学者李亦园先生在与费孝通先生聚谈时说到文化过分同化的危害性，每个民族不能为了自己的生存而去完全同化其他民族。人类社会形成是一个长期的历史发展过程，未知的进化过程要让人类能懂得为了整个人类的生存，而保持人类生物的多样性，否则面临同化而走向灭亡的命运。[②] 依据以上观点，提出在小学社会科教科书中要均衡分布四维度方面的内容，四个维度的知识都是作为一个全球化社会的公民应兼备的素养，这四者之间不能偏颇，其内容分布应总体呈平衡状态，不能只是突出某些维度而忽视其他维度等。

在社会科教科书中，增加各民族的历史发展、特色及文化转型的内容。文化转型是当前人类共同的问题，尤其是少数民族，在文化、经济与环境方面都面临严峻的转型。中国10万人口以下的"人口较少民族"就

---

① 费孝通：《关于"文化自觉"的一些自白》，《学术研究》2003年第7期。
② 费孝通、李亦园：《从文化反思到人的自觉——两位人类学家的聚谈》，《战略与管理》1998年第6期。

有 22 个，在 21 世纪信息全球化社会中，他们将如何长期生存下去呢？费孝通先生认为他们只有从文化转型上求生路。要善于发挥原有文化的特长，求得民族的生存与发展从而加强各民族对他民族的了解及自知之明，从而加强各民族文化转型的自主能力，取得决定适应新环境、新时代文化选择的自主地位。

在社会科教科书中，增加环境方面的内容。环境问题自古就有，并且伴随着人类的发展而发展，人类越进步，环境问题也就越突出。在现代社会，忽视环境问题或环境问题处理不好，就会威胁生态平衡，危害人类健康，而且直接制约社会和经济的可持续发展。而广州地区这部分的内容仅占 17%，远低于港台水平，说明对环境问题重视程度不够，急需加强。而且中央政府也强调经济的科学发展及转变发展方式。温家宝总理强调："在'十二五'规划中，我们确定的经济发展速度是 7%。我们之所以这样做，就是因为我们要把工作的重点放在提高经济增长的质量和效益上来，就是要把发展和所得到的成果用在民生上来。我们绝不能再以牺牲环境的代价来换取高速增长、盲目铺摊子，那样就会造成产能过剩，环境资源压力加大，经济发展不可持续。"[①] 同时生态环境的破坏使得一些少数民族濒临灭亡，因此一方面提倡人们保护好森林，规划好各种用地的恰当用途，给人们提供一个适宜的生存环境；另一方面也要给予各少数民族的生存地以额外的保护，并增加一些科学的引导，才能保存民族文化的多样性。

在社会科教科书中，增加经济发展方面的内容。三地经济维度所占比例都低，说明三地均不重视对小学生经济素养的培养。广州作为经济走在全国前列的城市，要率先重视培养小学生的经济意识。在市场经济环境下，经济生活充斥了每一个角落，很深地影响了每一个人的生活，因此从小就要开始培养孩子的经济意识与理财能力，适应市场经济社会，是现代人的基本素质之一。另外，原始落后的自然经济使得一些少数民族生活质量低下，生活的艰苦使得一些民族逐步放弃其固有的文化习俗而有被汉族完全同化的危险，在教科书中一方面要增加先进的全球经济发展经验，另一方面也要加入世界各民族（尤其是少数民族）经济转型的成功做法。

---

① 温家宝：《绝不能以牺牲环境的代价换取经济高速增长》，2011 年 2 月 27 日，中国政府网（http://www.gov.cn/zxft/ft217/）。

(二) 增加社会相互依存内容

根据表5—4小学社会科教科书交互主题多元文化教育的维度细目比较,可以发现,在交互主题维度中,广州主要以跨文化交流为主,所占比例是50%;香港、台湾主要以环境的生态依赖为主,所占比例分别是43%、32%。三地经济维度的经济依赖细目所占比例基本趋于一致,穗港台所占比例依次是27%、26%、27%;三地的社会相互依存所占比例均为最低,穗港台所占比例依次是7%、6%、14%,说明三地都在多元文化教育的社会相互依存方面给予的关注最少。四维度的交互主题失衡会影响学生多元文化素质的偏差,因此要平衡社会维度的交互主题。

社会相互依存是指民族间、国家(地区)间、全球事件间在文化及习俗等方面的相互依赖、渗透等,强调它们之间的同伴关系,如国家(地区)之间的友好往来、对外国的援助等。相互依存论自20世纪70年代起就成为战后国际关系研究的重点和热点问题。西方国际关系理论学者言必称相互依存。[①] 这里适用于民族间、国家(地区)间及全球事件间的相互依存正顺应了国际社会发展潮流的需要,是当今国际社会的两大发展主题:和平与发展的基础。因此要增加小学社会科教科书中社会相互依存的多元文化内容,以适应国际社会的发展潮流,更好培养小学生真实地联系性地看问题的素质。

三 均衡多元文化教育主题在各年级的分布

三地教科书中的多元文化教育内容在各个年级表现出分配不均衡的特点,甚至集中体现在某几个年级;而且民族、国家(地区)、全球三主题在各个年级的分配也极不均衡。以下针对多元文化教育内容在年级分配不均的问题提出以下建议。

(一) 在各年级均衡分布多元文化教育的内容

三地各年级的层次总量分布趋势很不一样。其中广州地区的多元文化教育内容主要集中在五、六年级,香港地区的多元文化教育内容主要集中于三年级与六年级,台湾地区的多元文化教育内容随着年级的升高其内容总量呈逐步上升趋势。共同点是三地的多元文化教育内容均以六年级为最多,其余各年级不等。

---

① 百度百科:《相互依存论》(http://baike.baidu.com/view/1346296.htm)。

广州与台湾在小学阶段一、二年级开设了生活课程，主要以学习社会生活常识内容为主，对于民族、国家（地区）及全球内容关注较少，所以在统计时会发现一、二年级的多元文化教育内容的总量很少。广州与台湾在三年级虽然正式开设了社会课程，但每个年级有其侧重的主题，三年级至六年级的主题一般是：家庭（社区）—家乡—国家—世界。因此可以看到在五、六年级往往涉及较多的多元文化教育内容。三、四年级相对五、六年级来说多元文化教育内容又显得较少。这样的内容编排方式对于多元文化教育内容在各年级的均衡出现造成了一定的妨碍。因此要想在各年级均衡多元文化教育的内容，必须要调整教科书的编排体系。

而香港教科书的编排不同于广州与台湾，没有分阶段，而且在三年级至六年级的每个年级均涉及家乡、国家、世界等主题，而没有每年级集中关注某个主题。但其多元文化教育内容也出现了不均衡的状态，主要集中在三年级与六年级，其余四个年级的总量基本接近。但因其教科书编排体系的合理性，可以在原有教科书的体系上增加与均衡各年级的多元文化教育内容。

因此，广州可以学习香港地区的教科书编排体系，从而可以在不受主题限制的各年级教科书中较均衡地分布多元文化教育的内容。

（二）在各年级均衡分布少数民族方面的内容

三地各年级的少数民族内容分布趋势很不一样，但都很不均衡。广州地区的少数民族主要集中在一年级、四年级、五年级，二年级、三年级、六年级的少数民族主角内容较少。香港地区的少数民族主要集中在二年级。台湾地区的少数民族内容主要集中在五年级（见表5—9）。

根据前面探讨的少数民族内容的分配原则，在小学六年的教科书中，分散呈现少数民族的内容，而不是集中在一年级、四年级、五年级。理想的状态是在小学社会科教科书的每个单元对少数民族的文化都有所涉及，而不只是集中出现在12册教科书中的2个单元中〔广州小学社会科教科书的民族主题集中在二（下）单元五：我们都有一个家；五（上）单元三：我们同有一个家〕（见附录6—1）。主张少量的集中，主要以分散的方式渗透于12册教科书中的各个单元中。另外在小学社会科教科书的封面、封底或是扉页的设计上也涉及一些少数民族的图片及相关内容；在教科书的"前言"、"给小朋友的话"、"给家长的话"或是"给老师的话"中适当提供一些有关少数民族的提示及问题以引起各方对少数民族的重视。

各少数民族的内容，分散出现在各个年级中，且在各个年级中反复呈现少数民族的内容，这样有利于小学生熟悉各少数民族，并掌握少数民族的相关知识与文化。集中出现的效果没有分散安排好。而且对于55个少数民族的内容，可以做一些计划安排，有计划系统地以恰当的方式安排在12册教科书中，使得小学生对55个少数民族都有较高程度的熟悉，而不只是熟悉几个民族。

（三）在各年级均衡分布外国（地区）内容

在小学社会科教科书分析中，得知三地小学社会科教科书中的外国（地区）数量基本上随年级升高而升高，呈明显的上升趋势。外国（地区）数量主要集中在五、六年级，低年级外国（地区）数量出现较少。尤其是广州与台湾地区在低年级外国（地区）数量出现极少，基本集中在五、六年级。这不利于从小培养小学生的地球村观念与全球观点。

根据前面探讨的国家（地区）内容的分配原则，在小学六年的教科书中，分散呈现国家（地区）的内容，而不是集中在某一册的某个单元中。在小学社会科教科书的每个单元对外国（地区）的文化都应有所涉及，而不只是集中出现在五、六年级教科书中［广州小学社会科教科书的外国（地区）主题集中在五年级（上、下）：主要内容是中外历史，就会涉及外国国家（地区）；六（上）单元三：腾飞的中国（其中一节为"在世界舞台上"）；六（下）单元五：地球真美丽］（见附录6—1）。主张少量的集中，主要以分散的方式渗透于12册教科书的各个单元中。在小学社会科教科书的封面、封底、扉页的设计上要涉及一些外国（地区）的图片及相关内容；在教科书的"前言"、"给小朋友的话"、"给家长的话"或是"给老师的话"中适当提供一些有关外国（地区）的提示及问题以引起各方对外国文化的重视。

应基本均衡外国国家（地区）在每个年级的分布，尤其是中高年级。其数量可以基本上随年级的升高而升高，但不主张高度集中在五、六两年级，这不符合小学生接受知识、培养态度技能的规律。

（四）在各年级均衡分布全球性事件

在小学社会科教科书分析中，由表5—17三地小学社会科教科书全球性事件年级分布比较，得知广州与台湾的全球性事件在每个年级均有分布，但广州主要分布在五、六年级，其余四个年级的全球性事件的总量为

22%，数量很少。而台湾地区做得较好，其全球性事件基本随年级增高呈上升趋势，没有明显的两极分化。香港的全球性事件主要集中在三年级与六年级，二年级、四年级、五年级数量总和仅占8%，一年级几乎没有。

根据前面探讨的全球事件的分配原则，每个主题应视其主题对全球的影响程度来决定各种主题的出现频率，并结合小学生的生理与心理特点在各个年级合理选择安排相应的主题。如环境问题就是最典型的全球主题，一地一国的环境变化就会影响全球的环境变化，因此环境问题对于全球来说，就是一个牵一发而动全身的问题，就需要在每个年级出现，而且相对其他主题来说应该占据较多的篇幅。另外国际性组织在今天的国际社会中扮演了越来越重要的角色，对于各国的小学生来说，这也是认识全球社会的一个入口，也需要在小学各年级分散出现。

因此应基本均衡全球性事件在每个年级的分布，尤其是中高年级，可以像台湾一样随年级增高略呈上升趋势，但不主张高度集中的方式，这样不利于持续性培养小学生的全球意识。

四 减少消失不见、刻板印象等多元文化教育的缺失现象

三地小学社会科教科书在质性检视中，主要存在消失不见与刻板印象问题，也有少数的选择与失衡现象及不真实现象出现。广州地区存在的主要问题是：民族主题存在消失不见、刻板印象，也存在一些不真实的现象；国家主题存在消失不见、选择与失衡现象等；全球主题存在消失不见、选择与失衡现象等。针对广州地区所存在的多元文化教育的缺失现象，特提出以下建议。

（一）明确多元文化教育内容的出处，减少模糊化处理

在广州小学社会科教科书中，无论是在民族主题、国家（地区）主题还是全球主题，都存在着多元文化教育内容消失不见、模糊处理的问题。模糊化处理民族、国家（地区）及全球性主题，也会模糊小学生的多元文化知识、态度与技能，不利于培养小学生的多元文化素养。在与台湾教育研究院的两位研究员访谈时谈到这个问题，他们均认为"有必要明确呈现各个主题的具体信息，但是相关的文字或图片给出明确信息后，这些内容很可能就会纳入考试的范畴，从而增加小学生的考试负担。因此一些教科书编辑出于这种考虑，对一些信息进行模糊化处理，只给出图片，不给出具体出处"。教科书编辑善意的考虑在一定程度上

省却了小学生的应试负担，但小学生也因此失去了更多的学习机会。这是当代社会对应试的追捧，这种责任不应该由教科书来承担，因此建议如下。

1. 明确给出民族名称，减少对民族内容的模糊处理

在广州小学社会科教科书中出现的各种少数民族图片中，很多没有给出注解，没有指出所属民族。在广州与台湾地区的小学社会科教科书中，无法识别的民族出现的数目较多，数目达到31个（见附录5—1）与23个（见附录5—7）。而香港地区的小学社会科教科书中，无法识别的民族出现的数量很少，数量为4个（见附录5—4）。这说明广州与台湾地区的小学社会科教科书中对民族的模糊化处理较多，其实这并不利于学生对民族知识的了解与掌握，对于出现的图片应该有明确的指称，以更好地帮助学生了解确切的民族知识。香港地区因不重视民族的划分，所以民族总量出现就少，无法识别的民族就相应比较少。

这种模糊处理少数民族的方式，增加了小学生学习少数民族文化的困难。另外在对广州小学生多元文化素养调查中，小学生能列举民族的平均数是"6"，具体的民族是"高山族、白族、苗族、维吾尔族、藏族、傣族"等。可见小学生对于少数民族的知识积累不多，而我国的少数民族数目达"55"个之多，这就无法让小学生较好地掌握多个少数民族的相关知识与文化。

因此在少数民族内容中，给出的文字与图片均要明确指称其民族类别，让小学生能清晰获知相关的内容是哪个民族的文化，也方便小学生去比较各民族不同文化的特点，以更好地了解与学习少数民族文化，有助于培养小学生对于少数民族文化的尊重、接受与欣赏。

2. 明确给出国家（地区）名称，减少对国家（地区）内容的模糊处理

在广州与香港地区的小学社会科教科书中，无法识别的国家（地区）出现的数目较多，数目达到51个（见附录5—2）与48个（见附录5—5）。而台湾地区的小学社会科教科书中，无法识别的国家（地区）出现的数量相对较少，数量为10个（见附录5—8）。这说明广州与香港地区的小学社会科教科书对国家（地区）的模糊化处理较多，其实这并不利于学生对国家（地区）知识的了解与掌握。台湾地区的小学社会科教科书这方面做得比较好，学生可以从呈现的相关文字或图片中了解到更多明

确的国家（地区）知识。另外在对广州小学生多元文化素养调查中，小学生能列举国家的平均数是"8"，具体的国家是"英、法、美、日、俄、德"等，而世界上的国家（地区）数目达"224"个之多。可见小学生对于国家（地区）的知识积累并不多。

因此在国家（地区）内容中，给出的文字与图片均要明确指称其国家（地区）名称，让小学生能清晰获知相关的内容是哪个国家（地区）的文化，也方便小学生去比较不同国家（地方）不同文化的特点，以更好地了解与学习国家（地区）的知识文化。

3. 明确给出全球性事件的出处，丰富国际性组织的类别

在广州与香港地区的小学社会科教科书中，存在着无法识别出处的全球性事件。对于全球性问题涉及的各国人物没有鲜明的国别指示，用的是模糊化处理，让小学生无从识别各国人物的身份或是事件的出处，不利于小学生了解全球性事件。

另外，广州小学社会科教科书中国际性组织出现的类别极少。三地小学社会科教科书中国际性组织类别数量，穗港台分别是：5、12、11，可见广州地区国际性组织类别极少，其数量主要集中在"联合国"与"国际奥委会"上。而香港与台湾的国际性组织类别均超过10种。另外在对广州小学生多元文化素养调查中，小学生能列举国际性组织的平均数是"0.49"，数量还不到"1"，很多小学生对此题留空白。具体列举的国际性组织有国际货币基金组织、国际红十字会、国际救援组织、联合国等。可见小学生对于国际性组织的知识十分匮乏，几乎都到了空白的地步，而世界上仅政府间国际组织的数目于2005年就达7350个之多[①]。

因此小学社会科教科书中有必要加强国际性组织的相关内容，弥补小学生在这方面的不足，培养小学生对国际社会的关注。

（二）避免多元文化教育内容选择时的失衡现象

在广州小学社会科教科书中，其国家（地区）主题及全球主题，都存在着多元文化教育内容选择与失衡的问题。如国家主题中，对于我国只呈现儿童幸福快乐生活的画面，而外国呈现的图片则是战争、缺水、饥饿的画面。图片中似乎寓示我国孩子的生活远离贫穷与饥饿，生活幸福快

---

① SOSO百科：《国际组织》（http://baike.soso.com/v85221.htmJHJ4）。

乐。可这并不是我国所有儿童生活的真实写照。这反映了教材选择时仅从主流群体的观点出发，是教材选择与失衡现象的体现。这种失衡的教材选择方式，将使小学生无法了解事件情境的复杂性，可能被灌输主流意识。在教材中片面呈现某些事物，会影响小学生对真实事物的完整认识。只是给小学生呈现一个精心挑选的世界，而遮蔽完整真实的世界，这不可能培养出具有多元文化素养的小学生。因为真实的世界是多元的，而且是良莠杂糅的。

因此在确定多元文化教育内容时，要注意避免从主流意识出发，做到内容选择时的中允立场，呈现世界的多样性。

（三）消除对少数民族的刻板印象

在对小学社会科教科书的质性分析中，可以发现广州地区所呈现的少数民族的画面内容基本上属于节日、歌舞、服饰内容，其他方面的少数民族文化很少呈现。节日、歌舞、服饰内容是属于他族对少数民族最表面最粗浅的认识，这会给小学生形成一种刻板印象，少数民族就是那些衣着漂亮、每天唱歌跳舞的人。台湾地区的民族主题值得借鉴，其民族主题呈现较为全面，其中节庆祭典的内容较多，并多方面呈现了台湾少数民族的文化，包括台湾少数民族的历史、服饰、文字、建筑、手工艺（雕刻与编织）等。

实际上少数民族的文化是异常丰富的。一般的少数民族文化都有以下甚至更丰富的内容。有部落组织，包括部落的历史、政治结构、行政系统与对外的关系；有家庭制度，包括家庭的观念、家氏、家庭结构、家庭的延续及家庭中各分子的关系；有亲属制度，包括亲属关系、亲属称谓、亲属的活动；有社会阶层，包括社会阶层的构成、社会阶层的关系与社会阶层的流动；有个人的生命礼俗，包括生产方式、分配与交易、消费、财产观念等等；有社会规范，包括行为规范、法律、道德观等等；有宗教与祭典，包括宗教信仰、巫婆与祭司、各种祭祀仪式等。[1] 由上可知，少数民族文化不等同于歌舞、节日，少数民族文化也是一个完整系统的文化。

因此应全面地呈现几个有代表性的少数民族文化，说明少数民族文化

---

[1] 陈枝烈：《排湾族文化之田野研究及其对国小社会科课程设计之启示》，博士学位论文，台湾高雄师范大学，1994年，第11页。

的主题与意义，并由对几个民族文化的深度了解，推及其他民族均是具有独特文化的，都是值得去学习与尊重的。当然也应全面呈现汉族的文化，与少数民族文化形成一个对照，有助于学生在了解本族文化的基础上客观地对待他族的文化，培养学生的文化自觉意识。

（四）适当呈现多元文化教育中的真实问题

在广州小学社会科教科书中，对于民族、国家（地区）、全球主题主要呈现的都是美好、正面的现象，负面的现象极少出现，这就体现了教科书内容选择中真实问题的缺乏。如对于我国汉族与少数民族之间的争端在教科书中完全没有呈现，呈现的均是各民族间融洽友好的内容等。当然，民族间的团结是各民族的主流，民族分歧与矛盾只是局部现象。但是民族间的小冲突小争端，若没有处理好，视其为不存在就可能会演变成影响国家稳定与发展的绊脚石。

在20世纪80年代以前，对于台湾当局而言所谓的"原住民问题"并不存在，主要的山地或山胞政策是同化。原住民运动于80年代兴起，在岛内民主化以及国际原住民族运动的洗礼下，原住民族权利的发展才在台湾政治中展开新的一页。[①] 如台湾原住民族自治问题。相应地，台湾的小学社会科教科书中好几处出现了汉族与原住民分歧的内容，比较真实地呈现了民族之间的关系，也让小学生能更好地理解今天汉族与原住民的关系现状。在与台湾教育研究院教科书研究中心的两位研究员访谈时提到这个问题，他们均表示："以前台湾教科书编辑者是不把这些争端与冲突的内容纳入到课本中的，但随着社会的开放，教科书中已经纳入了这些内容。而且对于这些真实的历史有必要让小学生知道，只是注意呈现与表述的方式。"

因此在小学社会科教科书中，应该恰当呈现多元文化教育中的真实问题。麦坚索强调要重视课程编制中的冲突和矛盾。[②] 教材内容脱离事实，会对孩子的情感造成极大的毒害，尤其在小学阶段，将会在孩子的幼小心灵中埋下欺骗的种子。当这些孩子长大后意识到这种有意的欺骗，将会破坏他们对世界的认识，可能会产生对主流社会的反叛心理，或是学会无耻，学会欺骗。他们很难再在心中树立起敬畏，不再信仰真实，也许会走

---

① 百度百科：台湾原住民（http://baike.baidu.com/view/340835.htm）。
② 吴永军：《课程社会学》，南京师范大学出版社1999年版，第130—132页。

向反面,在规避与消解制度法令方面游刃有余。今天的社会,权利与自由意识的权重逐日增高,"撒谎"——无论以任何美好的名义,代价也会弥足深重。①

---

① 《课本里,那些虚假的种子》,凤凰网(http://news.ifeng.com/opinion/gundong/detail_2010_10/21/2851463_0.shtml)。

结　　论

下面就本书所做的工作和研究成果做一总结，反思本书的不足，并提出后续研究的方向。

在本书写作过程中，首先对多元文化教育及社会科的相关理论进行了研究，本书的三个重要理论基础即全球多元文化教育理论、中华民族多元一体格局理论、文化自觉理论。全球多元文化教育理论正适合21世纪全球化社会的需要，为本书提供全球视域的研究视角，为把小学生培养成为世界公民的目标提供了理论依据，为三地课程标准与教科书类目分析表的设计提供了原型，为三地小学生多元文化素养的调查问卷设计提供了强有力的基础。费孝通先生提出的文化自觉理论也适合全球化社会的背景，各种不同文化之间的和谐共处都建立在对自己文化的自知之明之上，有了对自己文化优势与不足的认识，才能清醒地认识与正确对待异文化，提供全球多文化之间的相处之道。而费孝通先生提出的中华民族多元一体格局理论是针对我国国情所提出来的，同源于中华文化的多民族文化，最终统一于中华民族的共同认同，提出了我国多民族文化的特点及相处之道。三个理论基础为解决小学社会科教科书中民族、国家（地区）、全球的多元文化教育主题内容的分配问题提供了直接的依据，是本书的研究基础与灵魂。

在进行三地教科书文本分析时，可以清楚看到穗港台三地小学社会科教科书多元文化教育内容的共同之处。

（1）文化价值取向为主的多元文化教育。三地小学社会科教科书的多元文化教育内容均体现出以文化取向为主的特点，这说明三地都重视文化的继承与流传。一方面同作为中华民族的子民，都强调中华文化的继承与流传；另一方面港台作为长期受殖民的地区，也在不自觉地传递受殖民影响的文化。

（2）全球价值取向薄弱的多元文化教育。三地的全球价值取向比较薄弱,还未引起相关部门的足够重视。三地不是重视民族取向、国家(地区)取向,就是二者并重,这说明三地重视培养学生的民族认同抑或国家(地区)认同。也进一步说明三地的教育视野比较狭隘,育人目标没有立足于地球村的背景以及世界公民培养的角度,这是教育的薄弱环节,迫切需要加强从而使三地顺应世界全球化的潮流而不落人后。

(3)忽视经济价值取向的多元文化教育。在三地小学社会科教科书多元文化教育内容的文化、社会、经济、环境维度分析中,经济维度所占比例低于其他三个维度,远低于总量的1/3。说明三地的经济价值取向十分薄弱,没有得到相关部门的关注。三地所持有的教育观念对于今天的市场经济、全球经济没有充分的回应,作为学生最重要的课程资源——教科书上也没有充分反映21世纪经济发展的新要求。

(4)跨文化交流内容过少。在三地小学社会科教科书交互主题分析中,发现三地至少有85%的内容是单一主题。因此可以看到三地的多元文化教育内容绝大部分是单一主题,交互主题数量极少。在小学社会科教科书中,单一主题与交互主题的内容应平衡分布,而且尤其要突出交互主题内容。因为事实上,很少有民族或是国家(地区)孤立地发展,都是在与其他民族或国家(地区)的互动交流中发展,因此几乎所有的民族、国家(地区)之间都有着紧密的往来与沟通,而且全球性事件之间也都有着剪不断的联系。因此,要如实地反映一个真实的全球社会,在教科书中就要呈现交互主题为主而不是单一主题为主的内容。

同时在进行三地教科书文本比较分析时,可以发现穗港台三地小学社会科教科书多元文化教育内容的独特之处。

(1)广州强调爱国主义与中华民族的认同。在三地小学社会科教科书民族、国家(地区)、全球层次分析中,发现广州同时重视国家(地区)与民族主题,即说明广州教科书既强调国家(地区)认同又重视民族认同。国家(地区)认同即是强调爱国主义,也分别体现在国家课程标准的目标部分、《公民道德实施纲要》及《国家中长期教育改革和发展规划纲要(2010—2020年)》的要求之中。而对民族主题的强调,根据费孝通先生对中华民族起源的分析,可知中国境内的所有民族均来自一个源头,是多元一体的关系,即是指中华民族文化的认同。

(2)香港强调地区认同兼顾全球教育。在三地小学社会科教科书民族、国家(地区)、全球层次分析中,发现香港重视国家(地区)主题的内容，超过总量的一半，而且香港数量是中国内地数量的 2 倍。因此香港教科书体现的是地区的认同感，强调对香港的认同。同时在对三地小学社会科教科书文化、社会、经济、环境维度的分析中，发现香港的环境维度所占比例为最高。另外，在三地小学社会科教科书全球性事件分析中，全球性事件的种类最多，国际性组织的种类最多。因此香港对环境内容及全球性事件的重视，均表明香港多元文化教育的全球性特点。

（3）台湾强调中华民族认同兼顾全球教育。在三地小学社会科教科书民族、国家（地区）、全球层次分析中，发现台湾重视民族主题的内容，民族主题数量达到总量的一半。在中国疆域内的各民族都源自中华民族，而台湾自古就是中国不可分割的一部分，自然台湾境内的所有民族都是中华民族的一部分。因此教科书对民族主题的重视，即可理解为台湾地区强调中华民族文化认同。同时台湾环境维度所占比例仅次于香港，超过 1/3；台湾环境问题在全球性事件总量中排名第一，而且台湾的国际性组织的种类出现比较多，仅次于香港。因此台湾对环境内容及全球性事件的重视，均表明台湾多元文化教育的全球性特点。

三地小学社会科教科书多元文化教育内容共同点中有三点不足：全球内容薄弱、经济内容很少、跨文化交流内容少，即是说明三地多元文化教育的发展还不够完善，非常重要的原因就是国家（地区）教育层面对多元文化教育的忽视。三地课程标准与教科书中的多元文化教育内容是隐性课程的体现，因为在课程标准中看不到明确的多元文化教育目标，在教科书的文字表述中很难见到明确的"多元文化"用语。而通过内容分析法就可以把隐藏在课程标准与教科书中的多元文化教育内容明确地呈现出来，呈现出来的多元文化教育内容就自然地表现出它的特色和不足。这是因为文本中显示的多元文化教育内容不是编辑者经过事先设计、精心挑选出来的，更多的是在设计其他教育目的或设置其他教育内容时的一种相关涉及，具有一定的随意性与偶然性。对于因随意性或偶然性而出现的事物，自然会存在不足之处。因此要完善教科书的多元文化教育内容，非常重要的一点就是要加强多元文化教育内容的计划性与必然性，最重要是在国家教育政策层面提出多元文化教育的明确要求才能使目前的不足有根本改观。具体而言，就必须在课程标准的目标及相关内容中明确设定多元文化教育的地位与分量；因为课程标准是教科书的编制依据，本书中课程标准与教科书文本分析显示出来的多元文化教育的价值取向基本一致也明确反映了这一点，多元文化教育只有在课程标准中取得"合法地位"，教科书中的多元文化教育内容才会名正言顺地存在，从而得到关注并逐步完善，发挥它对学生深刻而长远的影响。

教科书文本分析与小学生多元文化素养调查的结论有一半一致，也说明了教科书对学生素养的影响之深。在三地小学生多元文化素养的调查中，可以发现他们在多元文化知识、态度与技能三方面只是稍高于合格水平，在知识方面甚至还未达到合格水平。说明三地小学生在民族、国家（地区）、全球主题方面的多元文化素养还有待提高。另外，三地的教师调查中，教师反馈课程标准与教科书中存在多元文化教育内容分量过少，没有充分反映民族、国家（地区）、全球的多元文化教育主题，多元文化教育内容中存在偏差现象，以及存在汉民族主流文化倾向的问题等。基于教科书对小学生的深刻影响力，针对小学生多元文化素养存在的问题，增加与改善教科书的多元文化教育内容将有利于提高小学生的多元文化素养。

因此在综合以上文本分析及实地调查的基础之上，从广州小学社会科教科书及小学生多元文化素养的现有基础出发，借鉴港台在多元文化教育内容方面的有益经验，从课程标准与教科书两方面提出沿海开放城市小学社会科教科书多元文化教育内容的优化策略。

（1）在小学社会科课程标准中提出多元文化教育的目标，并均衡配置多元文化教育各层次与各维度的内容。

（2）在小学社会科教科书中增加全球层次的多元文化教育内容、环境与经济维度的多元文化教育内容及交互主题；均衡少数民族文化、外国（地区）及全球性事件在小学各年级教科书中的分布；减少消失不见、选择与失衡、刻板印象、缺少真实问题等多元文化教育的缺失现象。

反思本书所做工作，可能的创新体现在三个方面：一是重视我国社会科中的多元文化教育研究，强调社会科在多元文化教育中的主导作用；二是拓展了多元文化教育的研究主题，不再局限于经典的"民族"主题，增加了国家（地区）、全球主题；三是多元文化教育不再限于少数民族学生、少数民族地区，而是面向全体学生的教育。

另外，本书只是做了小学多元文化教育的一部分研究工作，还有一些后续工作有待在以后的研究中继续完善。多元文化教育问题十分复杂，上至国家教育政策方针的调整，下至学校环境的改革，本书所关注的教科书只是多元文化教育的一个重要影响因素，而社会科也只是其中的一个学科领域。其他科目如语文、英语等，以及学校开展的多种活动均在传递多元文化教育的意蕴、培养学生多元文化的素养。另外，多元文化教育研究主题众多，在本书中只是涉及民族、国家（地区）、全球三个主题，提供的多元文化教育内容的相关建议主要是针对这三个主题，并不能提供多元文化教育的全面建议。这也是本书以后拓展的方向，拓展多元文化教育的研究主题，如性别、阶层、年龄等；对小学阶段所有科目的教科书及学校相关活动加以全面检视分析。

附　录

附录1　香港2001年和2006年按种族划分的人口

单位：人、%

种族	2001年 数目	2001年 百分比	2006年 数目	2006年 百分比
华人	6364439	94.9	6522148	95.0
菲律宾人	142556	2.1	112453	1.6
印尼人	50494	0.8	87840	1.3
白人	46584	0.7	36384	0.5
印度人	18543	0.3	20444	0.3
尼泊尔人	12564	0.2	15950	0.2
日本人	14180	0.2	13189	0.2
泰国人	14342	0.2	11900	0.2
巴基斯坦人	11017	0.2	11111	0.2
其他亚洲人	12835	0.2	12663	0.2
其他	20835	0.3	20264	0.3
总计	6708389	100	6864346	100

资料来源：香港政府统计处2006年中期人口统计办事处。

附录2 香港1996年、2001年及2006年按惯用语言划分的五岁及以上人口

单位：个、%

惯用语言	1996年 数目	1996年 百分比	2001年 数目	2001年 百分比	2006年 数目	2006年 百分比
广州话	5196240	88.7	5726972	89.2	6030960	90.8
普通话	65892	1.1	55410	0.9	60859	0.9
其他我国方言	340222	5.8	352562	5.5	289027	4.4
英语	184308	3.1	203598	3.2	187281	2.8
其他	73879	1.3	79197	1.2	72217	1.1
总计	5860541	100	6417739	100	6640344	100

注释：这些数字不包括失去语言能力的人士。

资料来源：政府统计处2006年中期人口统计办事处。

附录3　詹姆斯·林奇全球多元文化教育目标

Levels Dimensions	Community　　National　　International
Cultural	intercultural communicative competence mother-tongue, national language, foreign language intercommunication
Social	Human right, responsibilities and justice social interconnectedness
Economic	Responsible consumerism and exchange interdependence and interaction
Environmental	Sustainable development and non-exploitation spatial and ecological interrelationship

附录4　穗港台三地主题类目统计数据

附录4—1　　广州民族层次主题类目统计数据

维度	年级	一年级 文字	一年级 图片	二年级 文字	二年级 图片	三年级 文字	三年级 图片	四年级 文字	四年级 图片	五年级 文字	五年级 图片	六年级 文字	六年级 图片	图文总计
文化维度	跨文化交流	0	0	0	1	1	1	0	0	27	13	0	0	43
	语言交流	0	34	0	1	2	2	0	0	0	0	0	0	39
	服饰、风俗、饮食、宗教等	3	58	2	31	3	7	48	94	23	16	13	8	306
社会维度	人权	0	0	0	0	13	14	0	0	37	14	1	0	79
	责任	1	31	8	43	34	64	0	0	12	4	0	0	197
	公正	0	0	0	0	0	0	0	0	49	12	48	21	130
	社会相互依存	0	0	0	0	0	0	0	0	0	0	0	0	0
经济维度	理性的消费与交易	0	0	0	0	48	60	0	0	0	0	60	12	180
	经济的相互依赖与作用	0	0	0	0	0	0	0	0	4	4	0	0	8
环境维度	环境的合理开发与保护	0	30	5	76	2	10	9	29	0	0	0	1	162
	生态的相互关系	0	0	0	0	0	0	0	0	0	0	0	0	0
年级总计		157		167		261		180		215		164		1144

附录 4—2　　广州国家（地方）层次主题类目统计数据

维度	年级	一年级 文字	一年级 图片	二年级 文字	二年级 图片	三年级 文字	三年级 图片	四年级 文字	四年级 图片	五年级 文字	五年级 图片	六年级 文字	六年级 图片	图文总计
文化维度	跨文化交流	0	0	1	1	0	1	0	0	29	24	12	17	85
文化维度	语言交流	0	6	0	1	0	0	0	0	2	2	0	0	11
文化维度	服饰、风俗、饮食、宗教等	10	35	2	1	8	12	29	44	105	75	57	32	410
社会维度	人权	2	0	0	0	1	6	2	11	133	87	17	17	276
社会维度	责任	0	11	5	10	1	0	18	31	11	5	44	16	152
社会维度	公正	0	0	0	0	0	0	0	0	0	0	30	14	44
社会维度	社会相互依存	0	0	0	0	0	0	0	0	5	1	8	7	21
经济维度	理性的消费与交易	0	0	53	65	0	3	0	0	1	0	0	0	122
经济维度	经济的相互依赖与作用	0	0	0	0	0	0	13	5	5	1	28	20	72
环境维度	环境的合理开发与保护	0	0	2	11	0	0	1	5	3	1	44	17	84
环境维度	生态的相互关系	0	0	0	1	0	0	0	0	0	0	0	0	1
年级总计		64		88		94		162		490		380		1278

附录 4—3　　广州全球层次主题类目统计数据

维度	年级	一年级 文字	一年级 图片	二年级 文字	二年级 图片	三年级 文字	三年级 图片	四年级 文字	四年级 图片	五年级 文字	五年级 图片	六年级 文字	六年级 图片	图文总计
文化维度	跨文化交流	2	0	0	0	0	0	0	0	11	5	1	3	22
文化维度	语言交流	0	0	0	0	0	0	0	0	0	0	0	0	0
文化维度	服饰、风俗、饮食、宗教等	0	41	0	0	0	0	0	0	0	0	43	39	123

续表

维度	年级	一年级 文字	一年级 图片	二年级 文字	二年级 图片	三年级 文字	三年级 图片	四年级 文字	四年级 图片	五年级 文字	五年级 图片	六年级 文字	六年级 图片	图文总计
社会维度	人权	0	6	0	0	5	7	0	3	0	2	100	31	154
社会维度	责任	0	0	0	0	0	0	0	0	0	0	37	6	43
社会维度	公正	0	0	0	0	0	0	0	0	0	0	0	0	0
社会维度	社会相互依存	0	0	0	0	0	0	0	0	0	0	0	0	0
经济维度	理性的消费与交易	0	0	0	0	0	0	0	0	0	0	0	0	0
经济维度	经济的相互依赖与作用	0	0	0	0	0	0	0	0	0	0	0	0	0
环境维度	环境的合理开发与保护	0	58	16	76	2	2	6	15	3	1	39	16	234
环境维度	生态的相互关系	0	0	0	0	0	0	0	0	0	0	18	10	28
年级总计		107		92		16		24		22		343		604

附录4—4　　香港民族层次主题类目统计数据

维度	年级	一年级 文字	一年级 图片	二年级 文字	二年级 图片	三年级 文字	三年级 图片	四年级 文字	四年级 图片	五年级 文字	五年级 图片	六年级 文字	六年级 图片	图文总计
文化维度	跨文化交流能力	0	0	0	0	0	0	0	0	0	0	0	0	0
文化维度	语言交流	0	0	0	0	0	0	0	0	0	0	0	0	0
文化维度	服饰、风俗、饮食、宗教等	5	25	0	18	6	17	0	0	0	2	0	0	73
社会维度	人权	0	0	0	0	19	11	0	0	43	28	17	10	128
社会维度	责任	7	13	0	0	9	4	0	0	0	0	4	2	39
社会维度	公正	0	0	0	0	3	0	0	0	0	0	0	0	3
社会维度	社会普遍联系	0	0	0	0	0	0	0	0	7	2	0	0	9

续表

维度		一年级 文字	一年级 图片	二年级 文字	二年级 图片	三年级 文字	三年级 图片	四年级 文字	四年级 图片	五年级 文字	五年级 图片	六年级 文字	六年级 图片	图文总计
经济维度	理性的消费与交易	0	0	0	0	28	22	0	0	0	0	54	29	133
经济维度	经济的相互依赖与作用	0	0	0	2	0	0	0	0	0	0	5	2	9
环境维度	环境的合理开发与保护	0	2	2	2	85	88	0	0	0	0	0	0	179
环境维度	生态的相互关系	0	0	3	4	4	1	0	0	0	0	0	0	12
年级总计		52		31		297		0		82		123		585

附录 4—5　香港国家（地区）层次主题类目统计数据

维度		一年级 文字	一年级 图片	二年级 文字	二年级 图片	三年级 文字	三年级 图片	四年级 文字	四年级 图片	五年级 文字	五年级 图片	六年级 文字	六年级 图片	图文总计
文化维度	跨文化交流能力	1	0	0	0	0	0	0	0	4	5	0	0	10
文化维度	语言交流	12	7	0	0	0	0	0	0	0	0	0	0	19
文化维度	服饰、风俗、饮食、宗教等	85	75	43	72	83	133	43	52	41	46	0	13	686
社会维度	人权	0	0	10	7	20	13	2	4	49	31	0	0	136
社会维度	责任	0	0	4	4	8	8	30	21	0	0	0	0	75
社会维度	公正	0	0	0	0	0	0	0	0	6	5	0	0	11
社会维度	社会相互依存	0	0	0	0	0	0	0	0	5	4	0	0	9
经济维度	理性的消费与交易	0	0	0	0	0	0	0	0	0	0	0	0	0
经济维度	经济的相互依赖与作用	0	0	0	0	0	0	0	0	31	38	0	0	69

续表

维度 \ 年级		一年级 文字	一年级 图片	二年级 文字	二年级 图片	三年级 文字	三年级 图片	四年级 文字	四年级 图片	五年级 文字	五年级 图片	六年级 文字	六年级 图片	图文总计
环境维度	环境的合理开发与保护	0	0	0	3	54	1	0	0	0	0	125	96	279
环境维度	生态的相互关系	0	0	0	0	0	0	2	2	0	0	0	3	7
年级总计		180		143		320		156		265		237		1301

附录4—6　　香港全球层次主题类目统计数据

维度 \ 年级		一年级 文字	一年级 图片	二年级 文字	二年级 图片	三年级 文字	三年级 图片	四年级 文字	四年级 图片	五年级 文字	五年级 图片	六年级 文字	六年级 图片	图文总计
文化维度	跨文化交流能力	0	0	0	0	5	0	25	21	6	4	1	3	65
文化维度	语言交流	0	0	0	0	0	0	0	0	0	0	0	0	0
文化维度	服饰、风俗、饮食、宗教等	0	0	0	0	0	1	42	38	0	1	0	2	84
社会维度	人权	0	0	0	0	0	0	0	0	8	2	36	20	66
社会维度	责任	0	0	0	0	0	0	0	0	0	0	0	0	0
社会维度	公正	0	0	0	0	0	0	0	0	0	0	0	0	0
社会维度	社会相互依存	0	0	0	0	0	0	0	0	0	0	0	0	0
经济维度	理性的消费与交易	0	0	0	0	0	0	0	0	0	0	0	0	0
经济维度	经济的相互依赖与作用	0	0	0	0	0	0	0	0	0	0	0	0	0
环境维度	环境的合理开发与保护	0	0	2	2	59	66	0	0	0	0	60	50	239
环境维度	生态的相互关系	0	0	3	4	3	1	44	40	0	0	5	10	110
文图小计		0		11		135		210		21		187		564

附录 4—7　　台湾民族层次主题类目统计数据

维度	年级	一年级 文字	一年级 图片	二年级 文字	二年级 图片	三年级 文字	三年级 图片	四年级 文字	四年级 图片	五年级 文字	五年级 图片	六年级 文字	六年级 图片	图文总计
文化维度	跨文化交流能力	0	0	0	2	1	3	2	2	0	0	4	1	15
文化维度	语言交流	3	7	0	0	4	12	0	0	0	0	0	0	26
文化维度	服饰、风俗、饮食、宗教等	17	45	32	93	17	34	34	87	13	41	2	6	421
社会维度	人权	0	0	2	2	41	40	0	0	6	14	0	0	105
社会维度	责任	4	5	3	10	6	12	0	0	0	0	0	0	40
社会维度	公正	0	0	0	0	1	0	0	0	0	0	0	0	1
社会维度	社会普遍联系	0	0	0	0	0	0	0	0	7	1	0	0	8
经济维度	理性的消费与交易	0	0	0	0	7	11	1	0	0	0	44	41	104
经济维度	经济的相互依赖与作用	0	0	0	0	0	0	0	0	2	2	0	0	4
环境维度	环境的合理开发与保护	7	16	9	33	11	35	21	47	1	4	19	19	222
环境维度	生态的相互关系	0	0	0	0	3	5	1	0	6	12	0	0	27
年级总计		104		186		243		195		109		136		973

附录 4—8　　台湾国家（地区）层次主题类目统计数据

维度	年级	一年级 文字	一年级 图片	二年级 文字	二年级 图片	三年级 文字	三年级 图片	四年级 文字	四年级 图片	五年级 文字	五年级 图片	六年级 文字	六年级 图片	图文总计
文化维度	跨文化交流能力	0	0	0	0	0	0	4	9	3	3	0	0	19
文化维度	语言交流	0	0	0	0	0	0	0	0	0	0	0	0	0
文化维度	服饰、风俗、饮食、宗教等	0	0	0	14	0	0	0	0	1	14	20	22	71

续表

维度		一年级 文字	一年级 图片	二年级 文字	二年级 图片	三年级 文字	三年级 图片	四年级 文字	四年级 图片	五年级 文字	五年级 图片	六年级 文字	六年级 图片	图文总计
社会维度	人权	0	0	0	0	0	0	0	0	48	73	34	39	194
	责任	0	0	0	0	0	0	0	0	0	0	0	0	0
	公正	0	0	0	0	0	0	0	0	0	0	0	0	0
	社会相互依存	0	0	0	0	0	0	0	0	5	6	0	0	11
经济维度	理性的消费与交易	0	0	0	0	0	0	0	0	0	0	0	0	0
	经济的相互依赖与作用	0	0	0	0	0	0	7	10	7	19	0	0	43
环境维度	环境的合理开发与保护	0	0	0	0	0	0	3	5	36	37	6	12	99
	生态的相互关系	0	0	0	0	0	0	0	0	0	0	0	0	0
年级总计		0		14		0		38		252		133		437

附录4—9　　　台湾全球层次主题类目统计数据

维度		一年级 文字	一年级 图片	二年级 文字	二年级 图片	三年级 文字	三年级 图片	四年级 文字	四年级 图片	五年级 文字	五年级 图片	六年级 文字	六年级 图片	图文总计
文化维度	跨文化交流能力	0	0	0	0	0	0	0	0	1	5	15	21	42
	语言交流	0	0	0	0	0	0	0	0	0	0	0	0	0
	服饰、风俗、饮食、宗教等	0	0	0	0	0	0	0	0	3	6	34	42	85
社会维度	人权	0	0	0	0	0	0	0	0	0	0	12	12	24
	责任	0	0	0	0	0	0	0	0	0	0	13	7	20
	公正	0	0	0	0	0	0	0	0	0	0	0	0	0
	社会相互依存	0	0	0	0	0	0	0	0	0	0	5	16	21

续表

维度	年级	一年级 文字	一年级 图片	二年级 文字	二年级 图片	三年级 文字	三年级 图片	四年级 文字	四年级 图片	五年级 文字	五年级 图片	六年级 文字	六年级 图片	图文总计
经济维度	理性的消费与交易	0	0	0	0	0	0	0	0	0	0	0	0	0
经济维度	经济的相互依赖与作用	0	0	0	0	0	0	0	0	10	16	0	1	27
环境维度	环境的合理开发与保护	7	16	9	33	13	33	21	47	0	0	17	21	217
环境维度	生态的相互关系	0	0	0	0	3	5	1	0	3	3	30	17	62
年级总计		23		42		54		69		47		263		498

附录5　穗港台三地主角类目统计数据

附录5—1　　　　广州民族主角类目统计数据

民族 \ 年级	一年级 文字	一年级 图片	二年级 文字	二年级 图片	三年级 文字	三年级 图片	四年级 文字	四年级 图片	五年级 文字	五年级 图片	六年级 文字	六年级 图片	图文总计
汉族	0	372	1	368	0	477	0	376	0	321	0	326	2241
壮族	0	2	0	0	0	0	0	1	0	3	0	0	6
满族	0	2	0	0	0	0	0	2	1	3	0	0	8
回族	0	4	0	0	0	0	1	1	4	4	0	0	14
苗族	0	0	0	0	0	0	0	1	0	3	0	0	4
维吾尔族	0	6	0	1	0	0	0	8	13	12	0	0	40
土家族	0	0	0	0	0	0	0	1	0	3	0	0	4
彝族	0	0	0	0	0	0	1	2	0	3	0	0	6
蒙古族	0	2	0	1	0	1	0	4	1	4	0	0	13
藏族	0	4	0	1	0	1	2	5	6	5	4	3	31
布依族	0	0	0	0	0	0	0	1	0	3	0	0	4
侗族	0	0	0	0	0	0	0	1	0	2	0	0	3
瑶族	0	0	0	0	0	0	0	1	0	2	0	0	3
朝鲜族	0	2	0	0	0	0	0	1	3	3	0	0	9
白族	0	0	0	0	0	0	2	1	0	2	0	0	5

续表

年级民族	一年级 文字	一年级 图片	二年级 文字	二年级 图片	三年级 文字	三年级 图片	四年级 文字	四年级 图片	五年级 文字	五年级 图片	六年级 文字	六年级 图片	图文总计
哈尼族	0	0	0	0	0	0	1	0	2	0	0	0	3
哈萨克族	0	1	0	0	0	0	0	1	1	2	0	0	5
黎族	0	1	0	0	0	0	0	1	5	4	0	0	11
傣族	0	2	0	0	0	0	1	4	0	2	0	0	9
畲族	0	0	0	0	0	0	0	1	0	1	0	0	2
傈僳族	0	0	0	0	0	0	0	1	0	1	0	0	2
仡佬族	0	0	0	0	0	0	0	1	0	1	0	0	2
东乡族	0	0	0	0	0	0	0	1	0	1	0	0	2
拉祜族	0	0	0	0	0	0	0	1	0	1	0	0	2
水族	0	0	0	0	0	0	0	1	0	1	0	0	2
佤族	0	0	0	0	0	0	0	1	0	1	0	0	2
纳西族	0	0	0	0	0	0	0	1	2	2	0	0	5
羌族	0	0	0	0	0	0	0	1	0	1	0	0	2
土族	0	0	0	0	0	0	0	1	0	1	0	0	2
仫佬族	0	0	0	0	0	0	0	1	0	1	0	0	2
毛南族	0	0	0	0	0	0	0	1	0	1	0	0	2
撒拉族	0	0	0	0	0	0	0	1	0	1	0	0	2
布朗族	0	0	0	0	0	0	0	1	0	1	0	0	2
塔吉克族	0	0	0	0	0	0	0	1	1	1	0	0	3
阿昌族	0	0	0	0	0	0	0	1	0	1	0	0	2
普米族	0	0	0	0	0	0	0	1	0	1	0	0	2

续表

民族＼年级	一年级 文字	一年级 图片	二年级 文字	二年级 图片	三年级 文字	三年级 图片	四年级 文字	四年级 图片	五年级 文字	五年级 图片	六年级 文字	六年级 图片	图文总计
鄂温克族	0	0	0	0	0	0	0	1	0	1	0	0	2
怒族	0	0	0	0	0	0	0	1	0	1	0	0	2
京族	0	0	0	0	0	0	0	1	0	1	0	0	2
锡伯族	0	0	0	0	0	0	0	1	0	1	0	0	2
柯尔克孜族	0	0	0	0	0	0	0	1	0	1	0	0	2
达斡尔族	0	0	0	0	0	0	0	1	0	1	0	0	2
景颇族	0	0	0	0	0	0	0	1	0	1	0	0	2
基诺族	0	0	0	0	0	0	0	1	0	1	0	0	2
德昂族	0	0	0	0	0	0	0	1	0	1	0	0	2
保安族	0	0	0	0	0	0	0	1	0	1	0	0	2
俄罗斯族	0	0	0	0	0	0	0	1	0	1	0	0	2
裕固族	0	0	0	0	0	0	0	1	0	1	0	0	2
乌孜别克族	0	0	0	0	0	0	0	1	0	1	0	0	2
门巴族	0	0	0	0	0	0	0	1	0	1	0	0	2
鄂伦春族	0	0	0	0	0	0	0	1	0	1	0	0	2
独龙族	0	0	0	0	0	0	0	1	0	1	0	0	2
塔塔尔族	0	0	0	0	0	0	0	1	0	1	0	0	2
赫哲族	0	0	0	0	0	0	0	1	0	1	0	0	2
高山族	0	1	0	0	0	0	0	1	0	1	0	1	3
珞巴族	0	0	0	0	0	0	0	1	0	1	0	0	2
无法识别	0	17	0	1	0	0	0	12	0	1	0	0	31

附录 5—2　　广州国家（地区）主角类目统计数据

洲别/国家	年级	一年级 文字	一年级 图片	二年级 文字	二年级 图片	三年级 文字	三年级 图片	四年级 文字	四年级 图片	五年级 文字	五年级 图片	六年级 文字	六年级 图片	图文总计
亚洲	中国	0	372	0	389	0	479	0	398	0	358	2	326	2324
	阿富汗	0	1	0	0	0	0	0	0	0	0	0	1	2
	日本	0	0	0	0	0	4	0	2	43	22	9	6	86
	朝鲜	0	0	0	0	0	0	0	0	4	1	4	2	11
	韩国	0	0	0	0	0	0	0	1	2	0	2	0	5
	菲律宾	0	0	0	0	0	0	0	0	0	1	1	0	2
	印度尼西亚	0	0	0	0	0	0	0	0	1	1	1	0	3
	马来西亚	0	0	0	0	0	0	0	0	0	1	2	0	3
	新加坡	0	0	0	0	0	0	0	0	0	1	0	0	1
	印度	0	0	0	0	0	2	0	0	2	2	5	1	12
	文莱	0	0	0	0	0	0	0	0	0	1	0	0	1
	泰国	0	0	0	0	0	1	0	1	0	1	2	0	5
	越南	0	0	0	0	0	0	0	0	0	1	0	0	1
	伊拉克	0	0	0	0	0	0	1	0	1	0	0	0	2
	伊朗	0	0	0	0	0	1	0	0	0	0	0	1	2
	土耳其	0	0	0	0	0	1	0	0	0	0	2	0	3
	缅甸	0	0	0	0	0	0	0	0	0	1	1	0	2
	尼泊尔	0	0	0	0	0	0	0	0	1	0	0	0	1
	东帝汶	0	0	0	0	0	0	0	0	0	1	0	0	1
	斯里兰卡	0	0	0	0	0	0	0	0	0	1	0	0	2
	马尔代夫	0	0	0	0	0	0	0	0	0	0	1	0	1
	越南	0	0	0	0	0	0	0	0	1	0	0	0	1
	亚洲统计	0	373	0	389	0	488	1	402	55	392	34	337	2471

续表

洲别/国家		一年级 文字	一年级 图片	二年级 文字	二年级 图片	三年级 文字	三年级 图片	四年级 文字	四年级 图片	五年级 文字	五年级 图片	六年级 文字	六年级 图片	图文总计
欧洲	英国	0	0	0	0	0	1	0	0	6	5	9	1	22
	法国	0	0	0	0	1	0	0	0	3	2	5	1	12
	意大利	0	1	0	1	0	0	0	0	3	0	3	2	10
	希腊	0	1	0	1	0	0	0	1	0	0	5	0	8
	荷兰	0	0	0	0	0	1	0	0	0	0	0	0	1
	俄罗斯	0	0	0	0	0	1	0	0	1	1	12	7	22
	德国	0	0	0	0	0	0	0	1	2	2	17	6	28
	丹麦	0	0	0	0	0	0	0	1	0	0	0	0	1
	葡萄牙	0	0	0	0	0	0	0	0	3	2	0	0	5
	西班牙	0	0	0	0	0	0	0	0	4	0	0	0	4
	瑞士	0	0	0	0	0	1	0	0	0	0	0	0	1
	比利时	0	0	0	0	0	0	0	0	0	0	1	0	1
	奥地利	0	1	0	0	0	0	0	0	0	0	1	0	2
	匈牙利	0	0	0	0	0	0	0	0	0	0	1	0	1
	波兰	0	0	0	0	0	0	0	0	1	0	0	0	1
	芬兰	0	0	0	0	0	0	0	0	0	0	1	0	1
	荷兰	0	0	0	0	0	0	0	0	0	0	2	1	3
	无法识别	0	0	0	0	0	2	0	0	2	1	0	0	5
欧洲总计		0	3	0	2	1	6	0	3	25	13	57	18	128
非洲	埃及	0	0	0	0	0	1	2	1	1	1	2	0	8
	肯尼亚	0	0	0	0	0	1	0	0	0	0	2	0	3
	南非	0	0	0	0	0	0	0	0	0	1	1	2	4
	乌干达	0	0	0	0	0	0	0	0	0	0	0	1	1
	坦桑尼亚	0	0	0	0	0	0	0	0	0	0	0	1	1
非洲总计		0	0	0	0	0	2	2	1	1	2	5	4	17

续表

洲别/国家		一年级 文字	一年级 图片	二年级 文字	二年级 图片	三年级 文字	三年级 图片	四年级 文字	四年级 图片	五年级 文字	五年级 图片	六年级 文字	六年级 图片	图文总计
大洋洲	澳大利亚	0	0	0	0	0	0	0	1	1	1	5	5	13
	新西兰	0	0	0	0	0	0	0	0	0	0	0	1	1
大洋洲总计		0	0	0	0	0	0	0	1	1	1	5	6	14
南美洲	巴西	0	0	0	0	0	1	0	0	0	1	3	3	8
	秘鲁	0	0	0	0	0	0	0	0	0	1	0	0	1
	巴拿马	0	0	0	0	0	0	0	0	0	1	0	0	1
南美洲总计		0	0	0	0	0	1	0	0	0	3	3	3	10
北美洲	美国	0	1	0	0	4	4	0	2	4	3	20	3	41
	加拿大	0	0	0	0	1	0	0	0	5	2	4	5	17
北美洲总计		0	1	0	0	5	4	0	2	9	5	24	8	58
无法识别		0	0	0	3	0	22	0	3	2	1	5	15	51

附录 5—3　　广州全球主角类目统计数据

全球性事件	一年级 文字	一年级 图片	二年级 文字	二年级 图片	三年级 文字	三年级 图片	四年级 文字	四年级 图片	五年级 文字	五年级 图片	六年级 文字	六年级 图片	图文总计
环境保护	0	25	4	76	2	2	6	15	3	1	65	27	226
贫穷问题	0	0	0	0	0	2	0	0	0	1	9	13	25
战争与和平	0	6	0	0	0	1	0	0	82	49	67	32	237
国际性组织	0	0	0	0	2	0	0	0	0	0	41	25	68
国际性活动	0	32	1	0	5	3	0	0	0	0	38	10	89
毒品、艾滋病	0	0	0	0	0	0	3	3	0	12	5		23
人口问题	0	0	0	1	0	0	7	0	14	9	6	0	37
烟草危害	0	0	0	0	0	0	0	0	11	6	14	1	32
过量饮酒	0	0	0	0	0	0	0	0	0	0	1	0	1
国际恐怖主义活动	0	0	0	0	0	0	0	0	0	0	0	0	0

附录 5—4　　香港民族主角类目统计数据

民族＼年级	一年级 文字	一年级 图片	二年级 文字	二年级 图片	三年级 文字	三年级 图片	四年级 文字	四年级 图片	五年级 文字	五年级 图片	六年级 文字	六年级 图片	图文总计
汉族	0	438	0	325	0	305	0	224	0	309	0	176	1777
壮族	0	0	0	3	0	0	0	0	0	0	0	0	3
满族	0	4	1	11	0	4	0	4	3	8	0	4	39
回族	0	0	0	10	0	0	0	1	0	0	0	0	11
苗族	0	0	0	1	0	0	0	0	0	0	0	0	1
维吾尔族	0	0	0	1	0	0	0	0	0	0	0	0	1
土家族	0	0	0	1	0	0	0	0	0	0	0	0	1
彝族	0	0	0	1	0	0	1	1	0	0	0	0	3
蒙古族	0	0	0	7	0	0	1	1	7	2	0	0	18
藏族	0	0	0	6	0	0	0	0	0	0	0	0	6
布依族	0	0	0	1	0	0	0	0	0	0	0	0	1
侗族	0	0	0	1	0	1	0	0	0	0	0	0	2
瑶族	0	0	0	1	0	1	0	0	0	0	0	0	2
朝鲜族	0	0	0	1	0	0	0	0	0	0	0	0	1
白族	0	0	0	1	0	0	0	0	0	0	0	0	1
哈尼族	0	0	0	1	0	0	0	0	0	0	0	0	1
哈萨克族	0	0	0	1	0	0	0	0	0	0	0	0	1
黎族	0	0	0	1	0	0	0	0	0	0	0	0	1
傣族	0	0	0	3	0	0	0	0	0	0	0	0	3
畲族	0	0	0	1	0	0	0	0	0	0	0	0	1
傈僳族	0	0	0	1	0	0	0	0	0	0	0	0	1
仡佬族	0	0	0	1	0	0	0	0	0	0	0	0	1
东乡族	0	0	0	1	0	0	0	0	0	0	0	0	1
拉祜族	0	0	0	1	0	0	0	0	0	0	0	0	1
水族	0	0	0	1	0	0	0	0	0	0	0	0	1
佤族	0	0	0	1	0	0	0	0	0	0	0	0	1
纳西族	0	0	0	1	0	0	0	0	0	0	0	0	1
羌族	0	0	0	1	0	0	0	0	0	0	0	0	1

续表

年级 民族	一年级 文字	一年级 图片	二年级 文字	二年级 图片	三年级 文字	三年级 图片	四年级 文字	四年级 图片	五年级 文字	五年级 图片	六年级 文字	六年级 图片	图文总计
土族	0	0	0	1	0	0	0	0	0	0	0	0	1
仫佬族	0	0	0	1	0	0	0	0	0	0	0	0	1
锡伯族	0	0	0	1	0	0	0	0	0	0	0	0	1
柯尔克孜族	0	0	0	1	0	0	0	0	0	0	0	0	1
达斡尔族	0	0	0	1	0	0	0	0	0	0	0	0	1
景颇族	0	0	0	1	0	0	0	0	0	0	0	0	1
毛南族	0	0	0	1	0	0	0	0	0	0	0	0	1
撒拉族	0	0	0	1	0	0	0	0	0	0	0	0	1
布朗族	0	0	0	1	0	0	0	0	0	0	0	0	1
塔吉克族	0	0	0	1	0	0	0	0	0	0	0	0	1
阿昌族	0	0	0	1	0	0	0	0	0	0	0	0	1
普米族	0	0	0	1	0	0	0	0	0	0	0	0	1
鄂温克族	0	0	0	1	0	0	0	0	0	0	0	0	1
怒族	0	0	0	1	0	0	0	0	0	0	0	0	1
京族	0	0	0	1	0	0	0	0	0	0	0	0	1
基诺族	0	0	0	1	0	0	0	0	0	0	0	0	1
德昂族	0	0	0	1	0	0	0	0	0	0	0	0	1
保安族	0	0	0	1	0	0	0	0	0	0	0	0	1
俄罗斯族	0	0	0	1	0	0	0	0	0	0	0	0	1
裕固族	0	0	0	1	0	0	0	0	0	0	0	0	1
乌孜别克	0	0	0	1	0	0	0	0	0	0	0	0	1
门巴族	0	0	0	1	0	0	0	0	0	0	0	0	1
鄂伦春族	0	0	0	1	0	0	0	0	0	0	0	0	1
独龙族	0	0	0	1	0	0	0	0	0	0	0	0	1
塔塔尔族	0	0	0	1	0	0	0	0	0	0	0	0	1
赫哲族	0	0	0	1	0	0	0	0	0	0	0	0	1
高山族	0	0	0	1	0	0	0	0	0	0	0	0	1
珞巴族	0	0	0	1	0	0	0	0	0	0	0	0	1
无法识别	0	0	0	0	4	0	0	0	0	0	0	0	4

附录 5—5　　　香港国家（地区）主角类目统计数据

洲别/国家		一年级 文字	一年级 图片	二年级 文字	二年级 图片	三年级 文字	三年级 图片	四年级 文字	四年级 图片	五年级 文字	五年级 图片	六年级 文字	六年级 图片	图文总计
亚洲	中国	50	25	50	43	17	30	38	38	155	67	25	20	558
	中国香港	10	24	58	79	77	135	179	121	141	63	46	56	989
	阿富汗	0	0	0	0	0	0	0	0	0	0	0	0	0
	日本	0	1	0	0	0	6	2	10	15	8	5	7	54
	朝鲜	0	0	0	0	0	0	0	1	3	0	0	0	4
	韩国	0	0	0	0	0	1	1	4	0	0	0	1	7
	菲律宾	0	0	0	0	0	0	0	1	0	0	0	0	1
	也门	0	0	0	0	0	0	0	0	0	0	0	0	0
	约旦	0	0	0	0	0	0	0	0	0	0	0	0	0
	新加坡	0	0	0	0	0	2	0	1	0	0	1	0	4
	印度	0	1	0	0	0	5	0	3	1	1	2	6	19
	以色列	0	0	0	0	0	0	0	0	0	0	0	1	1
	巴基斯坦	0	0	0	0	0	0	0	0	1	0	0	0	1
	印度尼西亚	0	0	0	0	0	1	0	2	0	0	1	1	5
	泰国	0	0	0	1	0	5	1	3	0	1	0	0	11
	越南	0	0	0	0	0	1	0	2	1	1	0	1	6
	老挝	0	0	0	0	0	0	0	0	0	0	0	0	0
	缅甸	0	0	0	0	0	0	0	0	1	0	0	0	1
	柬埔寨	0	0	0	0	0	0	1	0	0	0	0	0	1
	菲律宾	0	0	0	0	0	0	0	0	0	0	0	0	0
	马来西亚	0	0	0	0	0	0	1	0	0	0	0	1	2
	伊朗	0	0	0	0	0	0	0	0	1	0	1	0	2
	无法识别	0	0	0	0	0	0	0	0	0	0	0	0	0
	亚洲统计	60	51	108	123	94	187	222	187	318	141	81	94	1666

续表

洲别/国家		一年级 文字	一年级 图片	二年级 文字	二年级 图片	三年级 文字	三年级 图片	四年级 文字	四年级 图片	五年级 文字	五年级 图片	六年级 文字	六年级 图片	图文总计
欧洲	英国	0	1	8	15	0	4	8	2	16	4	9	7	74
	法国	0	0	0	0	0	3	1	2	1	0	0	0	7
	意大利	0	0	0	0	0	3	0	1	0	0	3	5	12
	希腊	0	0	0	0	0	1	0	0	0	0	0	0	1
	荷兰	0	0	0	0	0	0	0	0	0	0	0	0	0
	芬兰	0	0	0	0	0	0	0	0	0	0	0	0	0
	挪威	0	0	0	0	0	0	0	0	0	0	1	0	1
	俄罗斯	0	0	0	0	0	0	0	1	1	0	3	0	5
	德国	0	0	4	0	0	0	0	0	1	0	1	1	7
	西班牙	0	0	0	0	0	4	1	1	0	0	0	0	6
	荷兰	0	0	0	0	0	1	0	0	0	0	0	0	1
	加拿大	0	0	0	1	0	0	0	1	0	0	0	0	2
	葡萄牙	0	0	0	0	0	0	0	1	0	0	0	0	1
	瑞士	0	0	3	0	0	0	0	0	0	0	0	1	4
欧洲总计		0	1	15	16	0	16	10	9	19	4	17	14	121
非洲	埃及	0	0	0	0	0	1	0	0	0	0	0	0	1
	南非	0	1	0	0	0	0	0	0	0	0	1	0	2
	卢旺达	0	0	0	0	0	0	0	0	0	0	3	4	7
	无法识别	0	1	0	0	0	0	0	0	0	0	0	0	1
非洲总计		0	2	0	0	0	1	0	0	0	0	4	4	11
大洋洲	澳大利亚	0	0	0	0	0	3	0	2	0	0	1	2	8
大洋洲总计		0	0	0	0	0	3	0	2	0	0	1	2	8
南美洲	巴西	0	0	0	0	0	0	0	3	0	0	1	1	5
南美洲总计		0	0	0	0	0	0	0	3	0	0	1	1	5

续表

洲别/国家		年级	一年级		二年级		三年级		四年级		五年级		六年级		图文总计
			文字	图片	文字	图片	文字	图片	文字	图片	文字	图片	文字	图片	
北美洲	美国		2	5	0	0	3	9	0	2	2	1	12	4	40
	墨西哥		0	0	0	0	0	1	0	0	0	0	0	0	1
北美洲总计			2	5	0	0	3	10	0	2	2	1	12	4	41
无法识别			0	2	0	0	0	9	0	11	5	1	0	20	48

附录5—6　　　　香港全球主角类目统计数据

全球性事件	年级	一年级		二年级		三年级		四年级		五年级		六年级		图文总计
		文字	图片	文字	图片	文字	图片	文字	图片	文字	图片	文字	图片	
环境保护		0	1	5	8	55	71	0	0	0	0	174	116	430
贫穷问题		0	0	0	0	0	0	0	0	0	0	30	9	39
战争与和平		0	0	2	4	0	0	2	3	12	6	42	24	95
国际性组织		0	0	0	0	0	0	0	0	4	1	16	12	33
国际性活动		0	0	0	0	0	3	0	2	0	0	0	0	5
毒品、艾滋病		0	0	0	0	0	0	0	0	1	0	25	24	50
人口问题		0	0	0	0	3	2	0	0	10	4	32	22	73
烟草危害		0	0	0	0	0	0	0	0	0	0	32	28	60
过量饮酒		0	0	0	0	0	0	0	0	0	0	31	5	36
国际恐怖主义活动		0	0	0	0	0	0	0	0	0	0	0	1	1

附录5—7　　　　台湾民族主角类目统计数据

民族	年级	一年级		二年级		三年级		四年级		五年级		六年级		图文总计
		文字	图片	文字	图片	文字	图片	文字	图片	文字	图片	文字	图片	
汉族		0	264	0	246	0	361	1	236	16	135	23	180	1462
回族		0	0	0	0	0	0	0	0	7	2	0	0	9
阿美族		0	0	0	0	1	1	1	2	2	3	0	0	10
排湾族		0	0	0	0	0	2	1	3	2	2	0	1	11

续表

民族\年级	一年级 文字	一年级 图片	二年级 文字	二年级 图片	三年级 文字	三年级 图片	四年级 文字	四年级 图片	五年级 文字	五年级 图片	六年级 文字	六年级 图片	图文总计
泰雅族	0	0	0	0	0	2	2	3	2	5	0	0	14
布农族	0	0	0	0	2	1	1	2	2	1	0	0	9
鲁凯族	0	0	0	0	0	0	1	1	2	1	0	0	5
卑南族	0	0	0	0	0	0	1	0	1	1	0	0	3
邹族	0	0	0	0	1	0	1	1	2	1	0	0	6
赛夏族	0	0	0	0	0	0	0	0	2	2	0	1	5
达悟族	0	0	0	0	0	0	1	1	1	3	0	1	7
邵族	0	0	0	0	0	0	0	0	0	1	0	0	1
噶玛兰族	0	0	0	0	0	0	0	0	0	0	0	0	0
太鲁阁族	0	0	0	0	0	0	0	0	0	0	0	1	1
撒奇莱雅族	0	0	0	0	0	0	0	0	0	0	0	0	0
赛德克族	0	0	0	0	0	0	0	0	0	0	0	0	0
西拉雅族	0	0	0	0	0	0	0	0	0	1	0	0	1
无法识别	0	0	0	4	0	8	0	5	0	5	0	1	23

附录5—8　台湾国家（地区）主角类目统计数据

洲别/国家		一年级 文字	一年级 图片	二年级 文字	二年级 图片	三年级 文字	三年级 图片	四年级 文字	四年级 图片	五年级 文字	五年级 图片	六年级 文字	六年级 图片	图文总计
亚洲	中国（台湾）	0	264	0	249	0	413	9	402	186	132	23	180	1858
	日本	0	0	0	0	0	1	0	1	3	45	51	3	5	109
	朝鲜	0	0	0	0	0	0	0	0	1	0	0	0	1
	韩国	0	0	0	0	0	1	0	1	2	3	0	0	7
	菲律宾	0	0	0	0	0	0	0	1	3	3	0	0	7
	新加坡	0	0	0	0	0	0	0	0	1	0	0	0	1
	印度	0	0	0	0	0	0	0	1	0	1	1	5	5	13
	以色列	0	0	0	0	0	0	0	0	0	0	1	1	2

续表

洲别/国家		一年级		二年级		三年级		四年级		五年级		六年级		图文总计
	年级	文字	图片	文字	图片	文字	图片	文字	图片	文字	图片	文字	图片	
亚洲	泰国	0	0	0	0	0	1	1	1	1	0	0	2	6
	越南	0	0	0	0	0	0	1	0	0	0	0	0	1
	缅甸	0	0	0	0	0	0	0	0	0	0	0	1	1
	柬埔寨	0	0	0	0	0	0	0	0	0	0	1	2	3
	马来西亚	0	0	0	0	0	0	1	0	0	0	0	0	1
	无法识别	0	0	0	0	0	3	0	0	0	0	0	0	3
亚洲总计		0	264	0	249	2	417	14	411	240	187	33	196	2013
欧洲	英国	0	0	0	0	0	0	0	0	7	2	0	1	10
	法国	0	0	0	0	0	0	1	0	2	3	2	0	8
	意大利	0	0	0	0	0	0	0	0	1	1	1	1	4
	瑞典	0	0	0	0	0	0	0	0	1	0	0	0	1
	荷兰	0	0	0	0	0	0	0	0	20	6	1	1	28
	希腊	0	0	0	0	0	0	0	0	0	0	3	15	18
	德国	0	0	0	0	0	0	0	0	0	0	2	0	2
	西班牙	0	0	0	0	0	0	0	0	6	3	0	1	10
	加拿大	0	0	0	0	0	0	0	0	9	4	0	0	13
	葡萄牙	0	0	0	0	0	0	0	0	3	1	0	0	4
欧洲总计		0	0	0	0	0	1	0	49	20	9	19		98
非洲	南非	0	0	0	0	0	0	0	0	2	0	0	0	2
	埃及	0	0	0	0	0	0	0	0	0	0	4	6	10
非洲总计		0	0	0	0	0	0	0	0	2	0	4	6	12
大洋洲	澳大利亚	0	0	0	0	0	0	0	0	1	0	0	0	1
大洋洲总计		0	0	0	0	0	0	0	0	1	0	0	0	1
南美洲总计		0	0	0	0	0	0	0	0	0	0	0	0	0

续表

洲别/国家	年级	一年级 文字	一年级 图片	二年级 文字	二年级 图片	三年级 文字	三年级 图片	四年级 文字	四年级 图片	五年级 文字	五年级 图片	六年级 文字	六年级 图片	图文总计
北美洲	美国	0	0	0	0	0	0	1	0	0	0	3	5	9
北美洲总计		0	0	0	0	0	0	1	0	0	0	3	5	9
无法识别		0	0	0	0	0	3	0	0	0	0	0	7	10

附录 5—9　　台湾全球主角类目统计数据

全球性事件	一年级 文字	一年级 图片	二年级 文字	二年级 图片	三年级 文字	三年级 图片	四年级 文字	四年级 图片	五年级 文字	五年级 图片	六年级 文字	六年级 图片	图文总计
环境保护	7	16	9	33	16	38	21	47	36	37	31	39	330
贫穷问题	0	0	0	0	0	0	0	0	0	0	7	7	14
战争与和平	0	0	0	0	0	0	0	0	32	53	6	1	93
国际性组织	0	0	0	0	0	0	1	0	5	2	42	22	72
国际性活动	0	0	0	0	0	0	0	0	0	0	3	2	5
毒品、艾滋病	0	0	0	0	0	0	0	0	0	0	1	5	6
人口问题	0	0	0	0	0	0	13	9	11	13	12	27	85
烟草危害	0	0	0	0	0	0	0	0	0	0	0	0	0
过量饮酒	0	0	0	0	0	0	0	0	0	0	0	0	0
国际恐怖主义活动	0	0	0	0	0	0	0	0	0	0	1	1	2

附录6　三地小学社会科教科书单元目录

附录6—1　　广州地区北师大版小学社会科教科书目录

一（上）	一（下）	二（上）	二（下）
单元一　我是小学生啦 1. 上学真快乐 2. 了解我们的学校 3. 小学生要这样做 4. 交通规则，安安全全上学	单元一　我爱我的身体 1. 了解我的身体 2. 保护我的身体	单元一　新学期，你好 1. 寒假生活交流会 2. 春节知多少 3. 新的学期新的我	单元一　我爱我的班集体 1. 集体生活真愉快 2. 班集体真温暖 3. 人人有长处，合作力量大 4. 我为集体添光彩
单元二　祖国的生日 1. 真美丽 2. 欢度国庆	单元二　收获中的学习与发现 1. 收获的感觉真好 2. 粮食来得真不容易 3. 植物生长的秘密	单元二　春天来了 1. 春天在哪里 2. 我们播种春天 3. 和春风一起玩 4. 春天的盛会	单元二　我们的动物朋友 1. 我最喜欢的动物 2. 可爱的小动物 3. 我们的好朋友
单元三　美丽的秋天 1. 爱秋天 2. 秋天一起玩 3. 中秋节	单元三　做诚实的好孩子 1. 诚实故事会 2. 诚实的好孩子人人夸	单元三　欢乐总动员 1. "六一"大策划 2. "六一"大行动 3. 开心"六一"	单元三　纸和环保 1. 我们的生活离不开纸 2. 纸从哪里来 3. 保护森林，节约用纸
单元四　我爱我的家 1. 我的家 2. 我是家里的小主人	单元四　我爱我生活的地方 1. 我们生活的地方真美 2. 我们生活的地方真方便 3. 我们生活的地方真温暖 4. 爱护我们生活的环境	单元四　我要上二年级了 1. 我的这一年 2. 二年级生活什么样	单元四　奇妙的光 1. 影子的探索 2. 我们来造彩虹 3. 太阳光的利用

续表

一（上）	一（下）	二（上）	二（下）
单元五　冬天来了 1. 好玩的冬天 2. 奇妙的冬天 3. 新年到了	单元五　水和我们的生活 1. 我们的生活离不开水 2. 变来变去的水 3. 保护水，节约水	单元五　暑假来啦 1. 怎样过暑假 2. 健康、安全要牢记	单元五　我们都有一个家 1. 好大的一个家 2. 好壮丽的一个家 3. 我们的家在哪里
	单元六　怎样做好事 1. 从身边的小事做起 2. 做好事不是为得到表扬		

三（上）	三（下）	四（上）	四（下）
单元一　温暖的家 1. 我长大了 2. 爸爸、妈妈抚育我 3. 我懂事了 4. 健康生活每一天	单元四　说说我们生活的社区 1. 这是我们共同生活的地方 2. 为了大家共同的需要 3. 社区需要我们的共同参与	单元一　走进美丽的家乡 1. 站在高高的山岗上 2. 从地图上看家乡	单元四　土地养育着我们 1. 人们在土地上耕耘 2. 在希望的田野上 3. 农业是人类文明的摇篮
单元二　快乐的学校生活 1. 我和小伙伴 2. 我们爱学习 3. 我们的班集体 4. 我们遵守规则 5. 我心中的老师	单元五　画画我们成长的地方 1. 移动的画板 2. 合作的乐趣 3. 地图就是一幅画	单元二　家乡的故事 1. 展览室里故事多 2. 从家里带出来的历史 3. 说不完的家乡故事	单元五　穿越时空的生活 1. 通信技术与我们的生活 2. 路在脚下延伸 3. 多姿多彩的传媒世界

续表

三（上）	三（下）	四（上）	四（下）
单元三　生活中的你、我、他 1. 我们生活在一起 2. 为我们生活服务的人 3. 爷爷、奶奶好 4. 友爱残疾人 5. 我们都是同龄人	单元六　看看我们周围的商店 1. 我家的日常购物 2. 各种各样的购物场所 3. 购物的学问	单元三　家乡，我为你骄傲 1. 从家乡看祖国 2. 扎根在家乡的传统 3. 建设文明富裕的家乡	单元六　为了安全健康地生活 1. 生活中的交通与安全 2. 为了防止火灾的发生 3. 走进健康文明的生活

五（上）	五（下）	六（上）	六（下）
单元一　寻根问祖 1. 文明的曙光 2. 伟大的发明 3. 杰出的智者	单元四　我是小小主人翁 1. 爱护集体荣誉 2. 学做集体小主人	单元一　我们健康成长 1. 品格的试金石 2. 不可丢掉的传家宝 3. 成长中的快乐与烦恼	单元四　永恒的愿望 1. 回望20世纪的战争风云 2. 迈向和平的世界 3. 为了正义与和谐
单元二　可爱的祖国 1. 我们生息的国土 2. 沿着江河走下来	单元五　历史告诉我们 1. 从统一到鼎盛 2. 野蛮与文明	单元二　为了建设新中国 1. 站起来的中国人民 2. 劳动者的荣耀	单元五　地球真美丽 1. 共同的家园 2. 环绕地球看世界 3. 做一名地球卫士
单元三　我们同有一个家 1. 走进民族大家庭 2. 炎黄子孙的心愿	单元六　向人民英雄致敬 1. 勿忘国耻 2. 觉醒的中国人民 3. 光辉的历程 4. 黄河在怒吼 5. 中国人民站起来了	单元三　腾飞的中国 1. 春天的故事 2. 国家的主人 3. 在世界舞台上	单元六　成长记录表 1. 成长中的新问题 2. 学做有道德的小公民 3. 我要上中学了

附录 6—2　　香港地区朗文版小学社会教科书目录

1A 主题：我长大了	1B 主题：我的至爱	1C 主题：小眼睛看四周	1D 主题：传统与文化
单元一　认识自己 1. 我的身体 2. 认识外界 3. 保护身体 4. 我和成长 5. 我、你、他	单元一　亲亲家人 1. 我的家 2. 快乐的家 3. 我的亲戚	单元一　家居小侦探 1. 舒适的家 2. 家居好帮手 3. 家居安全	单元一　中华民族 1. 我是中国人 2. 中国人的家
单元二　良好的习惯 1. 正确的姿势 2. 健康的饮食习惯 3. 休息与生活规律	单元二　缤纷校园 1. 我的校园 2. 学校是个大家庭 3. 校园生活乐趣多 4. 爱护学校	单元二　公园乐 1. 游公园 2. 爱护公园 单元三　自然世界 1. 日与夜 2. 太阳、月亮、星星	单元二　节日载欢欣 1. 中国传统节日 2. 缤纷节日在香港

2A 主题：成长路	2B 主题：亲亲社区	2C 主题：认识祖国	2D 主题：科学与生活
单元一　我做得到 1. 个人卫生 2. 表达自己 3. 危机处理	单元一　社会与我 1. 不同的社区 2. 社区的设施和服务 3. 爱护社区	单元一　回归祖国 1. 回归前的香港 2. 香港特别行政区的诞生	单元一　生物世界 1. 有趣的生物 2. 认识植物 3. 认识动物 4. 生物与生活
单元二　生活乐趣多 1. 善用余暇 2. 我的玩具 3. 家中的宠物 4. 我的友伴	单元二　为我们服务的人 1. 救急扶危先锋队 2. 各行各业	单元二　祖国古与今 1. 中国历史名人 2. 大江南北 3. 中华民族大家庭	单元二　热的世界 1. 热的探究（一） 2. 热的探究（二） 单元三　天气 1. 天气与生活 2. 香港的四季 3. 大自然变变变

3A 主题：家国情	3B 主题：健康的生活	3C 主题：生活在香港	4D 主题：我们的世界
单元一　社会大家庭 1. 活在群体中 2. 权利与法规	单元一　踏上健康路 1. 饮食好习惯 2. 食物卫生 3. 运动好习惯 4. 运动守则 5. 疾病的治疗和预防	单元一　衣食住行面面观 1. 衣服万花筒 2. 吃在香港 3. 香港乐安居 4. 四通八达	单元一　拥抱大自然 1. 香港的自然世界（一） 2. 香港的自然世界（二） 3. 我爱大自然
单元二　祖国一家亲 1. 祖国知多少 2. 祖国的首都 3. 名城巡礼	单元二　生活好环境 1. 环境卫生 2. 美化环境 3. 善用资源 4. 节约能源	单元二　消费乐 1. 消费好去处 2. 精明消费者	单元二　接通全世界 1. 香港游踪 2. 周游列国 3. 通信无间

4A 主题：香港是我家	4B 主题：小小科学家	4C 主题：活得健康	4D 主题：不同角落的人
单元一　认识香港 1. 从地图上看香港 2. 香港的地理环境 3. 香港的气候	单元一　光和声音 1. 光的探究 2. 声音的探究	单元一　奇妙的人体 1. 呼吸系统 2. 循环系统和泌尿系统 3. 消化系统 4. 骨骼和肌肉 5. 神经系统	单元一　地球之窗 1. 我们的地球 2. 自然环境和生活 3. 地球的资源
单元二　昔日香港 1. 香港历史回顾 2. 香港人生活的转变	单元二　空气档案 1. 空气的特性 2. 燃烧和生锈		
单元三　社会服务与我 1. 香港的教育和文娱康乐 2. 香港的公共卫生和医疗服务 3. 香港的社会福利	单元三　生物的奥秘 1. 动物的分类 2. 动物的繁殖和成长 3. 植物的分类和生长 4. 植物的繁殖	单元二　食物和营养 1. 营养素 2. 水和纤维 3. 健康饮食	单元二　文化多姿彩 1. 中华文化巡礼 2. 世界文化巡礼 3. 文化交流

5A 主题：歌颂生命	5B 主题：科学与科技	5C 主题：神州五棱镜	5D 主题：傲然站香江
单元一　健康之道 1. 病从哪里来 2. 常见的传染病 3. 常见的非传染病 单元二　人生路上 1. 我从哪里来 2. 青春期的生理变化 3. 青春期的保健 4. 面对青春期的挑战 5. 认识自我与人生	单元一　活在资讯年代 1. 资讯新纪元 2. 网络世界 3. 大众传播媒介 4. 尊重知识产权 单元二　能量和物质 1. 闭合电路 2. 电与生活 3. 能量变变变 4. 物质变变变	单元一　望我龙土 1. 中国的地理环境 2. 中国的气候 3. 大地河山 单元二　浩瀚五千年 1. 中国古代历史回顾（一） 2. 中国古代历史回顾（二） 3. 从鸦片战争到今日中国 4. 古代中国人的生活	单元一　政府与我 1. 香港特别行政区（一） 2. 香港特别行政区（二） 3. 市民和政府的沟通 4. 权利和义务 单元二　香港的经济 1. 香港经济的发展 2. 今日香港经济活动 3. 香港经济发展的挑战和路向

6A 主题：精明新一代	6B 主题：环境与生活	6C 主题：科学与太空	6D 主题：放眼世界
单元一　健康由我创 1. 消费与健康 2. 病人权益和责任 单元二　救急扶危 1. 简单急救 2. 香港的应急服务 单元三　远离陷阱 1. 吸烟危害健康 2. 拒绝喝酒 3. 物质滥用 4. 金钱和物质诱惑	单元一　香港环境问题 1. 空气污染 2. 废物污染 3. 噪音污染 4. 水质污染 单元二　适者生存 1. 植物的适应力 2. 动物的适应力 3. 自然生态的平衡 4. 爱护万物	单元一　运动和机械 1. 力和物体运动 2. 简单机械 3. 机械的设计和使用 单元二　星际之旅 1. 地球的运动 2. 月球的运动 3. 太阳系 4. 太空探索	单元一　国际视野 1. 人口问题 2. 贫穷问题 3. 环境挑战 4. 战争与冲突 单元二　科技古与今 1. 中华文明 2. 科技发展里程碑 3. 现代科技的发展

附录 6—3　　　台湾地区翰林版小学社会科教科书目录

一（上）	一（下）	二（上）	二（下）
一　新学校的生活 1. 我和新班级 2. 我们的学校 3. 认识新朋友	一　生活礼仪 1. 生活的礼仪 2. 交通的礼仪 3. 礼仪小天使	一　影子变变变 1. 温暖的太阳 2. 阳光与影子 3. 影子戏表演	一　开学了 1. 整理教室环境 2. 布置教室 3. 选出为班上服务的人
二　学校的一天 1. 一起去上学 2. 上课和下课 3. 放学了	二　美丽的春天 1. 春天的景色 2. 彩绘春天 3. 舞动春天	二　缤纷的世界 1. 泡泡真好玩 2. 美丽的泡泡 3. 镜子真好玩	二　奇妙的植物 1. 美丽的花 2. 发芽了 3. 植物的妙用
三　和自然做朋友 1. 大自然的色彩 2. 亲近植物 3. 校园里的小动物	三　温暖的家 1. 我的家 2. 亲爱的家人 3. 母亲节	三　美丽的彩绘 1. 色彩变变变 2. 立体彩绘 3. 面具嘉年华	三　感恩与祈福 1. 常见的民俗活动 2. 热闹的庆典 3. 祈福活动真精彩
四　亲近泥土 1. 泥土的秘密 2. 小动物的家 3. 捏陶土	四　打电话 1. 方便好用的电话 2. 传递游戏 3. 电话的声音	四　我们的社区 1. 我家在哪里 2. 社区环境 3. 爱护我们的社区	四　云和雨 1. 多变的云 2. 下雨了 3. 雨后的景象
五　美妙的声音 1. 聆听声音 2. 声音的模仿和表演 3. 好听的节奏	五　日与夜 1. 太阳出来了 2. 美丽的夜晚	五　快乐的成长 1. 我长大了 2. 喜欢自己	五　和风做朋友 1. 风来了 2. 风的游戏 3. 风对生活的影响
六　玩具总动员 1. 我的宝贝 2. 操作玩偶说故事 3. 制作童玩	六　奇妙的水 1. 水和冰 2. 水的游戏 3. 爱惜水资源	六　欢喜过冬天 1. 拜访冬天 2. 冬天的保暖 3. 过春节	六　夏天的生活 1. 过端午 2. 凉快的方法 3. 暑假计划

三（上）	三（下）	四（上）	四（下）
一 家庭的生活 1. 家庭与我 2. 家庭活动	一 认识我们的社区 1. 我们的社区 2. 社区的特色	一 家乡的地名与位置 1. 家乡的名字 2. 地图上的家乡	一 家乡的人口 1. 家乡人口分布 2. 家乡人口组成 3. 家乡人口变化
二 与同学相处 1. 我和我的同学 2. 和乐相处	二 多元的社区 1. 发现社区的故事 2. 认识多元的社区	二 家乡的自然环境与生活 1. 家乡的地形与生活 2. 家乡的气候与生活 3. 家乡的水资源与生活	二 家乡的行业 1. 行业与生活 2. 行行出状元
三 有效的学习 1. 善用学习资源 2. 我会利用时间	三 社区的商店与生活 1. 商店与买卖 2. 购物有学问 3. 购物与环保	三 家乡的开发 1. 家乡开发的故事 2. 乡民生活的转变	三 家乡的生活 1. 生活大不同 2. 生活中的外来文化
四 多元学习活动 1. 参与学习活动 2. 进行户外学习	四 社区的资源 1. 社区里的资源 2. 珍爱社区资源	四 家乡的庆祝与民俗活动 1. 家乡的传统节庆 2. 家乡的民俗活动	四 家乡的机构 1. 为民服务的机构 2. 家乡机构的利用
五 校园的自治 1. 班级自治活动 2. 我会开班会 3. 学校自治活动	五 社区的自治 1. 社区的自治组织 2. 参与社区自治活动	五 家乡的名胜古迹与特色 1. 家乡的名胜古迹 2. 家乡的特产	五 家乡的发展 1. 家乡新建设 2. 家乡建设与问题
六 安全的生活 1. 校园安全生活 2. 我会保护自己	六 社区的发展 1. 社区的问题 2. 展望新社区	六 家乡走透透 1. 家乡的交通 2. 家乡一日游	六 家乡的愿景 1. 乡民的觉醒 2. 家乡的永续发展

五（上）	五（下）	六（上）	六（下）
一　台湾在哪里 1. 台湾在这里 2. 台湾岛的形成	一　追寻先民足迹 1. 认识台湾的过去 2. 台湾的史前文化 3. 原住民的世界	一　消费与生产 1. 消费与生活 2. 产业的分工合作	一　放眼世界看文化 1. 宗教与人类活动 2. 穿越时空看文化 3. 今日世界文化面面观
二　台湾的自然环境 1. 山海之歌 2. 生活的源泉 3. 气候变奏曲	二　迈入国际舞台 1. 荷西时期的统治 2. 明郑时期的开发	二　投资理财与经济活动 1. 投资与理财 2. 经济活动面面观	二　瞭望国际社会 1. 文化交流看世界 2. 国际社会变化多
三　台湾的资源 1. 土地利用与生态环境 2. 丰富的物产	三　移民的新故乡 1. 唐山过台湾 2. 移民的社会	三　社会的变迁 1. 人口问题面面观 2. 家庭两性新关系 3. 舞出城乡新活力	三　人文科技新世界 1. 世界e起来 2. 永续节能"绿建筑" 3. 科技危机与立法
四　人口和聚落变迁 1. 人口知多少 1. 聚落类型与生活差异	四　现代化的开端 1. 大船入港 2. 清末的建设	四　法治你我他 1. 从道德到法律 1. 只要我喜欢 2. 法律就在你身边	四　永续经营地球村 1. 世界地球村 2. 全球问题大追击 3. 让地球生生不息
五　台湾的区域与交通 1. 区域的形成 2. 北中南东看台湾 3. 宝岛行	五　日本统治下的台湾 1. 英勇的抗日事迹 2. 日本的殖民统治 3. 殖民经济的发展与社会变迁	五　多元的社会 1. 多元的文化 2. 互动与调适	
六　关怀台湾 1. 台湾的环境灾害 2. 行动爱台湾	六　中华民国时期 1. 光复后的政治发展 2. 我们的政府与人民	六　文化的传承与创新 1. 台湾的传统文化 2. 承先启后的年代	

参考文献

一 中文著作类

1. ［瑞典］胡森等：《教育大百科全书——教育人类学、教育哲学、教育社会学、女性与教育、教育史（2）》，张斌贤等译，西南师范大学出版社、海南出版社2006年版。

2. ［美］A. J. 马尔塞拉、R. G. 撒普等：《跨文化心理学》，肖振远等译，吉林文史出版社1991年版。

3. ［美］L. R. 奥莱迪：《中学社会学科学习评价》，钟仁耀、王钢译，华东师范大学出版社1989年版。

4. ［美］拉尔夫·W. 泰勒：《课程与教学的基本原理》，罗康、张阅译，中国轻工业出版社2008年版。

5. ［美］艾伦·C. 奥恩斯坦、费朗西斯·P. 汉金斯：《课程：基础、原理和问题》，柯森主译，江苏教育出版社2002年第3版。

6. ［美］戴维·波普诺：《社会学》，李强等译，中国人民大学出版社1999年第10版。

7. ［美］鲁恩·本尼迪克特：《菊与刀》，刘锋译，当代世界出版社2007年版。

8. ［美］帕梅拉·博洛廷·约瑟夫：《课程文化》，余强译，浙江教育出版社2008年版。

9. ［美］乔治. J. 波斯纳：《课程分析》，仇光鹏等译，华东师范大学出版社2007年版。

10. ［美］琼·R. 蔡平：《中学社会科学课程实用指南》，朱墨主译，江苏教育出版社2006年版。

11. ［美］塞缪尔·亨廷顿：《文明的冲突与世界秩序的重建》，新华出版社2010年版。

12. ［美］汤姆·V. 萨维奇、戴维·T. 阿姆斯特朗：《小学社会课的有效教学》，寥珊等译，中国轻工业出版社2003年版。

13. ［美］威廉·F. 派纳等：《理解课程》，张华等译，教育科学出版社2003年版。

14. ［美］沃尔德罗普：《复杂：诞生于秩序与混沌边缘的科学》，陈玲译，生活·读书·新知三联书店1997年版。

15. ［美］小威廉姆·E. 多尔：《后现代课程观》，王红宇译，教育科学出版社2000年版。

16. ［美］詹姆斯·A. 宾尼：《课程统整》，单文经译，华东师范大学出版社2003年版。

17. ［日］市川博：《社会科的使命与魅力——日本社会科教育文选》，沈晓敏译，教育科学出版社2006年版。

18. ［英］埃德蒙·金：《别国的学校和我们的学校——今日比较教育》，王承绪等译，人民教育出版社1989年第5版。

19. ［美］班克斯主编：《多元文化教育议题与观点》，陈枝烈等译，心理出版社股份有限公司2008年版。

20. 陈新民：《中学〈历史与社会〉课程与教学论》，现代教育出版社2007年版。

21. 丛立新：《课程论问题》，教育科学出版社2000年版。

22. 邓志伟：《多元文化·课程开发》，安徽教育出版社2008年版。

23. 丁尧清：《学校社会课程的演变与分析》，广东教育出版社2005年版。

24. 董小苹：《全球化与青年参考》，上海社会科学院出版社2004年版。

25. 费孝通：《中华民族多元一体格局》，中央民族学院出版社1989年版。

26. 高峡主编：《品德与社会》（3—6年级），北京师范大学出版社2010年版。

27. 郭雯霞：《中日两国小学社会课的比较研究》，北京师范大学出版社2004年版。

28. 《国民中小学九年一贯课程纲要社会学习领域》（http：//teach. eje. edu. tw/9CC/fields/society – source. php）。

29. 《国民中小学九年一贯课程纲要生活课程》（http：//www2. npue.

edu. tw/teduc/music99/2. pdf)。

30. 黄光雄：《课程与教学》，师大书苑有限公司 1996 年版。

31. 江山野主编译：《简明国际教育百科全书·课程》，教育科学出版社 1991 年版。

32. 靳玉乐：《多元文化课程的理论与实践》，重庆出版社 2006 年版。

33. 课程发展议会编订：《小学常识科课程指引（小一至小六）》（http：//www. edb. gov. hk/index. aspx? nodeID = 2879&langno = 2）。

34. 蓝维等：《公民教育：理论、历史与实践探索》，人民出版社 2007 年版。

35. 李秉德：《教育科学研究方法》，人民教育出版社 2003 年版。

36. 李季湄主编：《品德与生活》（1—2 年级），北京师范大学出版社 2010 年版。

37. 李绪武、苏惠悯编：《社会科教材教法》，五南图书出版股份有限公司 1984 年版。

38. 李稚勇、方明生编：《社会科教育展望》，华东师范大学出版社 2001 年版。

39. 李稚勇：《品德与生活、品德与社会课程与教学》，高等教育出版社 2007 年版。

40. 李稚勇：《社会科教育概论》，高等教育出版社 2005 年版。

41. 联合国教科文组织国际教育发展委员会编：《教育——财富蕴藏其中》，教育科学出版社 1996 年版。

42. 联合国教科文组织国际教育发展委员会编：《学会生存——教育世界的今天和明天》，教育科学出版社 1996 年版。

43. 林崇德、叶忠根：《小学生心理学》，安徽人民出版社 1981 年版。

44. 林耀成、梁赞荣：《朗文常识》（1—6 年级），培生教育出版亚洲有限公司 2008 年版。

45. 林智中、陈健生、张爽：《课程组织》，教育科学出版社 2006 年版。

46. 上海中小学课程教材改革委员会：《社会学科课程标准》，上海教育出版社 1998 年版。

47. 沈晓敏：《社会课程与教学论》，浙江教育出版社 2003 年版。

48. 施良方：《课程理论：课程的基础、原理与问题》，教育出版社 1996 年版。

49. 史家莹主编：《生活》（1—2 年级），翰林出版社 2006 年版。

50. 谭光鼎、刘美慧、游美惠：《多元文化教育》，台湾空中大学 2002 年版。

51. 滕星主编：《多元文化教育：全球多元文化社会的政策与实践》，民族出版社 2010 年版。

52. 王宏印：《跨文化心理学导论》，陕西师范大学出版社 1993 年版。

53. 王鉴、万明钢：《多元文化教育比较研究》，民族出版社 2006 年版。

54. 吴永军：《课程社会学》，南京师范大学出版社 1999 年版。

55. 香港教育署课程发展处小学校本课程发展组：《多元文化的生活为本课程》，教育署课程发展处 2002 年版。

56. 谢志豪主编：《社会》（3—6 年级），翰林出版社 2006 年版。

57. 熊梅编：《当代综合课程的新范式：综合性学习的理论和实践》，教育科学出版社 2001 年版。

58. 雅克·德洛尔：《教育——财富蕴藏其中》，联合国教育文组织总部中文科译，教育科学出版社 1996 年版。

59. 阳光宁编：《社会科教育学概论》，合肥工业大学出版社 2006 年版。

60. ［英］詹姆斯·林奇：《多元文化课程》，黄政杰主译，台北师大书苑有限公司 1997 年版。

61. 张华：《课程与教学论》，上海教育出版社 2000 年版。

62. 赵亚夫：《学会行动——社会科课程公民教育的理论与实践》，高等教育出版社 2004 年版。

63. 赵亚夫编：《日本学校社会科教育研究》，北京师范大学出版社 2001 年版。

64. 赵中建：《全球教育发展的研究热点——90 年代来自联合国教科文组织的报告》，教育科学出版社 2004 年版。

65. 中华人民共和国教育部：《全日制义务教育品德与社会课程标准（实验稿）》，北京师范大学出版社 2002 年版。

66. 钟启泉、崔允漷、张华：《〈基础教育课程改革纲要（试行）〉解读》，华东师范大学出版社 2001 年版。

67. 钟启泉：《现代课程论》，上海教育出版社 1989 年版。
68. 周宗奎：《儿童社会化》，湖北少年儿童出版社 1995 年版。

二　中文期刊类

1. 陈刚：《多元文化与民族认同》，《华中科技大学学报（社会科学版）》2007 年第 3 期。
2. 陈枝烈：《排湾族文化之田野研究及其对国小社会科课程设计之启示》，博士学位论文，台湾高雄师范大学，1994 年。
3. ［日］大津和子：《社会科"全球教育"的四种方法》，许芳译，《全球教育展望》2002 年第 12 期。
4. 杜钢：《美国：民族国家多元文化教育向全球多元文化教育的转向》，《教育学术月刊》2010 年第 1 期。
5. 费孝通、李亦园：《从文化反思到人的自觉——两位人类学家的聚谈》，《战略与管理》1998 年第 6 期。
6. 费孝通：《反思·对话·文化自觉》，《北京大学学报（哲学社会科学版）》1997 年第 3 期。
7. 费孝通：《关于"文化自觉"的一些自白》，《学术研究》2003 年第 7 期。
8. 何华伟：《社会课程实施探微——现状、问题、思考》，硕士学位论文，首都师范大学，2006 年。
9. 何喜刚、王鉴：《如何理解中华民族多元一体教育》，《民族教育研究》1999 年第 3 期。
10. 李红杰：《关于香港的民族构成、现状和发展趋势问题》，《民族研究》1997 年第 3 期。
11. 李庶泉：《多元文化课程理论研究》，博士学位论文，西北师范大学，2004 年。
12. 孟凡丽：《多元文化背景中地方课程开发研究》，博士学位论文，西南大学，2003 年。
13. 潘朝阳：《从原乡生活方式到中华文化主体性——台湾的文化原则和方向》，《台湾研究集刊》2005 年第 1 期。
14. 潘瑛如、蔡锡涛：《迎接全球化时代：全球教育的面向及内涵》，《研习资讯》2008 年第 3 期。

15. 王涛:《二战后的国际教育——教育国际化的发展与未来》,《外国教育研究》2009 年第 1 期。

16. 王文岚:《社会科课程中的公民教育》,博士学位论文,西北师范大学,2004 年。

17. 吴伟伟:《社会科教科书的主题开发研究》,硕士学位论文,华东师范大学,2005 年。

18. 肖素红:《试论社会科课程中历史教育的地位和功能》,硕士学位论文,首都师范大学,2004 年。

19. 谢宁:《〈全球社会的多元文化教育〉评介》,《国外社会科学》1995 年第 7 期。

20. 熊梅、李水霞:《国际理解教育校本课程开发与设计》,《教育研究》2010 年第 1 期。

21. 严书宇:《社会科课程研究:反思与构建》,博士学位论文,华东师范大学,2004 年。

22. 严增兴:《文科综合课程实施中若干问题的研究》,硕士学位论文,天津师范大学,2005 年。

23. 姚冬琳:《小学社会科整合类型的研究》,硕士学位论文,华南师范大学,2002 年。

24. 余新:《访谈美国全球教育专家肯尼斯—泰博士》,《比较教育研究》2004 年第 7 期。

25. 周毅之:《从香港文化的发展历程看香港文化与内地文化的关系》,《广东社会科学》1997 年第 2 期。

三 英文著作类

1. Alan J. Singer, *Social Studies for Secondary Schools: Teaching to Learn, Learning to Teach*, Mahwah: Lawrence Erlbaum Associates, Inc., 2003.

2. Banks J. A., *Multicultural Education: Issues and Perspectives*, Hobken: John Wiley & Sons 2004.

3. Banks J. A., *Multicultural education: Theory and Practice*, Boston: Allyn and Bacon, 1988.

4. California State Board of Education, *History – Social Science Framework*

for California Public Schools, *Kindergarten through Grade Twelve*, Sacramento: California Department of education, 2005.

    5. Cynthia Szymanski Sunal, Mary Elizabeth Haas, *Social Studies for the Elementary and Middle Grades: A Constructivist Approach*, Boston: Allyn & Bacon, 2002.

    6. David A. Welton, *Children and Their World: Strategies for Teaching Social Studies*, Boston: Houghton Mifflin Company, 2002.

    7. E. Wayne Ross, *The Social Studies Curriculum: Purposes, Problems, and Possibilities*, New York: State University of New York Press, 2001.

    8. Earl S. Johnson, *Theory and Practice of the Social Studies*, New York: the Macmillan Company, 1956.

    9. Edmund J. King, *Other Schools and Ours: Comparative Studies for Today*, London: Holt, Rinehart and Winston, 1979.

    10. Evans, R. W, *the Social Studies Wars*, *What Should We Teach the Children?* N. Y. : Teachers college press, 2004.

    11. Fredericks, A. D. , *More Social Studies through Children Literature*, N. Y. : Teacher Ideas Press, 2000.

    12. Gail A. McEachrom, *Self in the World: Elementary and Middle School Social Studies*, New York: McGraw-Hill, 2001.

    13. Garcia, J. , Michaelis, J. U, *Social Studies for Children: A Guide to Basic Instruction*, Allyn and Bacon, Twelfth Edition, 2001.

    14. Howard D. Mehlinger, *Unesco Handbook for the Teaching of Social Studies*, London: Unesco, 1981.

    15. James A. Banks, *An Introduction to Multicultural Education*, New York: Allyn and Bacon, 2002.

    16. Lynch, J, *Multicultural Education in a Global Society*, N. Y. : The Falmer Press, 1989.

    17. NCSS, *Curriculum Standards for Social Studies: Expectations of Excellence*. DC: National Council for the Social Studies, 1994. http://www.ncss.org/standard/1.1.html.

    18. Patricia G. Ramsey, Leslie R. Willians, *Multicultural Education: A Source Book*, London: Routledge Falmer, 2003.

19. Ross, E. W., *The Social Studies Curriculum: Purpose, Problems, and Possibilities*, N. Y.: State University of New York Press, 2006.

20. Shaver, J. P., *Handbook of Research on social Studies Teaching and Learning*, N. Y.: Macmnan Publishing Company, 1991.

21. Woolever, R., Scott, K. P., *Active Learning in Social Studies*, Glenview: Foresman and Company, 1988.

22. Zevin, J., *Social Studies for the Twenty - First Century*, Mahwah, NJ: Lawrence Erlbaum Associates, 2000.

四 英文期刊类

1. Alan H. Jones, "Globalizing Multicultural Education: A Review of James A. Banks' The Routledge International Companion to Multicultural Education", *Multicultural Education*, 2010, (spring).

2. Anita C. D., "Parting Words: The Uncertain Future of Multicultural Social Studies", *Multicultural Review*, No. 6, 2002.

3. Anna S. Ochoa – Becker, "A Critique of the NCSS Curriculum Standards", *Social Education*, No. 3, 2001.

4. Ashley G. Lucas, "Distinguishing Between Multicultural and Global Education: The Challenge of Conceptualizing and Addressing the Two Fields", *The Clearing House*, Vol. 83, No. 6, 2010.

5. Bharath Sriraman Harry Adrian, "A Critique and Response to Multicultural Visions of Globalization", *Interchange*, No. 39, 2008.

6. Boyle – Baise M, "Multicultural Social Studies: Ideology and Practice", *Social Studies*, Vol. 87, No. 2, 1996.

7. Chamberlin, S. A., Moore, A., "Cognizance of Gifted Education Among Elementary Education ProfesSors in MCREL Member States", *Roeper Review*, No. 29, 2006.

8. Clark, C., Gorski, P., "Multicultural Education and the Digital Divide: Focus on gender", *Multicultural Perspectives*, No. 4, 2002.

9. Cramond, B., "Can We, Should We, Need We Agree on a Definition of Giftedness?", *Roeper Review*, No. 27, 2004.

10. Davis, J. E., "Early Schooling and Academic Achievement of Afri-

can – American Males", *Urban Education*, No. 38, 2003.

11. Diane M. Mccarty, "Using Multicultural National Council for the Social Studies Notable Books in the Elementary Classroom", *The Social Studies*, No. (3/4), 2007.

12. Geneva G., "Similar Concerns, Different Perspectives of Social Studies and Multicultural Education", *Social Studies Review*, No. (Fall – Winter), 2009.

13. Howard, T., "Culturally Relevant Pedagogy: Ingredients for Critical Teacher Reflection", *Theory into Practice*, Vol. 42, No. 3, 2003.

14. Hulmes Edward, "Reviews: Multicultural Education in a Global Society (Book)", *Education Studies*, No. 3, 1990.

15. John R. Johnson, "Towards a Cultural Understanding of the Disability and Deaf Experience: A Content Analysis of Introductory Multicultural Education Textbooks", *Multicultural Perspectives*, Vol. 9, No. 3, 2007.

16. Johnson, J. R., "Validation and Affirmation of Disability and Deaf Culture: A Content Analysis of Introductory Textbooks to Special Education and Exceptionality", *Review of Disability Studies: An International Journal*, Vol. 2, No. 1, 2006.

17. LI – CHING HO, "Global Multicultrual Citizenship Education: A Singapore Experience", *The Social Studies*, No. (November/December), 2010.

18. Lipka, J., Sharp, N., Brenner, B., Yanez, E., Sharp, F., "The Relevance of Culturally Based Curriculum and Instruction: The Case of Nancy Sharp", *Journal of American Indian Education*, Vol. 44, No. 3, 2005.

19. Major, E., Brock, C., "Fostering positive dispositions toward diversity: Dialogical Explorations of a Moral Dilemma", *Teacher Education Quarterly*, Vol. 30, No. 3, 2003.

20. Malloy, C. E., Malloy, W. W., "Issues of Culture in Mathematics Teaching and Learning", *The Urban Review*, Vol. 30, No. 3, 1998.

21. Poyatos Matas, C., Bridges, S., "Multicultural Capital in Middle Schooling International", *Journal of Diversity in Organisations, Communities and Nations*, Vol. 8, No. 2, 2008.

22. Rina Bousalis – Aliak, "Element Multicultural and Global Education:

A Celebration of Countries and Culture, or Just Celebration", *Ohio Social Studies Review*, Vol. 46, No. 1, 2010.

23. Walter F., "Liberlism and the Aims of Multicultural Education", *Journal of Philosophy of Education*, Vol. 29, No. 2, 1996.

24. Wells, R., "The Global and Multicultural: Opportunities, Challenges, and Suggestions for Teacher Education", *Multicultural Perspectives*, Vol. 10, No. 3, 2008.

后 记

多元文化教育特别是多元文化教育实现的方式是教育理论探讨的热点之一。立足于社会科与多元文化教育的特殊关系，主要对穗港台三地小学社会科教科书进行研究，结合三地实地调研多元文化教育方面的现状，提出了一些改进的策略。鉴于本人学术能力所限，对本课题的理论分析有待继续加深，对本文所提策略的实现，还需要在今后的研究中进一步探索。

本书源于我的博士论文，论文的顺利完成要感谢我的导师，上海师范大学的李稚勇教授，老师一直对我严格要求并悉心指引。老师渊博的学识、清晰的思维、严谨的治学态度，一直在鼓励着我战胜困难，积极上进。同时也感谢老师为本书作序。另外上海师范大学的谢利民教授、蔡宝来教授、丁念金教授、方明生教授，华东师范大学的钟启泉教授、单中惠教授，华南师范大学黄甫全教授都曾对博士论文的写作提出过许多宝贵意见，在此致以诚挚的谢意。特别感谢广州大学的刘晖教授在台湾实地调研及本书出版中给予的帮助与支持。也感谢一直在给予我智慧支持的丈夫郭建华博士。

本书的出版得到广州市属高校重点学科建设项目和广东省普通高校优势重点学科建设项目资助，也是本人主持的广东省教育科学规划项目"全球视域下穗港台小学生多元文化素养比较研究"（立项批准号为2012JK167）的研究成果之一，对资助的单位深表感谢；也感谢中国社会科学出版社冯春凤主任等工作人员为此书出版的辛勤付出。

姚冬琳

2013 年 11 月于广州